Felix Jaitner

Russlands Kapitalismus

Die Zukunft des »System Putin«

Felix Jaitner, geb. 1986 in Köln, Politikwissenschaftler, promovierte zu Entwicklungskonflikten des russischen Machtblocks.

Felix Jaitner

Russlands Kapitalismus

Die Zukunft des »System Putin«

VSA: Verlag Hamburg

www.vsa-verlag.de

Umschlagabbildung: Videokonferenz Putins mit Mitgliedern des Sicherheitsrates der Russischen Föderation am 16. April 2020.
Druck und Buchbindearbeiten: Beltz Grafische Betriebe GmbH, Bad Langensalza
ISBN 978-3-96488-162-5

Inhalt

Einleitung

Der russische Überfall auf die Ukraine wird – so viel ist sicher – Europa und die Welt tiefgreifend verändern. Geplant als eine kurze militärische Intervention sollte ein Regime-Change und die Einsetzung einer pro-russischen Regierung die Bündnisneutralität der Ukraine garantieren. Stattdessen hat der russische Angriff nicht nur die geopolitische Anbindung der Ukraine an den Westen endgültig besiegelt, der Krieg stärkt die Kohäsion innerhalb des westlichen Lagers.

Während die ukrainische Regierung in den ersten Kriegswochen durchaus zu Verhandlungen über den Neutralitätsstatus des Landes bereit war, hat sie diese Position seit dem Stocken des russischen Vormarsches bei gleichzeitig immer brutaleren Angriffen gegen die Zivilbevölkerung und Infrastruktur revidiert. Ermuntert durch die immer umfangreichere militärische Unterstützung der NATO hat der ukrainische Präsident Wolodymr Selenskyj wiederholt erklärt, alle besetzten Gebiete einschließlich der Krim zurückzuerobern.[1] Dies wirft die Frage auf, ob ein nachhaltiger Friedensschluss auf absehbare Zeit überhaupt möglich ist. Gegenwärtig ist es nicht auszuschließen, dass die Ukraine auf Jahre hinaus zu einem dauerhaften Kriegsschauplatz mit variierenden »heißen« und »kalten« Phasen wird.

Damit stehen sich 30 Jahre nach dem Ende des Ost-West-Konfliktes wieder konkurrierende regionale Blöcke gegenüber. Osteuropa – konkret der Balkan – und der postsowjetische Raum werden neben anderen Weltregionen zunehmend zu umkämpften Schauplätzen, in der sich die imperiale Auseinandersetzung manifestiert.[2] Dies bedeutet auch die Rückkehr zu einer offenen deutsch-russischen Konfrontation. Die von Bundeskanz-

[1] ZDF: Krim, Mariupol, Sjewjerodonezk: Selenskyj will Gebiete zurückerobern, 2022, abrufbar unter www.zdf.de/nachrichten/politik/selenskyj-krim-sjewjerodonezk-bruecken-ukraine-krieg-russland-100.html (letzter Zugriff: 10.1.2023).

[2] Der nach wie vor ungelöste Konflikt zwischen Serbien und Kosovo könnte Spannungen zwischen Russland und dem Westen genauso befördern wie die Lage in Bosnien. So beschloss der Bundestag Anfang Juli 2022 die Entsendung von 50 Bundeswehrsoldaten im Rahmen der EU-Mission Eufor Althea. Derweil drohte der russische Botschafter in Sarajewo, Igor Kalabuchow, der bosnischen Regierung im Falle eines NATO-Beitritts mit einem ukrainischen Szenario, siehe: RBK: My budem reagirovat: Rossiya prigrozila Bosnii ukraiisnkim scenariem, abrufbar unter: www.rbc.ua/rus/news/my-budem-reagirovat-rossiya-prigrozila-bosnii-1647515142.html (letzter Zugriff: 10.1.2023).

ler Olaf Scholz proklamierte Zeitenwende macht dies unmissverständlich deutlich: Das beispiellose Aufrüstungsprogramm soll die Bundeswehr noch in diesem Jahrzehnt zur »schlagkräftigsten Armee in Europa«[3] machen. Die Wiederkehr der deutsch-russischen Konkurrenz hat auch eine ökonomische Neuausrichtung zu Folge: Durch die zunächst von Deutschland und der Europäischen Union und dann von Russland aktiv betriebene Entkopplung von vergleichsweise günstigen Energieträgern wird die militärische Lagerbildung um eine ökonomische Komponente ergänzt – mit ungewissen Folgen für das deutsche Exportmodell.

Die zunehmend expansive russische Außenpolitik ist eine Reaktion des Machtblocks auf die vielfältigen Krisenprozesse in Russland und im postsowjetischen Raum. Der hier vertretene Ansatz steht nicht im Widerspruch zu dem Argument, wonach die militärischen Interventionen in Georgien (2008), Kasachstan (2021/2022) und in der Ukraine den Versuch darstellten, die hegemoniale Position Russlands im postsowjetischen Raum zu erhalten. Allerdings sind die spezifischen Entwicklungen und innergesellschaftlichen Dynamiken der einzelnen Länder wichtige Erklärungsfaktoren für die wiederkehrenden Konflikte in der Region, so auch für den Krieg in der Ukraine. Sie werden aber sowohl im westlichen Mainstream als auch in der linken Debatte nur unzureichend berücksichtigt.

Warum Russland verstehen?

Die Russland-Berichterstattung – gerade im Kontext des Ukraine-Krieges – wirft häufig mehr Fragen auf, als sie beantwortet: Präsident Wladimir Putin, so der Tenor, regiere autoritär Land und Gesellschaft und werde dabei ausschließlich von imperialen Machtinteressen geleitet.[4] Eine solche Betrachtungsweise verhindert den Blick auf innergesellschaftliche Konflikte und Dynamiken. Handelt die russische Regierung tatsächlich nur nach imperialen Interessen? Und wenn ja, wie können diese Interessen konkreter bestimmt werden? Sind sie ökonomischer, politischer, kultureller Natur?

---

[3] NTV: Bundeswehr soll »schlagkräftigste Armee Europas« werden, 2022, abrufbar unter: www.n-tv.de/politik/Bundeswehr-soll-schlagkraeftigste-Armee-Europas-werden-article23160774.html (letzter Zugriff: 10.01.2023).

[4] Bundeskanzler Olaf Scholz erklärte den Abgeordneten im Bundestag, der Überfall auf die Ukraine sei das Resultat des russischen Imperialismus und das »werden wir in Europa nicht akzeptieren«, siehe: Stern: Scholz: Werden Putins »Imperialismus in Europa nicht akzeptieren«, 2022, abrufbar unter: www.stern.de/news/scholz--werden-putins--imperialismus-in-europa-nicht-akzeptieren--31912734.html (10.1.2023).

Die sowohl in der journalistischen Berichterstattung als auch in der wissenschaftlichen Analyse sehr beliebte Personalisierung der Herrschaft in Russland (»System-Putin«) lässt oft außer Acht, welche Herrschaftsverhältnisse Putin eigentlich repräsentiert. Das Putinsche Regierungsprogramm ist eine spezifische Antwort des Machtblocks auf die Transformationsphase der 1990er-Jahre und die strukturellen Widersprüche des russischen Kapitalismus und weniger Ausdruck eines vermeintlich typischen russischen Autoritarismus.

Die Perestroika (1985–1991) und die 1990er-Jahre sind eine Epoche tiefgreifender gesellschaftlicher Umbrüche und Veränderungen. Sie führten zur Auflösung der Sowjetunion und Einführung des Kapitalismus in allen 15 Nachfolgestaaten. Das bedeutet konkret die Übernahme eines neuen sozioökonomischen Modells, neuer politischer und sozialer Institutionen sowie das Ende des Marxismus-Leninismus als Staatsideologie. Die Aneignung des Mehrwerts erfolgt seitdem überwiegend privat und nicht mehr durch den Staat. Damit einher gehen neue Macht- und Abhängigkeitsverhältnisse, da im Zuge des Privatisierungsprozesses private Firmen den Staat als Arbeitgeber ablösten. Selbst der Staat wurde als Wettbewerbsstaat restrukturiert. Davon zeugen die weitgehende Aufgabe des sowjetischen Sozialmodells und das neue Verständnis als Lobbyist für russische Konzerne auf internationalem Parkett. Auch die Übernahme marktwirtschaftlicher Rationalitäts- und Profitlogik verdeutlicht diesen Wandel. Die Transformation beschreibt mithin einen gesellschaftlichen Umwälzungsprozess, der in seiner Radikalität historisch einmalig ist.

Zudem fällt auf, dass der Amtsantritt Wladimir Putins zum Präsidenten im Jahr 2000 sowohl in den Medien als auch in der wissenschaftlichen Russland-Forschung oft als Zäsur und Auftakt eines autoritären gesellschaftlichen Umbaus gilt. Dem gegenüber stehen die 1990er-Jahre für eine Ära der Liberalisierung und politischen Demokratisierung.[5] Diese Argumentation sieht in der Auflösung der Sowjetunion meistens ein demokratisches, emanzipatorisches Moment und die Einführung des Kapitalismus als einen alternativlosen Schritt zum Aufbau einer repräsentativen Demokratie nach westlichem Vorbild. Diesen Ansatz gilt es zu hinterfragen. Denn die autoritäre Entwicklung Russlands setzte spätestens im Jahr 1993 ein, als

[5] Hierfür stehen beispielhaft: Mommsen, Margareta/Nußberger, Angelika: Das System Putin. Gelenkte Demokratie und politische Justiz in Russland, Bundeszentrale für politische Bildung, Bonn 2007, hier: S. 9ff. und Shevtsova, Lilia: Bürokratischer Autoritarismus – Fallen und Herausforderungen, in: APuZ, 11/2006, S. 6–13.

die Regierung Jelzin das Parlament durch loyale Truppen beschießen ließ und im Anschluss eine präsidentielle Verfassung durchsetzte. Die entscheidende Konfliktlinie verlief damals entlang der Frage, wie der Übergang zur Marktwirtschaft zu gestalten sei. Das Entstehen autoritärer Herrschaftsverhältnisse in Russland steht folglich in einem engen Zusammenhang mit der Etablierung der neuen Wirtschaftsordnung.

Der heute weitgehend ins Vergessen geratene Konflikt zwischen der Jelzin-Administration und dem Parlament lässt berechtigte Zweifel an der vermeintlichen Einheitlichkeit der russischen Elite aufkommen. Diese ist keinesfalls ein monolithischer Block, sondern ein Mosaik unterschiedlicher Fraktionen aus den staatlichen Eliten (Staatsbürokratie), der Politik (wichtige Vertreter:innen der führenden Parteien und (Lokal-)Politiker:innen), Wirtschaft (den sogenannten Oligarchen) und Kultur (Wissenschaftler:innen, Top-Journalist:innen und Künstler) mit z. T. stark divergierenden Interessen. Die Auseinandersetzung innerhalb der herrschenden Klasse um den künftigen ökonomischen Kurs Russlands zeigen, dass die Ausrichtung des gesellschaftlichen Entwicklungsmodells auch nach der Auflösung der Sowjetunion keinesfalls unumstritten war. Die Einführung des Kapitalismus und die Folgen, die dies mit sich brachte, stehen deshalb in einem engen Zusammenhang mit der Entwicklung der herrschenden Klasse selber. Diese gesellschaftlichen Konflikte und unterschiedlichen Interessen zu berücksichtigen ist zentral, um die Entwicklung Russlands seit der Auflösung der Sowjetunion nachzuvollziehen. Ein solcher Ansatz ermöglicht es, die auf Putin und seinen engsten Kreis reduzierten Erklärungsansätze zu überwinden und nach grundsätzlicheren Entwicklungslinien zu fragen.

Der postsowjetische Krisenraum

Der für viele so unerwartet erfolgte russische Angriff auf die Ukraine verdeutlicht eindrücklich das begrenzte Instrumentarium zur Analyse der Putin-Administration. Dabei sind die Auseinandersetzungen in der Ukraine keinesfalls der einzige postsowjetische Konflikt, noch ist der Verlauf besonders außergewöhnlich. Bürgerkriege, Wirtschaftskrisen, Abspaltungen einzelner Regionen und zwischenstaatliche Kriege prägen seit den 1990er-Jahren die Entwicklung vieler sowjetischer Nachfolgestaaten. Sicherlich müssen in jedem Fall regionale Besonderheiten mitbedacht werden. Allerdings lässt sich durchaus argumentieren, dass die Ereignisse in der Ukraine einem spezifischen Muster postsowjetischer Konflikte folgen, die in der öffentlichen Debatte kaum Berücksichtigung finden.

Der postsowjetische Raum ist von übergreifenden, sich »überschneidenden Krisenphänomenen«[6] geprägt: Die Auflösung der Sowjetunion und der tiefgreifende politische und ökonomische Transformationsprozess (tiefe Transformationskrise).[7] Der gewählte Ansatz widerspricht dem wissenschaftlichen Mainstream, demzufolge die Auflösung der Sowjetunion und die Einführung des Kapitalismus notwendige und alternativlose Schritte zur Angleichung an den Westen darstellen. Die einzelnen Krisenphänomene wirken vielmehr stark polarisierend und prägen die Entwicklung eines jeden Staates in der Region bis heute unterschiedlich stark, was die Anfälligkeit durch externe Krisen erhöht. Die nach wie vor existierenden engen politischen, ökonomischen und kulturellen Beziehungen zwischen den sowjetischen Nachfolgestaaten führen dazu, dass die Krisenphänomene eines Landes nicht isoliert betrachtet werden können, sondern ihre Ursache in den spezifischen Konturen der postsowjetischen Gesellschaften haben.

Die Auflösung der Sowjetunion

Die Auflösung der Sowjetunion beruht auf einem Beschluss der Präsidenten der Russischen, Ukrainischen und Belorussischen Teilrepubliken – Boris Jelzin, Leonid Krawtschuk und Stanislaw Schuschkewitsch – während eines Treffens am 8. Dezember 1991, der sogenannten Belowescher Vereinbarung. Dabei trafen sie sich weder im Rahmen eines institutionalisierten Gremiums des Unionsverhandlungsprozesses noch hatten die sowjetische Regierung unter Michail Gorbatschow oder das Parlament (Oberster Sowjet) den Teilnehmern entsprechende Entscheidungsvollmachten erteilt. Die Auflösung der Sowjetunion forcierte eine Sezessionsdynamik, die die Legitimität multiethnischer Staaten bedrohte und die meisten Nachfolgestaaten erfasste. Unter dem Schlagwort die »große Umgestaltung« (great reconfiguration) beschreibt der Kulturwissenschaftler Roger Brubaker einen umkämpften Prozess nachholender Nationalstaatsbildung in Osteuropa und dem postsowjetischen Raum, in dem politische Rechte (Staatsbürgerschaft und -rechte, Sprachgebrauch) und soziale Rechte oftmals entlang

[6] Vgl. Jaitner, Felix/Olteanu, Tina/Spöri, Tobias (Hrsg.): Crises in the post-Soviet space. From the Dissolution of the Soviet Union to the Conflict in Ukraine. London, 2018, DOI: https://doi.org/10.4324/9781351234467. Fortan: Jaitner/Oltenau/Spöri: Crises in the post-Soviet space.

[7] Ebd.: 5ff.

ethnischer Zugehörigkeit neu definiert werden.[8] Dabei handelt es sich keinesfalls nur um einen Konflikt der 1990er-Jahre. Eine wichtige Ursache des aktuellen Konflikts in der Ukraine ist die Infragestellung des multiethnischen Charakters der ukrainischen Gesellschaft, was vergleichbaren Konflikten in anderen Ländern der Region (z. B. im Baltikum) eine neue Dynamik verleiht.[9] Die Entwicklung in der Ukraine folgt damit vergleichbaren Konfliktmustern in der Region und ist in diesem Sinne auch ein typischer postsowjetischer Konflikt.[10] Während die ethnokulturelle Neubegründung der sowjetischen Nachfolgestaaten das Vertrauen in staatliche Institutionen schwächt und damit den Demokratisierungsprozess behindert, lag diese Entwicklung durchaus im Interesse der ethnisch-nationalen Eliten. Diese erhofften sich von der staatlichen Unabhängigkeit eine Stärkung ihrer politischen und ökonomischen Stellung, bspw. indem sie den einsetzenden Privatisierungsprozess zu ihren Gunsten zu beeinflussen hofften.[11]

Die Transformationskrise

Der Historiker Boris Kagarlitzkij weist darauf hin, dass die Integration der sowjetischen Nachfolgestaaten in den Weltmarkt nicht nur die wirtschaftliche und technologische Abhängigkeit von den kapitalistischen Zentrumsstaaten verschärfte, sondern auch die soziale und regionale Polarisierung innerhalb des postsowjetischen Raums.[12] Eine Folge des wirtschaftlichen Niedergangs war die weitgehende Deindustrialisierung der meisten Staaten mit Ausnahme Belarus, Russlands, Usbekistans und der Ukraine und zunehmende soziale Ungleichheit. In rohstoffreichen Staaten konnte diese

---

[8] Brubaker, Roger: Nationalizing states revisited: projects and processes of nationalization in post-Soviet states. In: Ethnic and Racial Studies 34(11), 2011, S. 1785–1814. DOI: https://doi.org/10.1080/01419870.2011.579137.

[9] Ekman, Joakim/Duvold, Kjetil: Ethnic divides in the Baltic states: Political orientations after the Russian-Ukrainian crisis, in: Jaitner/Oltenau/Spöri: Crises in the Post-Soviet Space, 2018, S. 121–136.

[10] Jaitner, Felix: Ukraine als Exempel. Der Zerfall der postsowjetischen Gesellschaft, in: Blätter für Deutsche und Internationale Politik, Jahrgang 60, Heft 10, 2015, S. 77-84.

[11] Vgl. Hale, Henry E.: The Strange Death of the Soviet Union. Nationalism, Democratization and Leadership, Harvard University, 1999 oder Rösler, Jörg: Nationalism and Economic Disparities. Lessons from the Dissolution of Yugoslavia and Czechoslovakia and the Secession of the Baltic States, in: Journal of Contemporary Central and Eastern Europe, Vol. 18, No. 3, 2010, S. 341–354.

[12] Kagarlitsky, Boris: Disaster Management in Eastern Europe, in: Segert, Dieter (Hrsg.): Postsozialismus. Hinterlassenschaften des Staatssozialismus und neue Kapitalismen in Europa, Braumüller, Wien, 2009, S. 159–164.

Entwicklung zwar etwas gedämpft werden, allerdings vertiefte die einseitige Ausrichtung auf den Rohstoffexport für gewöhnlich die technologische Abhängigkeit von den Zentrumsstaaten. Unter den Bedingungen einer nationalstaatlichen Umgestaltung der Gesellschaft, eines anhaltenden wirtschaftlichen Niedergangs, der Verarmung breiter Schichten und der Herausbildung einer neuen herrschenden Klasse waren Demokratisierungsprozesse von Anfang an großem Druck ausgesetzt, zumal am Beispiel der russischen Entwicklung deutlich wird, dass die Herrschenden wenig Interesse an der Konsolidierung demokratischer Institutionen und Prozesse hatten.

Eine autoritäre Konsolidierung politischer Herrschaft und die klientelistische Einbindung gesellschaftlicher Schichten wie in Russland lässt sich seit Mitte der 1990er-Jahre auch in anderen postsowjetischen Staaten beobachten (Aserbaidschan, Belarus, Kasachstan, Turkmenistan, Usbekistan). In Georgien, Kirgisien, Moldawien oder der Ukraine waren die Herrschenden dagegen nicht in der Lage, einen Konsens auszuhandeln, der die politische und ökonomische Entwicklung ihrer Länder langfristig stabilisiert hätte, weshalb die Herrschafts- und Machtverhältnisse deutlich umkämpfter sind. Die Entwicklung der Ukraine ist dabei symptomatisch: Trotz regelmäßiger Proteste gegen Werksschließungen, neoliberale Politik oder Privatisierung im Bildungssektor zwischen den beiden großen Maidan-Protesten 2004 und 2014 blieb eine breite Politisierung des Privatisierungsprozesses, sozialer Ungleichheit und der ungleichen Einkommensverteilung marginal.[13] Die regelmäßig wiederkehrenden bunten Revolutionen im postsowjetischen Raum führten zwar zu Regierungswechseln. Allerdings ersetzen sie üblicherweise nur eine Fraktion des herrschenden Blocks durch eine andere. Diese können sich hinsichtlich ihrer ökonomischen Interessen, ihrer gesellschaftlichen Verankerung und geopolitischen Ausrichtung durchaus unterscheiden. Als Transformationsgewinner verbindet sie jedoch das Misstrauen gegenüber demokratischen Prozessen.

Auf die tiefe Transformationskrise folgte eine partielle Stabilisierung der gesellschaftlichen Entwicklung ab den späten 1990er-Jahren bis zum Jahr 2008, in der es in den jeweiligen postsowjetischen Nachfolgestaaten unterschiedlich erfolgreich gelang, einzelne Ursachen des anhaltenden Nieder-

---

[13] Varga, Mihai: »Working-Class Heresies«: Ideology in Protests of Ukrainian Workers During the World Economic Crisis 2009–2012, in: Debatte: Journal of Contemporary Central and Eastern Europe, 20:2-3, 2012, S. 107–124.

gangs zu bearbeiten. Die Wucht, mit der die große Krise 2008 zurückkehrte, verdeutlicht jedoch, dass die grundlegenden Widersprüche und Spannungen im postsowjetischen Raum bestehen blieben.

Die Geografen Adrian Smith und Adam Swain argumentieren, dass der wirtschaftliche Einbruch im postsowjetischen Raum nicht nur als ein Resultat externer Schocks verstanden werden sollte. Vielmehr hat die Krisenanfälligkeit der gesamten Region ihre Ursache in den spezifischen Transformationsstrategien der einzelnen Länder nach dem Ende des Ost-West-Konfliktes und den damit verbundenen geopolitischen Orientierungen.[14] Auch andere Ansätze betonen eine Verschränkung von externen und internen Faktoren zur Erklärung der krisenhaften Entwicklung. Als wichtigste Ursache sehen Jaitner, Olteanu und Spöri den seit den frühen 1990er-Jahren anhaltenden Peripherisierungsprozess des postsowjetischen Raums. Dies äußert sich in der wachsenden politischen, ökonomischen und technologischen Abhängigkeit der Region von den kapitalistischen Zentrumsstaaten und den sich verschärfenden Widersprüchen und Instabilitäten im Innern.[15]

Russlands Entwicklung im Kontext der postsowjetischen Krisen

Ausgehend von den skizzierten Krisenphänomenen (Auflösung der Sowjetunion und tiefe Transformationskrise) wird in diesem Buch die russische Entwicklung seit den späten 1980er-Jahren näher analysiert. Der Versuch, sich den aktuellen Konflikten der russischen Gesellschaft aus der jüngeren Vergangenheit heraus zu nähern, mag verwundern. Der Krieg in der Ukraine und die zunehmende Repression in Russland legen jedoch die Vermutung nahe, dass zentrale gesellschaftliche Widersprüche im Verlauf der letzten 30 Jahre nicht gelöst, sondern im Zuge der Transformation verstetigt und vertieft wurden. Die radikale Einführung des Kapitalismus mittels einer »Schocktherapie« bildet die zentrale Konfliktlinie in der russischen Gesellschaft der 1990er-Jahre und behindert die demokratische Entwicklung bis heute entschieden. Nach der Auflösung der UdSSR war auch in Russland die Frage des Tempos der Wirtschaftsreformen und die Privatisierung des Staatseigentums höchst umstritten. Sie gipfelte schließlich in der Auseinandersetzung zwischen Parlament und Präsident im Jahre 1993. Die

[14] Smith, Adrian/Swain, Adam: The Global Economic Crisis, Eastern Europe, and the Former Soviet Union: Models of Development and the Contradictions of Internationalization, in: Eurasian Geography and Economics, 51:1, 2010, S. 1–34.

[15] Siehe: Jaitner/Oltenau/Spöri: Crises in the Post-Soviet Space.

undemokratische Auflösung der Sowjetunion und die Niederschlagung des parlamentarischen Protests sind daher zentrale Wendepunkte in der Etablierung eines neuen russischen Produktions- und Gesellschaftsmodells.

Den Ausgangspunkt der Untersuchung bildet die sowjetische Vielfachkrise, die Mitte der 1980er-Jahre ihrem vorläufigen Höhepunkt zustrebte. Sie erfasste verschiedene Teilbereiche der sowjetischen Gesellschaft (Ökonomie, Politik, Ökologie) und trat seit Anfang der 1980er-Jahre als ökonomische Krise in Erscheinung. In einem ersten Schritt (Kapitel 1) soll diese Krise kurz skizziert werden. Das zweite Kapitel analysiert die Wahrnehmung der Krise aus der Sicht dreier unterschiedlicher gesellschaftlicher Akteure (die ökonomischen »Reformer«, Boris Jelzin und seine Anhänger in der KPdSU sowie die liberale Dissidentenbewegung). Gorbatschows Reformprogramm hatte das Ziel, die lang anhaltende sowjetische Krise durch eine gesellschaftliche Demokratisierung und ökonomische Liberalisierung zu überwinden. Jelzin und seine Berater plädierten dagegen für möglichst rasche und tiefgreifende wirtschaftliche Reformen. Gleichzeitig argumentierten sie, dass die Privatisierung des Staatseigentums nur in den einzelnen unabhängigen Republiken nicht aber in der gesamten UdSSR durchführbar sei.[16] Hier wird die Konfliktlinie zu Gorbatschow deutlich, der wirtschaftliche Reformen im gesamten Land anstrebte. Im Zentrum dieses Kapitels steht die Frage, inwiefern diese Krisenwahrnehmung ein gemeinsames koordiniertes Handeln mit Jelzin als Zentrum ermöglichte und zur Formierung eines pro-kapitalistischen Bündnisses führte.

Der Schwerpunkt der Arbeit liegt auf der Analyse der Ära Jelzin, beginnend mit der Auflösung der Sowjetunion (1991/1992) bis zu der ausgehandelten Machtübergabe an Wladimir Putin. Im Mittelpunkt stehen die staatlich kontrollierte und abgesicherte Einführung des Kapitalismus und die Herausbildung neuer Herrschaftsverhältnisse in den 1990er-Jahren in Russland. Innerhalb dieses Zeitraums werden exemplarisch einzelne Ereignisse ausgewählt, die als Schlüsselmomente für die Entwicklung Russlands erscheinen. Dabei wird zwischen zwei Ebenen – einer politischen und einer ökonomischen – unterschieden. Auf politischer Ebene sind diese die Auflösung der Sowjetunion (Kapitel 3), der Beschuss des Parlaments und die anschließende Verabschiedung einer neuen Verfassung im Jahre 1993 (Kapitel 5), der Krieg in Tschetschenien 1994–1996 (Kapitel 6) sowie die Präsidentschaftswahl 1996 (Kapitel 8).

[16] Vgl. Kolesnikov, Andrej: Neizvestnyj Tschubajs, Zaharov, Moskva 2003, S. 66ff.

Die wirtschaftliche Ebene behandelt die zwei Privatisierungswellen (Kapitel 6: 1992–1994 und Kapitel 7: 1995–1997) sowie die Wirtschafts- und Finanzkrise im Jahre 1998 (Kapitel 9). Alle Ereignisse stehen stellvertretend für wichtige gesellschaftliche Konflikte, die mit der Einführung des Kapitalismus in Russland einhergingen. Damit sollen diese Ereignisse nicht einfach historisch nacherzählt, sondern in einen theoretischen Zusammenhang gestellt werden. Den Rahmen bildet, wie bereits oben erwähnt, die Frage nach Lösungsstrategien zur Überwindung der Krise und die Herausbildung von neuen Herrschaftsverhältnissen auf der Grundlage eines neuen russischen Gesellschafts- und Produktionsmodells.

Das 10. Kapitel untersucht den Übergang von Jelzin zu Putin und die gesellschaftlichen Umstände, die diesen Vorgang begleiteten. Darüber hinaus fragt es nach den stabilisierenden Faktoren, auf die sich die Herrschaft Putins stützt. Im Rahmen der erweiterten Neuauflage des Buches wurde ein 11. Kapitel hinzugefügt, das der Rückkehr der Krise in Russland ab 2008 bis hin zum Überfall auf die Ukraine gewidmet ist. Zwar gelang es während der ersten beiden Amtszeiten Putins (2000–2008) die gesellschaftliche Entwicklung zu stabilisieren, die strukturellen Widersprüche des russischen Kapitalismus wurden jedoch nicht effektiv bearbeitet. Im Gegenteil. Ein Blick auf die Struktur des Außenhandels zeigt, dass die Russische Föderation noch abhängiger von dem Verkauf ihrer Ressourcen, vor allem von Öl und Gas, ist als die Sowjetunion. Dieses ressourcenextraktivistische Entwicklungsmodell macht die russische Volkswirtschaft in hohem Maße abhängig vom Verlauf der globalen Konjunktur. Eine öffentliche Debatte um die strukturellen Widersprüche des russischen Kapitalismus ist jedoch nur eingeschränkt möglich, da die Regierung – insbesondere seit den Massenprotesten 2011 bis 2013 – zu einem immer repressiveren Kurs übergegangen ist und sich verstärkt national-konservativen Kräften geöffnet hat, die ihrerseits eine aggressive Außenpolitik propagieren.

Neoliberal-nationalistischer Konsens statt demokratischer Sozialismus

Das vorliegende Buch soll dazu beitragen, die Entwicklung Russlands besser nachzuvollziehen und Antworten auf die Frage geben, warum sich wenige Jahre nach dem demokratischen Aufbruch der Perestroika autoritäre Herrschaftsstrukturen herausbilden und festigen konnten. Im Zuge der sich verschärfenden geopolitischen Konfrontation und der Rückkehr der offenen deutsch-russischen Konkurrenz erscheint dies umso dringlicher. Nur ein differenziertes Verständnis der russischen Gesellschaft, ihrer Entwicklungsdynamiken und der sie durchziehenden Widersprüche ermöglicht es, eine kritische Position zu den aktuellen Ereignissen einzunehmen. Mit dem Ende des Ost-West-Konfliktes schien der Aufbau eines friedlichen Europas jenseits der imperialen Staatenkonkurrenz möglich. Die russische Invasion in der Ukraine hat diese Hoffnung endgültig begraben. Mit Blick auf die vielfältigen Krisenphänomene, die den postsowjetischen Raum durchziehen, lässt sich jedoch argumentieren, dass der Krieg vielmehr die Folge einer jahrzehntelangen, widersprüchlichen Entwicklung ist, die aufs Engste mit der Auflösung der Sowjetunion und der Einführung des Kapitalismus zusammenhängt.

Lange Zeit herrschte im Westen die Gewissheit, der Fall des Eisernen Vorhangs müsse unweigerlich zu einer Demokratisierung der staatssozialistischen Länder führen.[17] Demnach gehören die repräsentative liberale Demokratie und Kapitalismus unweigerlich zusammen und bilden in gewisser Weise eine Symbiose. Diesem Verständnis nach werden Demokratisierung bzw. demokratische Rechte vor allem auf den formalisierten politischen Entscheidungsprozess bezogen. Dabei handelt es sich aber nur um eine Ebene der Gesellschaft. Das Arbeitsleben bzw. die gesamte Wirtschaftsorganisation, Fragen gesellschaftlicher Reproduktion oder sozial-ökologische Konflikte sind von dieser Frage fast vollständig ausgeklammert. Dieser Glaube konnte durch die realen Erfahrungen in den ehemals staatssozialistischen Ländern nicht aufrechterhalten werden.[18] Osteuropa und der postsowjetische Raum wurden vielmehr zu einem »Labor«[19] für neoliberale Politik – mit tiefgreifenden Folgen. Eine kritische Analyse der ökonomischen Entwicklung seit den 1990er-Jahren schreibt der ungarische Ökonom János Kornai. Die Einführung kapitalistischer Wirtschaftsformen führte ihm zufolge nur bedingt bzw. zu keiner gesellschaftlichen Modernisierung, sondern verstärkte die soziale Spaltung.[20] Diese Entwicklung geht oftmals mit einer Stärkung autoritärer Strukturen einher. Der

---

[17] Dieser Ansatz wurde als »Transition to Democracy« bekannt. Stellvertretend sei genannt: Huntington, Samuel: The Third Wave: Democratization in the Late Twentieth Century, University of Oklahoma Press, Norman 1991.

[18] Vgl. Carothers, Thomas: The End of the Transition Paradigm, in: Journal of Democracy, Nr. 1, Jg. 13, Januar 2002, S. 5–21.

[19] Segert, Dieter: Osteuropa nach 1989 – ein Labor für die soziale Belastbarkeit unserer Demokratie?, in: WISO – Wirtschafts- und Sozialpolitische Zeitschrift des ISW, Nr. 3, Jg. 33, 2010.

[20] Kornai, János: The great transformation of Central Eastern Europe. Success and disappointment, in: Economics of Transition, Nr. 2, Jg. 14, 2006, S. 207–244.

Philosoph Gaspar Miklos Tamas konstatiert die Herausbildung eines spezifischen osteuropäischen Kapitalismus, den ein neoliberaler-nationalistischer Konsens auszeichnet.[21]

Dennoch ist ein kritischer Zusammenhang zwischen der Einführung des Kapitalismus und der gesellschaftlichen Entwicklung dieser Länder bis heute in der Wissenschaft und im breiten gesellschaftlichen Diskurs marginalisiert. Mehrheitlich dominiert der Glaube an eine Alternativlosigkeit zum tatsächlichen Verlauf der Transformation, der mögliche Alternativen, die in den späten 1980er-Jahren ernsthaft diskutiert wurden und eine realpolitische Option waren, entweder völlig außer Acht lässt oder diskreditiert. Der Politikwissenschaftler Krunoslav Stojaković konstatiert: »Das Einstehen für Sozialstaatlichkeit und mehr noch die kritische Bewertung der kapitalistischen Transformation seit 1990 mit allen damit einhergehenden Enteignungen ehemals gesellschaftlichen Eigentums werden von den VertreterInnen der hegemonialen liberalkapitalistischen Eliten als Ausdruck eines defizitären Demokratieverständnisses abgelehnt.«[22]

Diese Immunisierung gegen (kapitalismus-)kritische Ansätze, spiegelt sich auch in dem gesellschaftlichen Diskurs wieder. Kritik an den freien Märkten wird vielmehr als Nostalgie nach dem Vorherigen abgetan. Gleichzeitig zeigt sich am Beispiel der osteuropäischen und postsowjetischen Gesellschaften eine weitere Entwicklung. Trotz der katastrophalen Folgen der Wirtschaftskrise äußert sich die Frustration der Bürger:innen selten in sozialen Protesten, sondern überwiegend in einem Anstieg nationalistischer und rassistischer Bewegungen und Parteien. Die Durchsetzung neoliberaler Politik mit autoritären Mitteln, dies zeigt das Beispiel der osteuropäischen Transformation, gefährdet eine demokratische Entwicklung. Das russische Beispiel sollte uns eine Warnung sein.

---

[21] Tamas, Gaspar Miklos: Ein ganz normaler Kapitalismus, abrufbar unter: www.grundrisse.net/grundrisse22/Gaspar_Miklos_Tamas.htm (letzter Zugriff: 10.1.2023).

[22] Stojaković, Krunoslav: Sozialdemokratische Zumutungen in Kroatien vor EU-Beitritt 2013: Auch neue Regierung fährt neoliberalen Kurs, Rosa Luxemburg Stiftung, Standpunkte International 07/2012, abrufbar unter: www.rosalux.de/fileadmin/rls_uploads/pdfs/Standpunkte/Standpunkte_international/Standpunkte_Int_07-2012.pdf (letzter Zugriff: 10.1.2023).

Kapitel 1
Die sowjetische Vielfachkrise

In der Rückschau hat es den Anschein, als sei in der Sowjetunion die Krise des politischen und ökonomischen Systems ein gesellschaftlicher Normal- und Dauerzustand gewesen. In beinahe allen Phasen ihrer Existenz durchlief die UdSSR schwerste Krisen (politisch, ökonomisch, kulturell). Auslöser waren sowohl endogene als auch exogene Faktoren, die in einem engen Zusammenhang zu den Entwicklungen des 20. Jahrhunderts und der Existenz der Sowjetunion selbst stehen. Nicht zufällig datiert der englische Historiker Eric Hobsbawm den Anfang des »kurzen 20. Jahrhunderts« auf die Oktoberrevolution und das Ende auf das Jahr 1991, das die Auflösung der Sowjetunion markiert.[1] Der eigene Anspruch, eine Alternative zum Kapitalismus darzustellen, machte die UdSSR zwangsläufig zum Mittelpunkt der globalen Auseinandersetzungen. Einerseits symbolisierte sie das zentrale Feindbild des Kapitalismus. Andererseits war sie lange Zeit Bezugspunkt für die Arbeiter- und unterschiedlichste Befreiungsbewegungen, vor allem in den Ländern des globalen Südens.

Aus der tiefgreifenden Krise des Ersten Weltkrieges entstanden, stürzte der Bürgerkrieg und die Intervention der westlichen Großmächte (Deutschland, Frankreich, Großbritannien, USA) die Sowjetunion gleich zu Beginn in eine existenzielle Krise, die nur unter großen menschlichen Opfern und einer autoritären Umgestaltung im Innern (Kriegskommunismus und Roter Terror) überwunden werden konnte. Auch der Stalinismus und vor allem der Zweite Weltkrieg stellten eine existenzielle Bedrohung des Staates dar und können als Krisen von Staat, Gesellschaft, Politik und Ökonomie verstanden werden. Beide Ereignisse prägen die sowjetischen Nachfolgestaaten bis in die Gegenwart spürbar. Auf die kurze Periode des Tauwetters unter Chruschtschow folgte die Breschnew-Ära, die das Land in einen Zustand gesellschaftlicher Apathie führte, der in Russland nicht umsonst als »zastoj« (Stagnation) bezeichnet wird. Diese politische Krise geriet aufgrund des ökonomischen Aufschwungs der 1970er-Jahre hin und wieder in den Hintergrund, führte jedoch immer wieder zu plötzlichen Eskalati-

[1] Vgl. Hobsbawm, Eric: Das Zeitalter der Extreme. Weltgeschichte des 20. Jahrhunderts, München 1997.

onen. 1978 kam es zu gewaltsamen Auseinandersetzungen zwischen Georgiern und Abchasen. Aufgrund der starken Pressezensur wurden sie jedoch öffentlich kaum wahrgenommen.[2]

Zwei weitere Aspekte weisen darauf hin, dass das Land nicht in der Lage war, seine gesellschaftlichen Widersprüche zu lösen. Das Wettrüsten im Kalten Krieg absorbierte einen Großteil der Ressourcen, anstatt sie für eine ökonomische Modernisierung zu verwenden. Die autoritäre Unterdrückung des Prager Frühlings machte deutlich, dass eine Öffnung und Demokratisierung des politischen Systems nicht vorgesehen war.

Die Verstetigung der vielfältigen Krisen, die die Sowjetunion im Laufe ihrer 74-jährigen Existenz durchlief, ist eines ihrer bedeutenden Charakteristika. Sie prägte eine zutiefst widersprüchliche Gesellschaft, ohne diese Widersprüche offen zu thematisieren bzw. Räume für eine öffentliche Auseinandersetzung zu schaffen, in denen dies hätte geschehen können und die sich abseits der staatlich kontrollierten Institutionen und der Strukturen der Kommunistischen Partei befanden. Indem kein Mechanismus gefunden wurde, mit gesellschaftlichen Widersprüchen umzugehen und diese produktiv zu nutzen, bemühte sich die staatliche Führung darum, den dauerhaften Krisenzustand durch autoritäre Kontrolle zu lösen. Öffentlicher Widerspruch wurde nicht geduldet, unterdrückt und – wenn nötig – mit staatlicher Repression geahndet.

Allerdings wäre es vereinfacht, die Sowjetunion ausschließlich als repressiven Staat zu verstehen. Im Laufe ihrer Geschichte gab es in der Sowjetunion viele Bemühungen, Krisenerscheinungen zu bearbeiten, teils erfolgreich, teils weniger erfolgreich. Beispiele hierfür sind die Industrialisierung des Landes oder eine Ausweitung der Sozialgesetzgebung. Am Beispiel der Entwicklung der medizinischen Versorgungslage im Kaukasus lässt sich die Modernisierung deutlich zeigen. Im Jahre 1913 gab es im gesamten kaukasischen Gebiet offiziell nur 700 registrierte Ärzte sowie 1.300 Personen als zusätzliches medizinisches Personal. Bei einer Bevölkerung von sechs Millionen Menschen ergibt dies eine Versorgungslage von 1:3.000. In der Folgezeit stieg die Anzahl der Ärzte auf 8.700 (1940) und 26.400 (1960). Dies führte zu einer spürbaren Verbesserung der Lebensbedingungen. Lag die

---

[2] Vgl. Starovojtova, Galina: E pluribus unum (= Aus vielen ein Ganzes – die Devise auf dem Staatswappen der USA), in: Segbers, Klaus (Hrsg.): Perestroika. Zwischenbilanz, Frankfurt/Moskau 1990, hier: S.183–219, fortan: Starovojtova: E pluribus unum.

Sterblichkeitsrate in türkischen Städten 1959 bei 12,9 pro 1.000 Einwohner, so betrug sie in Georgien nur 7,6.[3]

Sieht man vom Zweiten Weltkrieg ab, kam es in relativ kurzer Zeit zu einem konstanten Anstieg des Lebensstandards. Die Lebenserwartung wurde deutlich erhöht, die Sterblichkeitsrate, besonders bei Kindern, nahm dagegen rapide ab. Krankheiten wie Malaria wurden nahezu ausgerottet. Die nicht-russischen Völker profitierten auch von den sowjetischen Alphabetisierungskampagnen. Im Laufe der Jahre stieg die Zahl ihrer Hochschulabsolventen konstant von 74.000 (1927/28) über 500.000 (1959/60) auf 2,2 Mio. (1980/81).[4]

Trotz dieser Erfolge blieben die Widersprüche vorhanden. Diese umfassende, verschiedene gesellschaftliche Teilbereiche erfassende dauerhafte Krise erlaubt es, von einer »sowjetischen Vielfachkrise« zu sprechen. Der Begriff »Vielfachkrise« wird vor allem im Zuge der aktuellen Wirtschafts- und Finanzkrise verwendet. Er verweist auf die vielfältigen Krisenerscheinungen, wie der ökonomischen, ökologischen oder politischen Krise. Die Ursache dieser verschiedenen Krisen liegt in den Widersprüchen der kapitalistischen Produktionsweise. Die Krise eines einzelnen gesellschaftlichen Teilbereichs ist daher nicht isoliert zu betrachten, sondern wirkt direkt auf die anderen Teilbereiche zurück und verschärft die dortigen Widersprüche. Dadurch entsteht eine wachsende Krisendynamik.[5]

Zwar handelte es sich bei der Sowjetunion um keine kapitalistische Volkswirtschaft.[6] Allerdings wurde schon dargelegt, dass es sich um eine höchst

---

[3] Lang, David M.: A Century of Russian Impact on Georgia, in: Vucinich, Wayne S. (Hrsg.): Russia and Asia. Essays on the Influence of Russia on the Asian Peoples, Stanford 1972, S. 219-247, hier: S. 241.

[4] Liszkowski, Uwe: Nationalitäten und Nationalitätenpolitik in Rußland, in: Nitsche, Peter (Hrsg.): Die Nachfolgestaaten der Sowjetunion. Beiträge zur Geschichte, Wirtschaft und Politik, Frankfurt a.M. 1994, S. 9–34, hier: S. 25.

[5] Siehe beispielhaft: Demirović, Alex (Hrsg.): VielfachKrise. Im finanzmarktdominierten Kapitalismus, Hamburg 2011, vor allem S. 11–28.

[6] An dieser Stelle ist es nicht möglich, auf die umfassende Kritik am Staatssozialismus, vor allem an seinem Wirtschaftssystem einzugehen. Verwiesen sei an dieser Stelle auf: Cliff, Tony: Staatskapitalismus in Russland. Eine marxistische Analyse, Frankfurt a.M. 1975. Auch die Weltsystemtheorie sieht die UdSSR als einen Teil des kapitalistischen Weltsystems. Dazu: Wallerstein, Immanuel: Aufstieg und künftiger Niedergang des kapitalistischen Weltsystems. Zur Grundlegung vergleichender Analyse, in: Senghaas, Dieter (Hrsg.): Kapitalistische Weltökonomie. Kontroversen über ihren Ursprung und ihre Entwicklungsdynamik, Frankfurt a.M. 1979, S. 31–67, fortan: Wallerstein: Aufstieg und künftiger Niedergang des kapitalistischen Weltsystems.

widersprüchliche, krisenhafte Gesellschaft handelte. Die einzelnen Krisenerscheinungen standen auch hier in einem unmittelbaren Zusammenhang mit der Struktur des Herrschaftssystems, der Ökonomie und der Unterdrückung kultureller Freiheiten. Es ist daher sinnvoll, die Krisensymptome in ihrer Gesamtheit zu betrachten, denn sie entwickelten eine Dynamik, die zu einer Verschärfung der einzelnen Krisen beitrug. Aus diesem Grund hat der Begriff »Vielfachkrise« auch im sowjetischen Kontext seine Berechtigung. Diese strebte ab Mitte der 1980er Jahre ihrem vorläufigen Höhepunkt zu und umfasste drei zentrale Bereiche (Politik, Ökonomie, Ökologie), die im Folgenden dargestellt werden sollen.

Die ökonomische Krise

War in den 1970er-Jahren die sowjetische Volkswirtschaft noch deutlich gewachsen, stagnierte sie in den 1980er-Jahren und verdeutlichte die zunehmende Ineffizienz des planwirtschaftlichen Modells. Zwar gelang es der Sowjetunion im Laufe der Nachkriegszeit, den Abstand in Technologie und Lebensstandard gegenüber dem Westen zu verringern. Allerdings beruhte das Wirtschaftswachstum in erster Linie auf einem stetig ansteigenden Ressourcenverbrauch, in erster Linie auf einer Ausbeutung der nationalen Öl- und Gasvorkommen. Das planwirtschaftliche Modell erwies sich als effizient im Aufbau einer Schwerindustrie, in der Umstellung auf eine Kriegswirtschaft während der Jahre 1942–1945 und dem Wiederaufbau der von Deutschland zerstörten Gebiete, d. h. in Zeiten, in denen eine zentral koordinierte Ressourcenverteilung notwendig war. Zudem war es lange Zeit weniger anfällig für Wirtschaftskrisen, vor allem während der Großen Depression in den 1930er-Jahren.

Im Vergleich zu den kapitalistischen Volkswirtschaften war die sowjetische Wirtschaft jedoch innovationsschwach und nicht in der Lage, die Produktion durch die Integration technischer Neuerungen umzustellen. Eine erforderliche Modernisierung ab den 1970er-Jahren gelang daher nicht. In seiner Untersuchung der osteuropäischen Volkswirtschaften nach dem Zweiten Weltkrieg beschreibt der ungarische Ökonom Ivan T. Berend die osteuropäische Industrialisierung als »Anachronismus«, weil sich zur gleichen Zeit bereits die technische Revolution im Westen vollzog. »The rigid model of modernization, although effective in industrializing backward agricultural countries and in catching up, and with an impressive growth rate on a turn of a century technological basis, was absolutely unprepared for technological reorientation.«[7] Diese Art der sowjetischen Modernisierung (»Soviet-type modernization«) stützte sich vor allem auf Schwerindustrie, vernachlässigte aber den Dienstleistungssektor und die Entwicklung von Hochtechnologie. Dieses Produktionsmodell kann als charakteristisch für die staatssozialistische Planwirtschaft angesehen werden.[8]

Ein weiterer Aspekt liegt in der unproduktiven Verwendung der Ressourcen. Einen Großteil der Kapitalinvestitionen verschlang die Rüstungsgüterproduktion und der Rohstoff- und Energiekomplex.[9] Dies verdeutlicht die folgende Statistik. In dem Zeitraum 1965–1990 produzierte die Sowjetunion 100.000 Panzer, und damit mehr als der gesamte Rest der Welt, einschließlich den USA, sowie 243 nuklear getriebene U-Boote, welche 22-mal mehr als im Rest der Welt hergestellt wurden.[10] Die Belastung der sowjetischen Wirtschaft durch Militärausgaben lag Ende der 1980er-Jahre schätzungsweise bei ⅕ oder ⅙ des Bruttoinlandsproduktes (BIP). Das machte eine Reduzierung des Rüstungsetats unausweichlich. Insgesamt beschäftigte der militärisch-industrielle Komplex (MIK) mehr als zehn Mio. Menschen, die Herstellung von Rüstungsgütern belief sich auf ca. ein Drittel der gesamten volkswirtschaftlichen Maschinenbauproduktion. Die nuklearstrategischen und konventionellen Streitkräfte umfassten etwa fünf Mio. Soldaten.[11]

Abgesehen von der unproduktiven Verwendung von Ressourcen und fehlender Innovation in der Wirtschaft verdient die sowjetische Sozialpolitik erhöhte Aufmerksamkeit. Ab den 1970er-Jahren weiteten die staatssozialistischen Länder ihre Sozialleistungen deutlich aus. Das ermöglichte einen städtischen Massenkonsum und Lebensstandard, die zwar unter dem

---

[7] Berend, Ivan T.: Central and Eastern Europe 1944–1993. Detour from the Periphery to the Periphery, Cambridge 1996, fortan: Berend: Central and Eastern Europe 1944-1993, S. 197.

[8] Vgl. Berend: Central and Eastern Europe 1944–1993, S. 195ff.

[9] Buzgalin, Aleksandr/Kolganov, Andrej: Rußland – die neue Gefahr aus dem Osten?, Berlin 1996, S. 54ff., fortan: Buzgalin/Kolganvo: Rußland – die neue Gefahr aus dem Osten?.

[10] Vgl. Edwards, Vincent/Polonsky, Gennady/Polonsky, August: The Russian Province after Communism. Enterprise Continuity and Change, Hampshire 2000, S. 83, fortan: Edwards/Polonsky/Polonsky: The Russian Province after Communism.

[11] Vgl. Adomeit, Hannes: Sicherheitskonzepte und Militärpolitik, in: Höhmann, H.-H./Schröder, H.-H. (Hrsg.): Russland unter neuer Führung. Politik, Wirtschaft und Gesellschaft am Beginn des 21. Jahrhunderts, Münster 2001, S. 107–118, hier: S. 107.

Niveau der Staaten Westeuropas und der USA, aber deutlich über dem anderer Entwicklungsstaaten lagen.

Diese Sozialpolitik hatte sicherlich eine systemerhaltende, herrschaftssichernde Funktion, wobei gleiches auch vom kapitalistischen Sozialstaat behauptet werden kann. Der Soziologe Claus Offe sieht in dem Sozialstaat den Versuch, den traditionellen Konflikt zwischen Arbeit und Kapital zu kontrollieren, ohne dabei die realen Herrschaftsverhältnisse zu verändern.[12] Andererseits folgte sie, wie der Historiker Christoph Boyer richtig bemerkt, auch traditionellen Werten und Zielen der Arbeiterbewegung.[13] Pittaway beschreibt die Ausweitung der Sozialpolitik als »socialist consumerism«.[14] Allerdings orientierten sich die Subventionen nicht immer am realen Bedarf der Bevölkerung, wodurch die Güter oftmals unökonomisch verwendet wurden. In den notorisch defizitären sozialistischen Volkswirtschaften stellte dies eine zusätzliche Belastung dar. Viele Staaten Ostmitteleuropas kompensierten dies zeitweilig durch eine Ausweitung der Auslandsverschuldung. Boyer argumentiert, dass sich die Sozial- und Konsumpolitik von einem Systemstabilisator zu einem zentralen Bestandteil des Problems der sozialistischen Staaten wandelte.[15]

Im Falle der Sowjetunion wurden staatliche Sozialleistungen durch den Export von Öl und Gas in westliche Länder finanziert. Dieser staatlich finanzierte Konsum konnte die wirtschaftlichen Probleme jedoch nur für eine gewisse Zeit kaschieren. Die Deviseneinnahmen wurden nicht für eine Modernisierung der Produktion verwendet. Dadurch blieben die Strukturen der Wirtschaft erhalten und wurden sogar gefestigt.

[12] Vgl. Offe, Claus: »Arbeitsgesellschaft«. Strukturprobleme und Zukunftsperspektiven, Frankfurt a.M./New York 1984.

[13] Vgl. Boyer, Christoph: Entstehung und Erbe des staatssozialistischen Wohlfahrtsstaats in Ostmitteleuropa, in: Zeitgeschichte, Nr. 6, Jg. 36, 2009, S. 381-392, fortan: Boyer: Entstehung und Erbe des staatssozialistischen Wohlfahrtstaats in Ostmitteleuropa.

[14] Pittaway: From Communist to Post-Communist Politics, S. 20–21.

[15] Vgl. Boyer: Entstehung und Erbe des staatssozialistischen Wohlfahrtstaats in Ostmitteleuropa.

Die politische Krise

Ab den 1970er-Jahren verlor das autoritäre Herrschaftssystem des Staatssozialismus immer stärker an Legitimation. Das Entstehen der Friedens- und Ökologiebewegung im Westen sowie die Emanzipationsversuche der westeuropäischen kommunistischen Parteien von der KPdSU (Eurokommunismus) zeigen, dass die Sowjetunion nicht mehr über die starke ideologische Bindungskraft der Vergangenheit verfügte. Auch am äußeren Rand des sowjetischen Imperiums, den verbündeten Staaten des Warschauer Paktes, formierte sich Widerstand gegen die Vorherrschaft der kommunistischen Staatsparteien und die autoritäre Herrschaft.[16] Der Krieg in Afghanistan (1979–1989) verdeutlicht ebenfalls den schleichenden Zusammenbruch des Imperiums. Dieses war sowohl ökonomisch als auch politisch zunehmend nicht mehr in der Lage, den eigenen Machtbereich aufrechtzuerhalten und zu befrieden.

Außerdem hatte der Krieg in Afghanistan innenpolitische Auswirkungen. Er hinterließ eine traumatisierte Generation junger Soldat:innen, die nach ihrer Rückkehr keine Möglichkeit vorfand, ihre persönlichen Erlebnisse mitzuteilen, geschweige denn über die katastrophale Versorgungslage in Afghanistan zu sprechen.[17] Dies führte zur Ablehnung des herrschenden Systems.

Diese Entwicklung beschränkt sich jedoch keinesfalls auf die Afghanistan-Rekruten. Der Anthropologe Aleksei Yurchak beschreibt eine allgemeine Diskrepanz zwischen offiziellem oder öffentlichem Verhalten der sowjetischen Bürger:innen und ihrer tatsächlichen Überzeugung. Ihm zufolge maßen viele, vor allem aber junge Menschen, den staatlichen Ritualen und der Ideologie keine Bedeutung mehr bei. Vielmehr partizipierten sie aus bloßer Notwendigkeit oder weil sie hofften, einen persönlichen Nutzen daraus zu ziehen.[18] Damit weist er auf einen allgemeinen Vertrauensverlust der sowjetischen Bevölkerung in Bezug auf die politische Klasse und das politische System hin.

---

[16] Beispiele sind die verstärkten Proteste und Widerstandsformen der polnischen Solidarnosč seit den frühen 1980er-Jahren sowie ab Ende der 1980er-Jahre in der DDR und Ungarn.

[17] Schilderungen zur Lage der sowjetischen Armee in Afghanistan finden sich bei: Alexijewitsch, Svetlana: Zinkjungen. Afghanistan und die Folgen, Frankfurt a.M. 1992.

[18] Vgl. Yurchak, Alexei: Everything was forever, until it was no more. The last Soviet generation, Princeton/Oxford 2005.

Auch innerhalb der politischen Elite herrschte über den Kurs des Landes keine Einigkeit. Das politische Programm Michail Gorbatschows war eine staatliche Reaktion auf die politische und ökonomische Krise im Land. Unter den Schlagwörtern Perestroika (Umbau des politischen Systems) und Glasnost (Transparenz, Offenheit) sollte die Sowjetunion in einen Reformprozess geführt und schrittweise – unter der Kontrolle des Staates – eine Öffnung des politischen Systems und eine Modernisierung der Wirtschaft erreicht werden. Damit rüttelte Gorbatschow jedoch, um mit dem Politologen Michael Brie zu sprechen, an dem »prekären Herrschaftsverhältnis«,[19] das die Herrschaft der kommunistischen Partei garantierte.

Brie zufolge bildete die hierarchische Machtverteilung »das dominierende Prinzip sozialer Differenzierung« im Staatssozialismus.[20] Ausgehend von dieser Betrachtung bestimmt er »Klassen«, die – genauso wie in kapitalistischen Staaten – in einem antagonistischen Verhältnis zueinander stehen. Die herrschende Klasse oder »Top-Nomenklatura« bestand aus den Mitgliedern des Politbüros und Zentralkomitees der KPdSU. Sie besaß das Monopol auf alle wichtigen Ressourcen des Staates und der Gesellschaft. Als Dienstklasse beschreibt Brie »die politische und die Funktionselite bzw. Nomenklatura im weiteren Sinne«. Diese band sich freiwillig an Weisungen der Spitze und garantierte deren Umsetzung, indem sie das Kommando über alle wesentlichen gesellschaftlichen Ressourcen ausübte. Das Volk war hingegen von den Entscheidungsprozessen ausgeschlossen und verfügte über keine autonomen Organisationsressourcen.[21]

Deshalb, so Brie, befand sich die Sowjetunion in einem konstanten Widerspruch zwischen ihrem demokratischem Herrschaftsanspruch und der Vertretung der Interessen des Volkes einerseits und der Aufrechterhaltung und Legitimation der autoritären Herrschaft andererseits (Legitimationsfalle). Darüber hinaus produzierte die hohe Machtkonzentration aufseiten der Herrschenden einen Antagonismus zwischen Herrschenden und Volk (Egalitaritätsfalle), da es sich eben um keine »*Volks*herrschaft« handelte. Zudem beurteilt Brie das Fehlen einer institutionellen Form der Vermittlung als problematisch (Konfliktvermeidungsfalle): »Es war die ultima ratio

---

[19] Vgl. Brie, Michael: Staatssozialistische Länder Europas im Vergleich. Alternative Herrschaftsstrategien und divergente Typen, in: Wiesenthal, Helmut (Hrsg.): Vergleichbare Perspektiven auf die Transformation Ostdeutschlands, Frankfurt a.M./New York 1996, S. 39–104, hier: S. 46, fortan: Brie: Staatssozialistische Länder Europas im Vergleich.

[20] Ebd., S. 42.

[21] Vgl. Brie: Staatssozialistische Länder Europas im Vergleich, S. 42ff.

kommunistischer Macht, es nicht zu einem offenen Aufbrechen von Konflikten kommen zu lassen, da damit sofort das ganze System der Macht unmittelbar bedroht war.«[22] Die durch die Perestroika in Gang gesetzte Dynamik gesellschaftlicher Diskussionen und Auseinandersetzungen erwiesen sich somit als zerstörerisch für das sowjetische System.

Die ökologische Krise

Die Explosion des Kernreaktors von Tschernobyl am 26.4.1986 führte der sowjetischen Gesellschaft die ökologische Dimension der Krise deutlich vor Augen, obwohl es sich keinesfalls um den einzigen Nuklearunfall auf sowjetischem Territorium handelte. Auf dem Gelände des Plutoniumproduzenten Majak in Tscheljabinsk ereigneten sich insgesamt drei schwerwiegende Unfälle. Dabei wurden drei Mal so viel radioaktive Stoffe wie bei der Reaktorexplosion von Tschernobyl freigesetzt.[23] Die rapide Industrialisierung ging mit einem Raubbau an der Natur einher, der im ganzen Land zerstörte Regionen hinterließ. Als Beispiele wären hier, neben dem ukrainisch-weißrussischen Grenzgebiet, der Aralsee oder die Städte Magnitogorsk und Norilsk zu nennen.

Die Zerstörung der Natur ist eine direkte Folge des sowjetischen Wachstumsmodells. Dieses vernachlässigte ressourcenschonende Produktionsformen und war stattdessen auf eine fortwährende Steigerung und Ausweitung der Güterproduktion ausgerichtet. Die verheerenden Folgen lassen sich an der wirtschaftlichen Nutzung des Aralsees, dem Zentrum der sowjetischen Baumwollproduktion, sehr deutlich zeigen. In den zentralasiatischen Unionsrepubliken wurden 90% der gesamtsowjetischen Baumwolle und ⅓ der globalen Baumwollproduktion produziert.[24] Damit spielte die sowjetische Baumwollindustrie, mit dem Aralsee als wichtigstem Standort, eine wesentliche Rolle für die globale Produktion. Das Ziel, die Produktion fortwährend zu steigern, zerstörte jedoch das Ökosystem des Aralsees. Noch im Jahr 1960 der viertgrößte See der Welt, ging dieser allein bis 1994 um die Hälfte zurück. Das Volumen des Sees sank dabei um ⅔. Darüber hinaus

---

[22] Vgl. Brie: Staatssozialistische Länder Europas im Vergleich, S. 46.

[23] Vgl. Weißenburger, Ulrich: Sicherheitsmängel und Störfallrisiken als Problem der russischen Wirtschafts- und Umweltpolitik. Teil II: Umweltgefährdung durch Nuklearanlagen und radioaktive Abfälle, BIOst, Nr. 15, 1996, S. 3–5.

[24] Ebd.

versalzte das Wasser, sodass der Salzgehalt mittlerweile fast das Niveau eines Ozeans erreicht.[25] Als Gründe nennen die Forscher Philipp D. Micklin und William D. Williams die deutliche Ausweitung der Bewässerung ab den 1960er-Jahren nicht nur um den See herum, sondern bis in die angrenzende Wüste hinein. Dadurch wurde der Wasserzustrom stark reduziert.[26]

Die Auswirkungen waren bereits in den späten 1980er-Jahren dramatisch. Von 1960 bis 1990 hatte sich die Bevölkerung in dem Gebiet des Aralsees von 13,82 auf 33 Mio. mehr als verdoppelt. Im gleichen Zeitraum sank die Wasserversorgung pro Kopf von 8,8 auf 3,5 Kubikmeter, nicht zuletzt deshalb, weil ein Großteil des Wassers für die Baumwollproduktion genutzt wurde. Aus Statistiken geht hervor, dass in der Region eine ungewöhnlich hohe Krankheitsrate und die höchste Kindersterblichkeitsrate der ganzen Sowjetunion herrschten.[27] Das verschärfte die sozialen Gegensätze im Land.

Anders als die politische oder die ökonomische Krise wurden die ökologischen Folgen in den 1980er-Jahren kaum diskutiert oder als Teil des ökonomischen Wachstumsparadigmas wahrgenommen. Der Raubbau an der Natur wird bis heute nicht wesentlich eingeschränkt. Abschließend kommt der Politologe Raul Zelik zu einer kritischen Bewertung: »Die Ressourcenallokation [im Staatssozialismus, F.J.] war mangelhaft bis absurd, von Nachhaltigkeit konnte keine Rede sein. Die Umweltbilanz fiel noch schlechter aus als die des nicht gerade umweltfreundlichen Kapitalismus.«[28]

In der Perestroika wurde die sowjetische Vielfachkrise erstmals zu einem Gegenstand öffentlicher Diskussionen. Das wirkte sich langfristig auf die gesellschaftlichen Kräfteverhältnisse im Land aus. Im folgenden Kapitel steht daher die Wahrnehmung der Krise durch ausgewählte Akteure und ihre Schlussfolgerungen in der Russischen Sozialistischen Föderativen Sowjetrepublik (RSFSR) im Mittelpunkt.

---

[25] Vgl. Micklin, Philipp P/Williams, William D.: The Aral Sea Basin, Berlin/Heidelberg 1996, S. 3.

[26] Ebd., S. 3.

[27] Ebd., S. 6–10.

[28] Vgl. Zelik, Raul: Nach dem Kapitalismus: Warum der Staatssozialismus ökonomisch ineffizient war und was das für Alternativen heute bedeutet, abrufbar unter: www.raulzelik.net/images/rztextarchiv/feuileton/Warum-Staatssozialismus-oekonomisch-ineffizient-war_sozialismus.pdf (letzter Zugriff: 10.1.2023).

Kapitel 2
Die Wahrnehmung der Krise durch die russische Elite – die Entstehung einer innerrussischen Opposition

Parallel zu der Verschärfung der Krise in den 1980er-Jahren setzte innerhalb der russischen Elite eine Diskussion über ihr Verhältnis zur Sowjetunion ein. Die Diskussion entzündete sich mehrheitlich entlang der Frage des ökonomischen Nutzens der Union für Russland. Als größte, rohstoffreichste und ökonomisch stärkste Republik finanzierte die Russische Sozialistische Föderative Sowjetrepublik (RSFSR) maßgeblich den sowjetischen Staatshaushalt. Darüber hinaus übernahm Russland, wie die Ökonomen Langhammer und Lücke betonen, die »zentrale Rolle des dominierenden Energieanbieters«.[1]

Die RSFSR finanzierte durch – gemessen am Weltmarktpreis – billige Energielieferungen die Industrieproduktion der anderen Unionsrepubliken.[2] Trotz verschiedener Transfer- und Ausgleichszahlungen verstärkte sich die ungleiche ökonomische Entwicklung im gesamten Land. Zwischen 1980 und 1988 stiegen die realen Pro-Kopf-Haushaltseinkommen in den baltischen Staaten um bis zu 30%. In einigen zentralasiatischen und kaukasischen Republiken gingen sie dagegen teilweise zurück.[3]

Im Laufe der 1980er-Jahre stellen Langhammer und Lücke »erhebliche Verschiebungen in den internen Terms of Trade zugunsten der rohstoff-

---

[1] Langhammer, Rolf J./Lücke, Matthias: Die Handelsbeziehungen der Nachfolgestaaten der Sowjetunion. Von der regionalen Desintegration zur weltwirtschaftlichen Integration?, Kieler Diskussionsbeiträge, Institut für Weltwirtschaft Kiel, Nr. 244, Januar 1995, S. 5, fortan: Langhammer/Lücke: Die Handelsbeziehungen der Nachfolgestaaten der Sowjetunion.

[2] Eine Praxis, die in modifizierter Form mit Belarus und der Ukraine beibehalten wurde. Beide Länder erhalten bis heute Gas zu vergünstigten Konditionen. Dies dient der russischen Regierung als Mittel zur Durchsetzung nationaler (imperialer) Interessen und ist deshalb immer wieder Gegenstand zwischenstaatlicher Konflikte (siehe Kapitel 7). Näheres dazu auch bei: Rahr, Alexander: Die neue OPEC. Wie Rußland zur globalen Energie-Supermacht werden will, in: Internationale Politik, Nr. 2, 2006, S. 15–23.

[3] Vgl. Langhammer/Lücke: Die Handelsbeziehungen der Nachfolgestaaten der Sowjetunion, S. 5.

reichen Republiken, insbesondere Russlands, und zu Lasten der Republiken mit einem hohen Anteil von Fertigwarenindustrien« fest.[4] Aufgrund der Rohstoffvorkommen und der Größe des Landes war Russland verhältnismäßig schwach in den innersowjetischen Handel (Intra-Handel) eingebunden. Im Jahr 1988 lag der russische Anteil nur bei 12,9% des nationalen BIP. Dies war der niedrigste Wert, sogar die Baltischen Republiken waren stärker in den Intra-Handel verflochten.[5] Eine Finanzierung der relativ unproduktiven Industrie wurde somit immer kostenintensiver, während eine Konzentration auf den Rohstoffexport hohe Profite versprach.

Im Herbst 1991 veröffentlichte das Moskauer Institut für Weltwirtschaft und internationale Beziehungen (IMEMO) eine aufschlussreiche Studie. Darin sprachen die Autoren sich dafür aus, den russischen Handel mit den Unionsrepubliken zukünftig an Weltmarktpreisen zu orientieren. Erst nach dem Übergang zu marktwirtschaftlichen Verhältnissen in allen Staaten sollte der Aufbau eines gemeinsamen Marktes angestrebt werden. Die möglichen Absatzkrisen der russischen Chemie-, Eisen- und Stahlindustrie könnten durch die globale Nachfrage an Erdöl, Gas und Metallen ausgeglichen werden. Zudem sollte die einheimische Industrie durch Importreduktion gestärkt werden.[6] Damit plädierten die Verfasser mehr oder weniger offen für die russische Unabhängigkeit und ein Ende der Sowjetunion. Was war in den Jahren 1985 bis 1991 geschehen, was eine solche Entwicklung in der russischen Elite erklären könnte?

Die Problemanalyse der ökonomischen »Reformer«

Im Laufe der 1980er-Jahre gründeten sich an verschiedenen ökonomischen Fakultäten russischer Universitäten informelle Diskussionszirkel. Im Mittelpunkt dieser Gruppen stand die Auseinandersetzung um das planwirtschaftliche Modell. Die bekannteste Vereinigung wurde später Klub Perestrojka genannt und gründete sich 1986 in Leningrad. Eine zweite bekannte und einflussreiche Gruppe trug den Namen »Sintez«. Ihre Gründung erfolgte kurze Zeit später. Viele Mitglieder dieser beiden Vereinigungen beset-

---

[4] Ebd., S. 7.

[5] Ebd., S. 4.

[6] Vgl. Korowkin, Wladimir: Die Wirtschaftsbeziehungen Russlands zu den Staaten der ehemaligen UdSSR. Eine russische Sicht, in: Osteuropa, Nr. 2, Jg. 44, 1994, S. 161–174.

zen bis heute wichtige Positionen in Ministerien und der Finanzverwaltung. Vor allem in den 1990er-Jahren waren sie in der Regierung vertreten und prägten somit die Wirtschaftspolitik und die Entwicklung der Russischen Föderation. Die bekanntesten Mitglieder des Klubs waren Jelzins erster Finanzminister Jegor Gajdar sowie Anatolij Tschubajs, unter Gajdar Verantwortlicher des Komitees für die Leitung des Staatseigentums und damit Verantwortlicher für die Privatisierung in den Jahren 1992–1994. Andere Mitglieder, wie Sergej Ignatew, Petr Awen, Wjatscheslaw Schironin (alle Klub Perestrojka) oder Aleksej Kudrin, Jewgenij Jasin und Andrej Illarionow aus dem Klub Sintez, spielen nach wie vor eine wichtige Rolle in der russischen Wirtschaft und Politik. Die ideologische Ausrichtung der Klubs durchlief in den Jahren nach ihrer Gründung eine rasche Entwicklung. Da sie in Bezug auf die Problemeinschätzung der Mitglieder von großer Bedeutung ist, soll sie an dieser Stelle kurz nachgezeichnet werden.

Die Entstehung marktwirtschaftlich orientierter Gruppierungen steht in einem engen Zusammenhang mit der Krise der sowjetischen Ökonomie und des planwirtschaftlichen Systems. Seit den 1950er-Jahren öffneten sich die sowjetischen Wirtschaftswissenschaften schrittweise dem wissenschaftlichen Diskurs im Westen. Eine wichtige Frage bestand darin, inwiefern marktwirtschaftliche Prinzipien mit der Planwirtschaft zu vereinbaren seien. Den Anstoß dazu bildeten die verschiedenen Reformversuche der sowjetischen Wirtschaft seit dem Tod Stalins, insbesondere die Kosyginschen Reformen in den 1960er-Jahren. Den Politologinnen Heredia und Kirtchik zufolge entwickelte sich auf diese Weise ein »pro-market movement« aus hohen Vertretern der Nomenklatura, Ökonomen, Journalisten und anderen Intellektuellen.[7] Diese forderten zunehmend marktwirtschaftliche Reformen als Alternative zur Planwirtschaft und gewannen in den folgenden Jahren stetig an Einfluss. Das Problembewusstsein festigte sich aber nicht nur in inoffiziellen Zirkeln. Auch in den staatlichen Institutionen, wie dem Komitee für Wirtschaftsplanung (Gosplan), wurde ab dem Ende der 1970er-Jahre die wirtschaftliche Entwicklung der UdSSR immer kritischer diskutiert.[8]

---

[7] Vgl. Heredia, Mariana/Kirtchik, Olessia: The Russian and Argentinian Experiences of radical Reform: Between Economy and Politics, in: Laboratorium, No. 3, Vol. 2, 2010, S. 22–64, hier: S. 35, fortan: Heredia/Kirtchik: The Russian and Argentinian Experiences of radical Reform.

[8] Vgl. Zmeinaja gorka. Vitalij Najschul : Otkuda sut´ pošli reformatory, abrufbar unter: http://polit.ru/article/2004/04/21/vaucher/ (letzter Zugriff: 10.1.2023).

Im Zuge dieser Öffnung diskutierte der Klub Perestrojka in seiner Entstehungsphase überwiegend Reformen im Rahmen eines planwirtschaftlichen Modells hin zu einem »Marktsozialismus«. Als erste Vorbilder galten die Wirtschaftsreformen in den 1980er-Jahren in Ungarn sowie die Arbeiterselbstverwaltung und die – im Vergleich zur Sowjetunion – stark ausgeprägte wirtschaftliche Dezentralisierung in Jugoslawien. Ausgehend von den staatlichen Modernisierungsversuchen rückte bald eine grundlegende Reform der Planwirtschaft in den Mittelpunkt der Aufmerksamkeit. Eine wichtige Rolle spielte dabei die Frage der Privatisierung des Staatseigentums. Diese Debatte war von der sowjetischen Unionsregierung selber angestoßen worden. Für Gorbatschow war die politische Liberalisierung und Demokratisierung des Landes unmittelbar mit einer Umgestaltung der Wirtschaft verknüpft: »Nie in der Geschichte haben sich totalitäre, diktatorische Regime auf das totalitäre Eigentum gestützt. Nur bei uns! Alle übrigen existierten mit Privateigentum.«[9]

Die spezifische Herrschaftsform der Sowjetunion lag ihm zufolge in der doppelten Kontrolle durch den Staat, einerseits der Kontrolle über die Wirtschaft und andererseits der Kontrolle des politischen Prozesses. Diesen Standpunkt teilten auch die jungen ökonomischen Wissenschaftler:innen, oder »Reformer«, wie sie sich selber nannten. Gajdar sah in dem sowjetischen Staat sowohl den Grundeigentümer, der ökonomische Tätigkeiten zentralisiert, als auch den Souverän, der den Profit aus den wirtschaftlichen Aktivitäten abschöpft und gleichzeitig Steuern eintreibt. In Anlehnung an Karl Marx beschreibt er diese spezifisch sowjetische Herrschaftsform als »Orientalische Produktionsweise«.[10] Diese staatliche Omnipräsenz und das Fehlen von Privateigentum erstickten nach Gajdar gesellschaftliche Initiative, ökonomisches Wachstum und die Herausbildung eines liberalen Rechtsstaates. In diesem Zusammenhang spricht er von einer »Mobilmachungswirtschaft, die sich ohne Antriebskräfte zur Eigenentwicklung nur durch Willensanstöße von oben bewegt«.[11] Der allgegenwärtige Staat ist in diesem System nicht nur das Zentrum der Unterdrückung. Er ist zugleich die Quelle von Macht und Eigentum, da nur er den Zugriff auf das Eigentum ermöglicht. Eine solche gesellschaftliche Ordnung musste – nach An-

---

[9] Gorbatschow, Michail: Der Zerfall der Sowjetunion, München 1992, S. 173.

[10] Vgl. Gajdar, Jegor: Entscheidungen in Russland. Die Privatisierung der Macht und der Kampf um eine zivile Gesellschaft, Wien 1995, S. 20ff., fortan: Gajdar: Entscheidungen in Russland.

[11] Gajdar: Entscheidungen in Russland, S. 23.

sicht Gajdars – unausweichlich in ökonomischer Stagnation und »vollständiger Unterdrückung«[12] der Individuen münden.

Ausgehend von dem Standpunkt, der Staat sei in erster Linie ein repressives, die individuelle Freiheit einschränkendes Organ, wurde »Entstaatlichung« die zentrale Forderung der Ökonomen um Gajdar und Tschubajs. Der Begriff beinhaltet nicht nur die Privatisierung des staatlichen Eigentums, sondern einen umfassenden, möglichst vollständigen Rückzug des Staates aus allen wirtschaftlichen Prozessen. Das bedeutet die Aufgabe der staatlichen Preiskontrollen, die Liberalisierung des Außenhandels, die Förderung eines privaten Finanzsektors und die personelle Entflechtung von staatlichen Beamten und Wirtschaft, kurz: einen Bruch mit dem planwirtschaftlich regulierten Wirtschaftssystem der Sowjetunion. In der Einführung kapitalistischer Wirtschaftsreformen sahen die »Reformer« also ein grundsätzlich demokratisierendes Element, weil die Trennung von Politik und Wirtschaft staatliche Macht begrenze.

Darüber hinaus sahen die »Reformer« in der Einführung marktwirtschaftlicher Reformen eine Möglichkeit, die Krise der sowjetischen Wirtschaft zu überwinden und den technologischen Rückstand zum Westen aufzuholen. Nach Ansicht Gajdars und des Ökonomen Konstantin Kogalovskij war die Planwirtschaft aus zwei Gründen strukturell krisenhaft. Einerseits war sie durch schwache Flexibilität gekennzeichnet. Dadurch konnte sie, im Vergleich mit einer Marktwirtschaft, nicht so effizient auf neue Entwicklungen, wie technische Neuerungen oder Ressourcenknappheit, reagieren. Andererseits beschreiben sie die Planwirtschaft als negativ produktiv, das bedeutet, dass sie mehr Ressourcen verbraucht als Güter und Dienstleistungen produziert. Die Tatsache, dass Ressourcen wie Energieträger oder Holz auch in der Sowjetunion immer knapper wurden, mache einen Übergang zum Markt alternativlos, da nur Märkte in der Lage seien, ressourcenschonend zu produzieren und die dafür notwendigen technischen Veränderungen anzustoßen.[13]

Im Mittelpunkt der Debatten der späten 1980er-Jahre stand die Auseinandersetzung über unterschiedliche Privatisierungsstrategien. Anders als etwa in China sollte Privateigentum nicht parallel zum staatlichen Eigentum entstehen. Vielmehr sollte der Staat umfassend und so schnell wie möglich

---

[12] Ebd., S. 48.

[13] Vgl. Gajdar, Egor/Kogalovskij, Konstantin: Tendenzen der Wirtschaftskrise in der UdSSR, in: Segbers, Klaus (Hrsg.): Perestrojka: Zwischenbilanz, Frankfurt a.M./Moskau 1990, S. 230–265, hier: S. 230–232.

aus dem ökonomischen Prozess verdrängt werden. Bereits 1987 kamen die Mitglieder des Klubs Perestrojka zu dem Schluss, dass die Privatisierung des Staatseigentums nur in den einzelnen, unabhängigen Unionsrepubliken, nicht aber in der gesamten UdSSR durchführbar sei.[14]

Entscheidend war dabei nicht nur der Begriff einer autoritären und repressiven Staatlichkeit, sondern auch das Selbstverständnis der Sowjetunion als weltweite Alternative zum Kapitalismus. Offizielles Ziel der Perestroika war eine Reformierung des Sozialismus, nicht dessen Überwindung.[15] Indem die Anhänger des Klubs Perestrojka die Einführung des Kapitalismus als Voraussetzung oder zumindest als wesentlichen Bestandteil für eine politische Demokratisierung ansahen, rüttelten sie an der Existenz des sowjetischen Staates und stellten diesen infrage. Dieser Punkt ist von großer Bedeutung. Die Auflösung der Sowjetunion wenige Jahre später erscheint unter diesem Blickwinkel nicht als ein rein zufälliges Ereignis, sondern als ein gezieltes Ergebnis gesellschaftlicher Auseinandersetzungen um die Entwicklung des Landes. Die Differenzen hinsichtlich der wirtschaftlichen Entwicklung waren dabei die entscheidende Konfliktlinie.

Die Forderung nach Entstaatlichung zur Überwindung autoritärer Herrschaft und die Verknüpfung der politischen Demokratisierung mit der Einführung einer kapitalistischen Wirtschaftsordnung hatten noch eine zweite wichtige Konsequenz. Sie stellten eine inhaltliche Nähe zwischen den Anhängern der radikalen Wirtschaftsreformen und den westlichen neoklassischen Ökonom:innen her. Die Soziologen Bockman und Eyal zeigen, dass bereits im Kalten Krieg transnationale Netzwerke existierten, in denen amerikanische und osteuropäische Ökonom:innen in einen internationalen wissenschaftlichen Dialog traten. Dies sehen sie als einen bedeutenden Grund für die Popularität neoklassischer Wirtschaftstheorien in Osteuropa und der Sowjetunion an.[16] Die Bedeutung dieser internationalen Seminare und des Kontaktes mit westlichen Ökonom:innen beschreibt Petr Awen wie folgt: »Wir erhielten von ihnen [den Ökonom:innen, F.J.] sehr viel. Viel im Sinne von einer Vielzahl praktischer, klarer Ratschläge. Sie hat-

[14] Vgl. Kolesnikov, Andrej: Neizvestnyj Tschubajs, Moskva 2003, S. 66ff.

[15] Dazu äußert sich Gorbatschow in: Gorbatschow, Michail: Die Zukunft der Sowjetunion. Der Gorbatschow-Bericht auf der Parteikonferenz der KPdSU, Köln 1988, insbesondere S. 138–151.

[16] Vgl. Bockman, Johanna/Eyal, Gil: Eastern Europe as a Laboratory for Economic knowledge: The Transnational Roots of Neoliberalism, in: American Journal of Sociology, Nr. 2, Jg. 108, 2002, S. 310–352.

ten die Erfahrungen aus verschiedenen Ländern. Das waren nicht nur Polen und die Tschechoslowakei, sondern auch Brasilien, Malaysia, Indonesien. Für unsere Diskussionen war das sehr wichtig.«[17] Dabei gesteht Aven, dass diese Ökonom:innen die konkrete Situation in der Sowjetunion in der Regel nicht oder nur ungenügend kannten.[18]

Eine wichtige Rolle in der Entwicklung der Ökonom:innen und ihrer internationalen Kontakte spielte das seit 1945 jährlich stattfindende Seminar im österreichischen Alpbach. Dieses trug dazu bei, die Ideen der österreichischen Wissenschaftler Karl Popper und Friedrich von Hayek unter westeuropäischen Intellektuellen und Studierenden zu etablieren.[19] Dem Politikwissenschaftler Jürgen Nordmann zufolge wurde Alpbach die ersten 15 Jahre nach dem Krieg zu einem »Aufbruchsmythos der modernen liberalen Wissenschaft« und initiierte »eine Art Jugendbewegung, die alte Strukturen aufbrach und die positivistische Wissenschaftstheorie zu einem Angelpunkt der modernen westlichen Nachkriegswelt machte«.[20] Dieses Selbstverständnis und die klare anti-kommunistische Ausrichtung waren für die russischen Wissenschaftler:innen sicherlich attraktiv.

Eine wichtige Rolle hinsichtlich der ideologischen Entwicklung des Klubs Perestrojka spielte der russische Ökonom Vitalij Najschul . Seine im Samizdat erschienene Publikation »Drugaja Schizn« aus dem Jahr 1985 analysierte Möglichkeiten einer Voucherprivatisierung, welche die Privatisierung in den Jahren 1992–1994 wesentlich beeinflusste.[21] Najschul forderte eine Orientierung an dem neoliberalen faschistischen Regime Pinochets in Chile, den er als »weisen Staatsmann« bezeichnete, da er »den Staat vollkommen aus der Ökonomie ausschloss, in dem Sinne, dass man sich nicht mehr an den Staat wenden konnte. Geld konnte man nur verdienen, indem man jemand anderen bediente.«[22] Diese Aussagen deuten bereits eine nicht

---

[17] Vgl. Zmeinaja gorka. Petr Awen: »My nikogda ne budem ljubimy v našej strane«, abrufbar unter: www.polit.ru/article/2006/12/12/aven1/ (letzter Zugriff: 10.1.2023), fortan: Zmeinaja gorka. Petr Awen.

[18] Ebd.

[19] Näheres zu den Seminaren in Alpbach bei: Nordmann, Jürgen: Der lange Marsch zum Neoliberalismus. Vom Roten Wien zum freien Markt – Popper und Hayek im Diskurs, Hamburg 2005, S. 236ff, fortan: Nordmann: Der lange Marsch zum Neoliberalismus

[20] Nordmann: Der lange Marsch zum Neoliberalismus, hier: S. 239.

[21] Vgl. Kolesnikov, Andrej: Neizvestnyj Tschubajs, Moskva 2003, S. 67.

[22] Vgl. Zmeinaja gorka. Vitalij Najschul : Otkuda sut´ pošli reformatory, abrufbar unter: http://polit.ru/article/2004/04/21/vaucher/ (letzter Zugriff: 10.1.2023).

zu unterschätzende Grundüberzeugung im Denken der jungen Wirtschaftsreformer an: Im Zweifelsfall hatte die Entstaatlichung der Wirtschaft immer Priorität vor der Stärkung des demokratischen Entscheidungsprozesses.

Dissens im Parteiapparat – der Aufstieg Boris Jelzins

Von Anfang an war der Kurs Gorbatschows innerhalb der kommunistischen Partei höchst umstritten. Einerseits weckte die Perestroika den Widerstand autoritärer, stalinistisch orientierter Kräfte. Diese fürchteten sowohl um ihre Vorherrschaft und Privilegien als auch den Erhalt des sowjetischen Imperiums. Andererseits entstand unter einigen höheren Parteikadern mittleren Alters auf der Ebene der Unionsrepubliken, vor allem im Baltikum, im Kaukasus und in Russland, der Eindruck, die Reformen verliefen zu schleppend und beruhten auf zu vielen Kompromissen mit den Vertretern des »alten Regimes«. Sie verlangten eine konsequente Verdrängung der alten Kader aus den oberen Entscheidungsgremien und propagierten die Einführung von Marktreformen und Demokratie als zentrale Ziele, im Falle der baltischen Republiken und Georgiens auch nationale Unabhängigkeit. Zu dem bedeutendsten russischen Vertreter der zweiten Gruppe stieg rasch Boris Jelzin auf, dessen wirksam inszeniertes Image auf einem bedingungslosen Kampf gegen Parteiprivilegien und Korruption beruhte (»Wir haben keine Sonderkommunisten«).[23] Obwohl Jelzin selber ein Teil des hohen Parteiapparates war, wurde ihm diese Tatsache – anders als vielen anderen hochrangigen Parteimitgliedern – niemals zu seinem Nachteil ausgelegt. Im Gegenteil: Sein vermeintlicher Kampf gegen die allmächtige Parteiclique, die Absetzung vom Amt des Moskauer Parteichefs und zeitweilige Verbannung nach Jekaterinburg stärkten seine Position beträchtlich und verliehen ihm Glaubwürdigkeit.

Jelzin gelang es geschickt, sich als Vertreter des reformorientierten Parteiflügels zu positionieren. Seine Kritik war z.T. berechtigt. In der KPdSU und vor allem der hohen Funktionärsschicht sah er einen Organismus, der sich verselbstständigt und jegliche Bindung zur Bevölkerung und das Gespür für ihre realen Probleme verloren hatte. Ihm zufolge war die allgegenwärtige Korruption ein Bestandteil des autoritären sowjetischen Herrschaftsmodells, das einer Demokratisierung im Weg stand. Zumindest ist es

[23] Jelzin, Boris: Aufzeichnungen eines Unbequemen, München 1990, S. 261.

dieser Standpunkt, den er öffentlich in seinen Reden, Auftritten und Biografien vertrat. Deshalb unterstützte er anfänglich Gorbatschows Kurs: »Der richtige Schritt war getan, obwohl es natürlich eine Revolution von oben war. Solche Revolutionen kehren sich im Endeffekt unweigerlich gegen den Apparat, wenn dieser nicht imstande ist, die Initiative des Volkes auf das für ihn annehmbare Maß zu drosseln. Dieser Apparat begann, sich der Perestroika zu widersetzen, sie zu bremsen und zu bekämpfen.«[24]

Die Wahrnehmung, dass der repressive Parteiapparat der KPdSU und die Staatsbürokratie eine Umsetzung demokratischer und kapitalistischer Reformen in der Sowjetunion verhinderten, ist eine wichtige Parallele zu der der jungen Ökonomen um Gajdar. Jelzin zufolge unterdrückte der Zentralstaat (repräsentiert durch die Partei und die staatliche Bürokratie) jedoch auch die einzelnen Unionsrepubliken, so auch Russland. In diesem repressiven System musste Russland Rohstoffe, Arbeitskräfte und »Kanonenfutter«, d.h. Soldaten, an das imperiale Zentrum abtreten. Es erhielt jedoch keine ausreichenden Gegenleistungen.[25] Somit bedeutete für Jelzin die Auflösung der Sowjetunion eine demokratische Entwicklung und Befreiung der einzelnen Unionsrepubliken im Allgemeinen und eine Befreiung Russlands von der Last, das kostspielige Imperium weiter zu erhalten. Genau wie die Anhänger des Klubs Perestrojka stellte er den Erhalt der Sowjetunion zunehmend infrage. Damit bereitete er zumindest indirekt russisch-nationalistischen Strömungen den Weg, die seit der Auflösung der Sowjetunion in der Russischen Föderation eine nicht zu unterschätzende ideologische und politische Rolle einnehmen.

Die Existenz der Sowjetunion hing maßgeblich von der Einstellung Russlands zu ihr ab. Als größte und bevölkerungsreichste Republik bildete die RSFSR den Kern der Sowjetunion. Aufgrund ihres Rohstoffreichtums übernahm sie eine unverzichtbare ökonomische Funktion und garantierte den Erhalt des spezifischen sowjetischen Produktionsmodells. Als einzige besaß sie keine eigenständige kommunistische Partei, keinen eigenen Staatsapparat oder eine Akademie der Wissenschaften. Aus diesem Grunde wurden Angelegenheiten Russlands in gewisser Weise zu Unionsangelegenheiten, oder wie es der russische Soziologe Dimitrij Furman ausdrückt: »Für die Russen war die UdSSR erheblich mehr ›ihr‹ Staat als für andere Nationa-

---

[24] Jelzin, Boris: Aufzeichnungen eines Unbequemen, München 1990, S. 166.

[25] Vgl. Jelzin, Boris N.: Zapiski prezidenta, Moskva 1994, S. 150–152, fortan: Jelzin: Zapiski prezidenta.

litäten.«[26] Das Verhältnis zur Sowjetunion wurde in den folgenden Jahren zu der entscheidenden Konfliktlinie innerhalb der russischen Elite und damit auch innerhalb der KPdSU. Während Gorbatschow und seine Anhänger sich für ihren Erhalt einsetzten, festigte sich unter Jelzin und den Ökonomen um Gajdar die Überzeugung, dass ihr Erhalt nicht nur ökonomisch kostspielig sei, sondern auch politisch eine Demokratisierung verhindere. Dem gegenüber glaubte Gorbatschow an die Möglichkeiten, ökonomische und politische Reformen im ganzen Land umsetzen zu können und warnte vor einer Auflösung der Sowjetunion aufgrund unübersehbarer politischer Folgen.[27]

Der Wandel der Dissidentenbewegung: Von der Isolation zum gesellschaftlich relevanten Akteur

Von Anfang an wurde die Perestroika von zwei unterschiedlichen Strömungen der russischen Intelligenz unterstützt. Die erste bestand aus nationalistisch orientierten Dissidenten wie dem Schriftsteller Aleksandr Solženicyn und Organisationen wie der Pamjat´, aus der in den 1990er-Jahren fast alle relevanten rechtsradikalen Gruppierungen hervorgingen. Viele Nationalisten, im russischen Sprachgebrauch oftmals als Patrioten bezeichnet, kritisierten die Sowjetunion als repressives Imperium, das die Russen auf Kosten der anderen Unionsvölker ausbeute und unterdrücke. In diesem Sinne forderte Solženicyn Anfang der 1990er-Jahre die Regierung auf, im Interesse des Aufbaus eines starken Kernrusslands die Finger von Zentralasien und dem Kaukasus zu lassen.[28] Jelzins zunehmend offen vertretene pro-russische Positionen gaben der Bewegung zusätzlichen Aufschwung.

Die zweite Strömung bestand aus der liberalen Bürgerrechtsbewegung. Dabei handelte es sich meistens um informelle Gruppen, d.h. nicht registrierte Organisationen, die z. T. aus den Protesten gegen die Niederschlagung des Prager Frühlings 1968 und in der Stagnationsperiode entstanden. Die Perestroika verschaffte ihnen neuen Aufschwung, da allmählich ein öffent-

---

26 Furman, Dimitri: Imitation Democracies. The Post-Soviet Penumbra, in: New Left Review 54, November-December 2008, S. 29–47, hier: S. 36 (eig. Übers.).

27 Vgl. Gorbatschow, Michail: Der Zerfall der Sowjetunion, München 1992.

28 Vgl. Bischof, Henrik: Sturm über Tschetschenien: Rußlands Krieg im Kaukasus, Studie zur Außenpolitikforschung, Friedrich-Ebert-Stiftung, abrufbar unter: www.fes.de/research/fpolicy/sturm.html (letzter Zugriff: 10.1.2023).

licher Raum für Debatten entstand. Ihre Aktivitäten entzündeten sich u. a. an dem Wiederaufleben der gesellschaftlichen Auseinandersetzung um den Stalinismus, was durch die Gründung der Organisation »Memorial« deutlich wurde. Dieser Schritt war hoch politisch, da er die staatliche Ideologie offiziell anzweifelte und alternative, kritische Deutungen der sowjetischen Vergangenheit erstmalig einem breiten Publikum zugänglich wurden. Die Dissidentenbewegung beschränkte sich nicht nur auf die Teilnahme an gesellschaftlichen Debatten, sondern begann, aktiv in den Verlauf der Perestroika einzugreifen. Während der Gründungsveranstaltung von Memorial verkündete der Vorstand, das Wahlprogramm des aus dem Exil in Gorkij (heute Nižnyj Novgorod) nach Moskau zurückgekehrten Physikers Andrej Sacharov zu unterstützen. 20 weitere Personen aus dem Umfeld der Organisation erklärten ebenfalls ihre Kandidatur für den Volksdeputiertenkongress. Forderungen der Bürgerrechtsbewegung waren vor allem die Entstehung einer freien Presse, das Recht auf Meinungs- und Versammlungsfreiheit, der Abzug der sowjetischen Truppen aus Osteuropa sowie die Schaffung einer parlamentarischen rechtsstaatlichen Demokratie.[29]

Beide Lager, sowohl die Nationalisten als auch die liberaldemokratische Bürgerrechtsbewegung, einte die Furcht, dass der Prozess der Perestroika autoritär unterdrückt werden könnte, was ein Wiedererstarken des repressiven Zentralstaats zur Folge gehabt hätte. Diese Furcht war durchaus gerechtfertigt. Im Frühjahr 1988 veröffentlichte die Chemiedozentin der Leningrader Hochschule für Technologie, Nina Andreeva, einen Leserbrief in der Zeitung Sowetskaja Rossija unter dem Titel: »Ich kann meine Prinzipien nicht preisgeben«. Darin kritisierte sie die Entwicklung im Land seit der Amtsübernahme Gorbatschows und explizit das Programm der Perestroika. Ihr zufolge führte die neue Offenheit zu Übertreibung und einseitigen Darstellungen. Das beträfe vor allem den Bereich Geschichte sowie eine einseitige Kritik am Stalinismus. Diese Haltung missachte die Errungenschaften dieser Epoche, wie den Sieg über den Faschismus, den Aufstieg zur Weltmacht oder die Industrialisierung und gefährde daher die Entwicklung der Jugend.[30]

Der Historiker Helmut Altrichter, der den Brief Andreevas als »konservatives Manifest« bezeichnet,[31] beschreibt in folgendem Zitat die Un-

---

[29] Vgl. Altrichter, Helmut: Russland 1989. Der Untergang des sowjetischen Imperiums, München 2009, fortan: Altrichter: Russland 1989.

[30] Vgl. Altrichter: Russland 1989, S. 82–90.

[31] Ebd., S. 84.

sicherheit, die trotz aller Reformerfolge das gesellschaftliche Klima in der Perestroika prägte: »Der Leserbrief hatte den Riss in der Partei zwischen Reformbefürwortern, -skeptikern und -gegnern, zwischen ›Leninisten‹ und ›Stalinisten‹ deutlich gemacht, der bis hinauf in das Politbüro reichte. Zwar hatte sich die Autorität des Generalsekretärs durchgesetzt, aber wie lange sie ausreichen würde, wusste er offenkundig selber nicht. Die parteiinternen Klagen über die Zügellosigkeit der Medien, die Schändung der Vergangenheit, die neue Orientierungslosigkeit blieben.«[32]

Gleichzeitig befand sich die Dissidentenbewegung in einer Position der Schwäche. Im Zuge des »Tauwetters« Anfang der 1960er-Jahre forderten junge Mitglieder der Kommunistischen Partei verstärkt Reformen. Diese Entwicklung kam jedoch während der Breschnew-Ära zum Erliegen. Der ehemalige Dissident und spätere Politikberater Jelzins und Putins, Gleb Pavlovskij, schildert die Situation wie folgt: »Zu Beginn der 1980er Jahre steckte die Ideologie der Dissidenten in einer Krise. In ihrer Hochphase Ende der 1960er- und Anfang der 1970er-Jahre war es den Dissidenten nicht gelungen, ihr Hauptziel, die ›Remoralisierung‹ des Sowjet-Regimes, zu erreichen.«[33]

Diese beiden Faktoren bestärkten vor allem die Bürgerrechtsbewegung um Sacharov, ein Bündnis mit Jelzin einzugehen, der sich bereits den Ruf eines reformorientierten Politikers erworben hatte. Er verkörperte die Hoffnung, den Demokratisierungsprozess zu unterstützen, und stand zudem in einem kritischen Verhältnis zur Sowjetunion und der Regierung.

Nach der Wahl zum Kongress der Volksdeputierten 1989 konstituierte sich am 29./30.7.1989 die »Überregionale Deputiertengruppe«. Vorstandsmitglieder waren Jelzin, der spätere Moskauer Bürgermeister Gavriil Popov, der Historiker Jurij Afanasev, der estnische Wissenschaftler Viktor Palm und Andrej Sacharov. Bis Mitte September hatten sich 297 Mitglieder des Kongresses der Volksdeputierten der Gruppe angeschlossen. In der Zeitung *Moskovskie Novosti* verkündete Jelzin wenig später das Programm der Deputiertengruppe. Er kritisierte das langsame Tempo der Perestroika und die halbherzigen Maßnahmen in Politik, Wirtschaft und bezüglich der Nationalitätenfrage. Stattdessen forderte er »entschiedene, radikale, keine

32 Ebd., S. 89.

33 Krastev, Ivan/Pavlovsky, Gleb/Zhurzhenko, Tatiana: Die Politik der Alternativlosigkeit oder: wie Macht in Russland funktioniert. Ein Gespräch mit Gleb Pawlowski, abrufbar unter: www.eurozine.com/die-politik-der-alternativlosigkeit-oder-wie-macht-in-russland-funktioniert/(letzter Zugriff: 16.1.2023).

halben Maßnahmen«.[34] Weitere Forderungen beinhalteten eine Streichung des Artikels 6, der das Machtmonopol der KPdSU festlegte, aus der Verfassung, die Ausarbeitung eines neuen Unionsvertrags und umfangreiche Wirtschaftsreformen. Die liberale Dissidentenbewegung begrüßte mehrheitlich Forderungen eines radikalen wirtschaftlichen Umbaus. Davon erhoffte sie sich einerseits eine gesellschaftliche Entwicklung hin zu den USA und Westeuropa. Andererseits sah sie darin einen Kampf gegen die ungleich verteilten Privilegien. Diese berechtigte Kritik wurde genutzt, um eine generelle Verurteilung des sowjetischen Sozialmodells in der Form von Vergünstigungen und anderen Sozialleistungen zu üben. So heißt es beim Juraprofessor und späteren Petersburger Bürgermeister, Anatolij Sobčak: »Bekanntlich beinhalten die in unserem Land geltenden Gesetze unzählige Vergünstigungen und Privilegien: für Veteranen, für Mitglieder der KPdSU, für Mitarbeiter verschiedener Einrichtungen usw. Je zügiger diese Vergünstigungen und Privilegien abgeschafft werden, umso vollständiger werden wir das Prinzip der sozialen Gerechtigkeit realisieren.«[35]

Sobčaks Gleichsetzung der Anspruchsbedürftigen von Sozialleistungen mit der Inanspruchnahme von Privilegien wohnt ein neoliberales Denken inne, das eine Nähe zu den Ökonomen um Gajdar herstellt. Der Missbrauch und die Bereicherung der hohen Parteifunktionäre dienten den Befürwortern eines radikalen wirtschaftlichen Umbaus als Grundlage für eine generelle Verurteilung von Sozialhilfe. Diese wird entweder als Mittel staatlicher Bevormundung oder staatlicher Kontrolle der Bürger:innen verstanden. Allerdings waren Kriegsveteranen, Rentner:innen oder einfache Angestellte tatsächlich auf den sowjetischen Sozialstaat angewiesen. Er garantierte ihnen einen gewissen Lebensstandard, medizinische Versorgung und eine ausreichende Rente. Die Zerschlagung des Sozialstaates im Zuge der 1990er-Jahre hatte katastrophale wirtschaftliche Folgen (siehe Kapitel 4, Die sozialen Folgen der Schocktherapie). Sie entsprach aber durchaus den Vorstellungen der liberalen Dissidenten. In der Ablehnung der Sowjetunion und der Notwendigkeit kapitalistischer Wirtschaftsreformen waren sich die Ökonomen um Gajdar, die politischen Akteure um Jelzin und die

[34] Vgl. Altrichter: Russland 1989, S. 199.

[35] Sobčak, Anatolij: Die Herausbildung eines neuen politischen Systems: Macht, Partei und Recht, in: Segbers, Klaus (Hrsg.): Perestrojka: Zwischenbilanz, Frankfurt a.M./Moskau 1990, S. 40–51, hier: S. 48, fortan: Sobčak: Die Herausbildung eines neuen politischen Systems: Macht, Partei und Recht.

liberale Bürgerrechtsbewegung einig. Das machte sie zu einem entscheidenden Akteur in der Perestroika.

Bereits am 9. Juni 1989, also noch vor der offiziellen Konstituierung der »Überregionalen Deputiertengruppe«, reichte Sacharov einen Antrag in den Volksdeputiertenkongress ein (»Dekret über die Macht«). Darin formulierte er zwei wesentliche Forderungen: »1. Artikel 6 der Verfassung der UdSSR wird aufgehoben. 2. Die Verabschiedung von Gesetzen ist das ausschließliche Recht des Kongresses der Volksdeputierten. Auf dem Territorium einer Unionsrepublik erlangen die Gesetze der UdSSR erst nach Bestätigung durch das höchste Gesetzgebungsorgan dieser Republiken Rechtskraft.«[36] Seine Begründung liest sich wie folgt: »Wir haben vom Stalinismus eine Nationalitäten- und Verfassungskultur übernommen, die vom imperialen Denken und von der imperialen Politik mit ihrem Leitsatz »teile und herrsche« geprägt ist. Die Opfer dieses Erbes sind die kleinen Unionsrepubliken und die kleinen Nationalgebilde, die nach dem Prinzip administrativer Unterstellung zu Unionsrepubliken gehören. Sie sind über Jahrzehnte hinweg nationaler Unterdrückung ausgeliefert gewesen. Heute sind diese Probleme auf dramatische Weise an die Oberfläche gedrungen.«[37]

Sacharovs Analyse weist prägnant auf die imperiale Struktur der Sowjetunion hin, welche die autoritäre Dominanz des Zentrums über die kleinen Unionsrepubliken gewährleistete. Durch die Verfassung wurde dieses Machtverhältnis im politischen Prozess ständig reproduziert und verrechtlicht. Folgt man seiner Analyse weiter, so stellt sich die Frage, ob diese Praxis durch die Reformansätze der Perestroika hätte überwunden werden können, oder ob der imperiale Charakter vielmehr ein Bestandteil der Sowjetunion war, der nur durch ihre Zerschlagung aufgehoben werden konnte. Mit dem Antrag legen Sacharov und viele seiner Anhänger nahe, dass sie Letzteres glaubten. Tatsächlich hätte eine Annahme des »Dekrets über die Macht« de facto eine Auflösung der Sowjetunion zur Folge gehabt, da es auf dieser Grundlage wohl kaum möglich gewesen wäre, landesweite Gesetze zu verabschieden. Gleichzeitig wies Sacharovs Forderung nach einer Emanzipation der Unionsrepubliken im politischen Prozess auf einen lange vernachlässigten Aspekt der Gorbatschowschen Reformen hin: Die föderalistische Restrukturierung der UdSSR zur Überwindung ihres imperialen Charakters.

---

36 Zitiert aus: Altrichter: Russland 1989, S. 201.

37 Ebd.

Kapitel 3
Die Auflösung der Sowjetunion – ein notwendiger Schritt zur Durchsetzung des Kapitalismus?

Nach vier Jahren Perestroika war die erste Euphorie, die weite Teile der Gesellschaft erfasst hatte, verflogen. Ein wichtiger Grund waren die Umbrüche in Osteuropa nach dem Fall des Eisernen Vorhangs, die den gesellschaftlichen Auseinandersetzungen in Russland eine neue Dynamik verliehen. In allen Ländern Osteuropas setzten die post-sozialistischen Regierungen umgehend auf die Einführung des Kapitalismus und strebten eine parlamentarische Demokratie als Regierungsform an. Dabei orientierten sie sich an den Staaten Westeuropas und der USA. Dieser Schritt setzte auch möglichen alternativen Entwicklungspfaden in Osteuropa ein Ende. Damit verblieb nur die Sowjetunion, die weiterhin an einer Mischung aus regulierten Märkten bei gleichzeitiger sozialer Absicherung und einer Demokratisierung des politischen Prozesses festhielt. Ein direkter Bruch mit dem System war weiterhin nicht vorgesehen.

Reformen im Unions- oder nationalen Maßstab? Das Ende der Perestroika

Das Einsetzen der radikalen Wirtschaftsreformen in Osteuropa setzte die sowjetische Regierung unter Druck. Die Öffnung der sowjetischen Ökonomie hin zu einer regulierten Marktwirtschaft galt als nicht zeitgemäß und rückwärtsgewandt. Außerdem zeigten Gorbatschows Ansätze in der Wirtschaft keine erkennbare Wirkung. Das Gegenteil war der Fall. Einerseits nutzten hohe Parteifunktionäre und staatliche Beamte ihre Kenntnisse, um sich (illegal) zu bereichern. Die Politikwissenschaftlerin Petra Stykow spricht deshalb auch von einer »Nomenklatura-Privatisierung«.[1]

[1] Stykow, Petra: Marktreformen und ererbtes Beziehungskapital: Unternehmer in Russland, in: Segert, Dieter (Hrsg.): Postsozialismus. Hinterlassenschaften des Staatssozialismus und neue Kapitalismen in Europa, Wien 2007, S. 45–64, hier: S. 49, fortan: Stykow: Marktreformen und ererbtes Beziehungskapital.

Andererseits spitzte sich die Versorgungslage der Bevölkerung immer weiter zu. Das rückte die Debatte um die zukünftige Entwicklung der sowjetischen Ökonomie immer mehr in den Mittelpunkt der gesellschaftlichen Auseinandersetzungen.

Gorbatschow befand sich unverhofft in einer neuen Position der gesellschaftlichen »Mitte«. Einerseits galt es den Kurs der Perestroika gegen die autoritären Kräfte in Partei und Staat zu verteidigen, andererseits warf ihm das neue Bündnis aus Ökonomen, Dissidenten und Jelzin-Anhängern ein zögerliches, inkonsequentes Vorgehen vor und präsentierte seinerseits Programme, die deutlich weiter reichten. Außerdem wurden die Forderungen nach nationaler Unabhängigkeit aus den baltischen Republiken und dem Kaukasus immer lauter.

Aus der Sicht Jelzins stellte sich die immer stärkere Distanz zwischen der Regierung und den selbst ernannten »Demokraten« wie folgt dar: »Es ist bekannt, dass Gorbatschow ein Verfechter des Sozialismus mit menschlichem Antlitz war und blieb. In der Theorie sah das sehr gut aus. Aber in der Praxis fürchtete der ehemalige Generalsekretär den schmerzhaften Bruch mit dem Alten und die jähe Wende so sehr, war er so tief in unserem sowjetischen System verwurzelt und von ihm bis ins Mark durchdrungen, dass ihn anfangs die bloßen Worte ›Markt‹ und ›Privateigentum‹ zum Entsetzen brachten.«[2] Die Regierung verlor die politische Initiative zunehmend an das neue liberale Oppositionsbündnis, das sich nun seinerseits als die wahren Reformer zu positionieren verstand.

Gorbatschow reagierte auf diese neue Situation mit der Ernennung Grigorij Jawlinskijs zum Vorsitzenden der staatlichen Kommission der UdSSR für ökonomische Reformen. Jawlinskij gehörte zu jener Garde junger Ökonomen, die sich für umfassende Wirtschaftsreformen im Sinne einer Entstaatlichung der Wirtschaft einsetzten. Das von ihm propagierte Reformprogramm, der sogenannte Schatalin-Plan, bezog sich – im Gegensatz zu den Wirtschaftsplänen der Anhänger der Klubs Perestrojka und Sintez – auf die gesamte Sowjetunion. Letztere hatten während eines internationalen Seminars im österreichischen Alpbach im Jahre 1990 in aller Deutlichkeit die Notwendigkeit einer raschen Einführung kapitalistischer Marktreformen betont. Ihre Pläne zur Umgestaltung der Volkswirtschaft bezogen sich jedoch nur auf Russland. Dies bringt Aven in folgendem Zitat zum Ausdruck: »Als wir nach Alpbach kamen, hatte ich eine klare Vorstellung da-

2 Jelzin: Zapiski prezidenta, S. 33–34.

von, was geschrieben werden muss, aber ausschließlich für Russland. Wir mussten uns nur auf Russland konzentrieren und alles andere als Ausland begreifen.«[3] Ein anderes Mitglied, Grigorij Glazkov, Anfang der 1990er-Jahre Berater des russischen Direktors beim Internationalen Währungsfonds (IWF), betont, dass der zentrale Gedanke in der Ausarbeitung der Wirtschaftskonzepte darin bestand, dass »es absolut unmöglich war, die selben Reformen in allen Republiken durchzuführen ... Meiner Meinung nach war sie dominant unter denen, die die Reformen Ende des Jahres 1991 auch umgesetzt haben.« Wenig später führt er weiter aus: »Das war der Unterschied zu, beispielsweise, Jawlinskij und Saburov.«[4] Tschubajs spricht in Bezug auf die Alpbacher Deklaration sogar von einem »Wendepunkt«: »Uns wurde klar, wie die Geschichte sich weiter entwickeln würde und wir brachten die Arbeit für die Ausarbeitung des Reformkurses, speziell für die russische Regierung, in Gang. Die änderte wesentlich die gesamte Auswahl der Mittel.«[5]

Hinsichtlich der inhaltlichen Ausrichtung bestanden zwischen den oben genannten Ökonomen und ihren Konzepten keine bedeutenden Unterschiede. Beide Lager hielten es für unvermeidlich, die sowjetische Wirtschaft möglichst radikal, d. h. umfassend und in höchster Geschwindigkeit in eine Marktwirtschaft zu überführen. Dafür erachteten sie eine weitgehende Entstaatlichung der Wirtschaft, eine Aufgabe der Preiskontrollen und eine Liberalisierung des Außenhandels für zentral. Jawlinskij hatte sich das ehrgeizige Ziel gesetzt, dieses Vorhaben in 500 Tagen umzusetzen, was dem Plan den Beinamen 500-Tage-Programm einbrachte. Zur Umsetzung war ein vierstufiges Verfahren vorgesehen. In den ersten 100 Tagen sollte die gesamte sowjetische Volkswirtschaft weitgehend de-monopolisiert werden. Das umfasste die Ausarbeitung von Gesetzen zur Regelung von Privatbesitz sowie die Ermittlung der Werte der zu privatisierenden Firmen. Innerhalb der nächsten 150 Tage musste eine Preisliberalisierung verwirklicht werden. Dazu würden die meisten Preiskontrollen aufgehoben, eine Budgetreform umgesetzt und eine staatliche Arbeitslosen- und Sozialunterstützung eingerichtet. Die dritte Etappe, »Stabilisierung«, sollte in knapp 150 Tagen zu einer Überwindung der Krise führen. Die letzten Preiskontrollen sollten aufgehoben, die Entstaatlichung und Privatisierung voranschreiten,

[3] Zmeinaja gorka. Petr Awen.

[4] Zmejnaja Gorka. Grigorij Glazkov: »U Jelzina ne bylo real´nogo vybora«, abrufbar unter: http://polit.ru/article/2006/09/29/glazkov/ (letzter Zugriff: 11.1.2023).

[5] Kolesnikov, Andrej: Neizvestnyj Tschubajs , Moskva 2003, S. 73.

weitere Budgeteinsparungen und evtl. eine monetäre Reform verwirklicht werden. Die letzten 100 Tage sahen eine sich erholende Wirtschaft vor, in der sich der Prozess der Privatisierung beschleunigt.[6]

Die Verkündung des 500-Tage-Programms durch die Regierung ist in seiner ideologischen Bedeutung nicht zu unterschätzen. Die Öffnung Gorbatschows hin zu marktradikalen Positionen versinnbildlicht die immer stärkere Popularität neoklassischer Wirtschaftskonzepte. Diese hatten im Vergleich zu den traditionellen Ansätzen den Vorteil, unverbraucht und neu zu sein. Insofern ist es auch nicht verwunderlich, dass die Vertreter der »neuen« Wirtschaftstheorien in Russland überwiegend junge Akademiker waren. Als Vertreter einer neuen Generation hatten sie sich dem Wandel weitaus aufgeschlossener gezeigt, als ihre älteren Kollegen. Gajdar beschreibt den Denkwandel wie folgt: »Unter dem Einfluss der sich verschärfenden ökonomischen Prozesse und unter der wohltuenden Einwirkung der Demokratisierung vollzieht sich cinc Evolution der Vorstellungen, die in der ökonomischen Theorie herrschen ... Das Streben nach Gleichmacherei lässt allmählich nach, die Toleranz gegenüber den Einkommensunterschieden und der zweiten Wirtschaft wird größer. Die Idee der Marktwirtschaft wird immer populärer.«[7] Das gab den Kräften um Jelzin weiter Auftrieb, die bereits seit einer Weile radikale Reformen forderten.

Obwohl der Schatalin-Plan letztendlich nicht umgesetzt wurde, blieb er ein wichtiger Orientierungspunkt der radikalen Ökonomen. Das Vorgehen der russischen Regierung nach der Auflösung der Sowjetunion orientierte sich stark an den oben beschriebenen Vorgaben. Dementsprechend positiv stand Jelzin dem Schatalin-Plan gegenüber. Gorbatschow hingegen – ob auf Druck oder aufgrund eigener Bedenken – sprach sich überraschend gegen seine Umsetzung aus und verkündete ein neues Programm (Ryschkow-Plan). Sein Hauptkritikpunkt bestand in der Freigabe der Preise. Er sah die Gefahr von einem zu großen Anstieg sozialer Not, was die langfris-

---

[6] Vgl. Arrow, Kenneth/Phelps, Edmund S.: Proposed Reforms of the Economic System of Information and Decision in the USSR: Commentary and Advice, in: Baldassarri, Mario (Hrsg.): Privatization Process in Eastern Europe. Theoretical Foundations and Empirical Results, New York 1993, S. 15–48, fortan: Arrow/Phelps: Proposed Reforms of the Economic System of Information and Decision in the USSR: Commentary and Advice.

[7] Gajdar, Egor/Kogalovskij, Konstantin: Tendenzen der Wirtschaftskrise in der UdSSR, in: Segbers, Klaus (Hrsg.): Perestrojka: Zwischenbilanz, Frankfurt a.M./Moskau 1990, S. 230–265, hier: S. 258, fortan: Gajdar/Kogalovskij: Tendenzen der Wirtschaftskrise in der UdSSR.

tige Zustimmung im Volk zur Perestroika gefährden könnte. »Wenn wir die Preise einfach freigeben, ohne dieses Problem gelöst zu haben, dann käme das der Erfüllung des Programm der ›Fünfhundert Tage‹ gleich, aber eben vom Ende her.«[8] Zugleich bekräftigte er die Bedeutung des wirtschaftlichen Umbaus im gesamten Land. »Reformen müssen sein, aber sie müssen zusammen durchgeführt werden, in Abstimmung mit allen Republiken. Das betrifft auch die Preise, genauer gesagt: den Mechanismus des Übergangs zu freien Preisen, zu neuen Steuern und vielem anderen. In jeder Republik wird es hier und da individuelle Nuancen geben. Sie lassen sich nicht vermeiden, aber eine allgemeine Linie muss sich abzeichnen. Andernfalls hätten wir allenthalben zwischen den Republiken Störungen und Deformierungen.«[9] Zwar sah auch der neue Plan eine Stabilisierung der Staatsschulden und der Geldpolitik bis 1991 vor. Allerdings bekräftigte er auch das Ziel, eine Mix-Wirtschaft aus Staats- und Privatbetrieben anzustreben. Ein Jahr später sollten dann erste Marktmechanismen zur Stärkung der Wettbewerbsfähigkeit zugelassen und die Gründung von Unternehmen ermöglicht werden.[10]

Parallel dazu verlief der Verhandlungsprozess zur Ausarbeitung eines neuen Unionsvertrages. Am 17. März 1991 wurde ein Referendum über den Fortbestand der UdSSR abgehalten, das die Grundlage des neuen Staatsvertrages bilden sollte. Abgesehen von den sechs Republiken Estland, Lettland, Litauen, Georgien, Armenien und Moldawien stimmte die Mehrheit der Bevölkerung aller anderen Republiken dem Erhalt der Union zu. Die Sowjetunion sollte ein Bundesstaat bleiben, bestehend aus den übrigen neun Republiken, fortan unter dem Namen Union der Souveränen Staaten. Der Vertrag räumte den Unionsrepubliken mehr Souveränität und Rechte ein. Zentrale Kompetenzen wie die Landesverteidigung oder Währung blieben beim Zentralstaat. Durch die Erhebung landesweiter Steuern sollte die Unionsregierung auch über ein eigenes Budget verfügen.

---

[8] Gorbatschow, Michail: Der Zerfall der Sowjetunion, München 1992, S. 35.

[9] Ebd., S. 36–37.

[10] Vgl. Arrow/Phelps: Proposed Reforms of the Economic System of Information and Decision in the USSR: Commentary and Advice, S. 15–48.

Die Ausgangslage vor dem August-Putsch 1991

Der erneute Wandel der ökonomischen Strategie führte unter den Ökonomen um Gajdar und Tschubajs zu einer grundsätzlichen Änderung ihrer Haltung gegenüber der Regierung. »Die im Mai veröffentlichten Dokumente berechtigten zu dem Schluss, dass die Regierung auf die Idee einer Radikalisierung der Reform auf der Grundlage der Strategie einer ›Schocktherapie‹ verzichtet hatte und dass sie sich in den grundsätzlichen Fragen der Entwicklung des Wirtschaftssystems wieder auf die Position des bereits im November/Dezember 1989 beschlossenen Programms zur Wirtschaftsgesundung gestellt hatte«,[11] konstatierten Gajdar und Kogalovskij. Sie befürchteten, dass es dem Staats- und Parteiapparat gelinge, weitreichende Reformen zu verhindern. Dies würde eine Einführung des Kapitalismus, wie beispielsweise in Polen, verhindern. Sie befürchteten eine Verselbstständigung der Apparate, die sich jeder exekutiven Kontrolle entzögen. »Mit jedem Tag wurde deutlich, dass ein weiteres Balancieren zwischen Markt und dem alten administrativen System nicht mehr möglich ist, dass traditionelle Befehle ohne Wirkung blieben und sich die Situation der Kontrolle des Zentrums entzieht.«[12] Dadurch würde nicht nur die Reform der Wirtschaft unmöglich. Die wachsende Furcht eines Erstarkens der autoritären Kräfte und einer damit einhergehenden Rücknahme der bisherigen Reformen deutet sich ebenfalls in diesen Zitaten an.

Diese Furcht führte nicht nur zu einem zunehmend konfrontativen Verhalten gegenüber der Regierung, sondern auch zu der Erkenntnis, aktiv in die politischen Prozesse eingreifen zu müssen, um eine eigene Machtübernahme vorzubereiten. Aven spricht in diesem Zusammenhang von einem bedeutenden Seminar im Frühjahr 1991 in Paris. »Dort besprachen wir erstmals ernsthaft eine mögliche Regierungsbildung – konkret in diesen Begriffen. In der UdSSR war schon alles ins Rollen gekommen, es gab die Erfahrung der anderen sozialistischen Länder (in erster Linie Polen und Tschechien), wo unsere Freunde die Reformen umsetzten.«[13]

Auch Jelzin und seine Anhänger setzten anfänglich »große Hoffnungen«[14] in das 500-Tage-Programm. Jelzins Berater Gennadij Burbulis spricht

---

[11] Gajdar/Kogalovskij: Tendenzen der Wirtschaftskrise in der UdSSR, S. 259.

[12] Ebd.

[13] Vgl. Zmeinaja gorka. Petr Awen.

[14] Perelomnyj moment v istorii. Intervju s G.E. Burbulisom, abrufbar unter: www.ru-90.ru/content/ (letzter Zugriff: 7.11.2013).

sogar von einem vorübergehenden Pakt Gorbatschow-Jelzin. Wie die Mitglieder des Klubs Perestrojka kritisiert er die mangelnde Bereitschaft bei der tatsächlichen Durchsetzung der Reformen.[15] Sie scheint Jelzin und seine Anhänger in ihrer Meinung bestätigt zu haben, die Unterstützung Gorbatschows zu überdenken und eine eigenständige Politik voranzutreiben. Ab diesem Zeitpunkt lässt sich zumindest eine konfrontativere Politik Jelzins gegenüber Gorbatschow ausmachen. Sein Austritt aus der KPdSU, auf dem XXVIIII. Parteitag unter den Augen der Öffentlichkeit effektiv inszeniert, machte deutlich, dass Jelzin einen möglichen Machtkampf mit der Zentralregierung nicht mehr scheute.

Die öffentliche Forderung nach einer stärkeren Berücksichtigung russischer Positionen musste bei den kleineren Unionsrepubliken Unruhe hervorrufen. Als mächtigste Unionsrepublik war die RSFSR in die Union eingegliedert und in gesamtstaatliche Interessen eingebunden. Nur innerhalb eines solchen, explizit übernationalen Rahmens war für die übrigen Republiken eine gemeinsame Union denkbar und sogar vorteilhaft. Sie konnten von der wirtschaftlichen Kraft Russlands profitieren, was in vielen Republiken zum Aufbau einer Industrie und umfassender Gesundheitsversorgung führte. Forderungen im Sinne eines »Russland zuerst!« weckten jedoch Misstrauen und Erinnerungen an alte imperiale Traditionen.

Diese neue, z. T. aggressive Rhetorik begleiteten konkrete politische Schritte, die diesen Eindruck verstärken mussten. Im Juni 1990 erklärte die RFSR auf wesentliches Bestreben von Parlamentssprecher Jelzin ihre Souveränität. Dabei beließ er es nicht nur bei bloßen Worthülsen. Im selben Sommer führte ihn ein Besuch zu Margret Thatcher nach London. In dem Gespräch bezeichnete Jelzin Russland als neue Realität in der Welt und warb um intensivere Handels- und Wirtschaftsbeziehungen zwischen Russland und Großbritannien.[16]

Auch seine Fahrt ins Baltikum im Januar 1991 und die Unterzeichnung eines Beistandsabkommens mit den baltischen Republiken polarisierte die innenpolitische Auseinandersetzung. Jelzin verurteilte die brutale Niederschlagung der Proteste der baltischen Bevölkerung durch die Rote Armee, die auf Gorbatschows ausdrücklichen Befehl hin erfolgte, und das repressive Vorgehen der Unionsregierung im Kaukasus, z. B. in Baku. Allerdings war Jelzins Handeln nicht Teil einer effektiven Deeskalationsstrategie, die

---

[15] Ebd.

[16] Vgl. Jelzin: Zapiski prezidenta, S.175.

auf Unionsebene eine geordnete Entlassung der baltischen Staaten in die Unabhängigkeit ermöglicht hätte. Vielmehr stärkte sein Auftreten die Fliehkräfte in der gesamten Union. Weitere gewaltsame Auseinandersetzungen unter verschiedenen Volksgruppen wurden dadurch nicht unterbunden, sondern angeheizt. Ein Fortbestehen des Vielvölkerstaats auf einer neuen demokratischen Grundlage wurde dadurch unmöglich gemacht.

Dass Jelzin durch sein Handeln keine umfassende Demokratisierung von Staat und Gesellschaft anstrebte, zeigt auch sein Umgang mit der Streikbewegung der Bergarbeiter:innen der Jahre 1989–1991. Nachdem im ganzen Land immer wieder Hunderttausende Menschen ihre Arbeit niedergelegt hatten, forderten sie – abgesehen von einer Verbesserung der sozialen Bedingungen der Arbeiter:innen wie höhere Löhne, längere Ferien und einer Ausweitung der Gesundheitsvorsorge – eine größere ökonomische Unabhängigkeit der einzelnen Zechen, eine Streichung des Artikels 6 der sowjetischen Verfassung und die Abschaffung von Privilegien für Parteifunktionäre.[17] Jelzin unterstützte die Proteste, soweit sie Gorbatschows Autorität weiter schwächten, unternahm jedoch keine konkreten Schritte, die den Bergarbeiter:innen eine stärkere Stimme im politischen Prozess verliehen hätten. Für eine konkrete Umsetzung ihrer Forderungen wenigstens auf dem Gebiet der RSFSR setzte er sich ebenfalls nicht ein.

Durch die Wahl Jelzins zum Präsidenten Russlands im Juni 1991 hatten sich unionsskeptische Kräfte in Russland durchgesetzt. Dennoch schien es, als könnte Russland im Rahmen eines neuen Unionsvertrages eingebunden werden. Der Vertragsverhandlungsprozess in Nogo-Ogarovo stand kurz vor dem Abschluss. Am 20. August 1991 sollten die ersten Republiken einen neuen Unionsvertrag unterzeichnen. Doch dann kam der Putsch des 19. Augusts.

Der August-Putsch und seine Folgen

Am Morgen des 19. Augusts besetzten loyale Truppen des sogenannten staatlichen Komitees für den Ausnahmezustand (GKTschP) strategisch wichtige Plätze und Institutionen in der gesamten Sowjetunion. Gleichzeitig verkündeten sie ein Verbot von Streiks und Demonstrationen. Sie stellten Gorbatschow auf seiner Datscha in der Krim unter Hausarrest und wand-

[17] Vgl. Altrichter: Russland 1989, S. 264–265.

ten sich mit einer Ansprache an die Bevölkerung. Darin erklärten sie, Gorbatschow sei erkrankt und von allen politischen Ämtern befreit. Stattdessen übernehme Vizepräsident Gennadij Janaev das Amt. Der Putsch war ein letzter Versuch des autoritären Lagers in der KPdSU, die Kontrolle der Union über die Republiken wiederherzustellen. Sein erklärtes Ziel bestand darin, die geplante Unterzeichnung des neuen Unionsvertrags zu verhindern, um die UdSSR vor dem drohenden Zerfall zu retten.[18]

Der August-Putsch wurde von hohen Vertretern des Partei- und Staatsapparates organisiert. In dem neunköpfigen Komitee saßen u. a. der sowjetische Verteidigungsminister Dimitrij Jasov, Premierminister Valentin Pavlov, Innenminister Boris Pugo und der KGB-Chef Vladimir Krjutschkow. Dennoch scheiterte der Staatsstreich bereits drei Tage später kläglich. Maßgeblich dafür war der entschiedene Widerstand Boris Jelzins, der noch am 19. August alle Aktionen des Notstandskomitees für illegal erklärte. Sein Vorgehen begleiteten landesweite Demonstrationen und eine Solidarisierung der dem GKTschP zuvor loyal ergebenen Truppen mit den Demonstrant:innen.

Der rasche Zusammenbruch des Putsches veränderte die Kräfteverhältnisse im Land nachhaltig. Der Soziologe Jurij Levada erinnert sich: »Die kommunistische Partei erschien plötzlich außerhalb der Rechtsordnung stehend, der Zusammenbruch des Sowjetimperiums fand feierlich Anerkennung, die Politik des vorsichtigen reformistischen Lavierens, die sich Perestroika nannte, war am Ende und diskreditiert. Die staatlichen Ideale, Symbole und Begriffe, die man gemeinhin mit Sozialismus, Kommunismus und dem Sowjetsystem verknüpft hatte, werden nun offiziell verworfen. All das geschieht ohne irgendeinen spürbaren Widerstand, wird mit Bereitwilligkeit von der Mehrheit der Bevölkerung aufgenommen.«[19]

Die reale Macht war auf Jelzin übergegangen. Dies lag zum einen an seinem Widerstand gegen die Putschisten, was in der Bevölkerung sein Bild als bedingungsloser Verfechter der demokratischen Reformen stärkte. Doch tatsächlich war der Machtwechsel bereits juristisch vollzogen. In einem Erlass vom 19.8. hatte Jelzin alle Exekutivorgane der UdSSR (KGB, Innenministerium, Verteidigungsministerium etc.) der Befehlsgewalt des Präsidenten der RSFSR, d.h. sich selber, unterstellt. Ihre Aufgaben über-

---

[18] Die Pressekonferenz der Putschisten findet sich unter: Press-konferencija GPČK, Moskva, 19 avgusta 1991 g. www.youtube.com/watch?v=TVxH4e3Rfes (letzter Zugriff 11.1.2023).

[19] Levada, Juri: Die Sowjetmenschen. 1989–1991. Soziogramm eines Zerfalls, München 1993, S. 300.

nahmen fortan die entsprechenden russischen Äquivalente. Wenige Tage danach unterzeichnete er ein Verbot der kommunistischen Partei auf dem Gebiet Russlands. Ihre wichtigsten Parteizeitungen (Pravda und Sowetskaja Rossija) mussten den Betrieb einstweilen einstellen.

Damit war Gorbatschow seine zentrale Machtbasis entzogen. Zwar hatte dieser sich im Laufe der Perestroika um eine Verlagerung der Macht vom Parteiapparat auf die staatlichen Institutionen bemüht. Davon zeugen die Aufwertung des Obersten Sowjets, des nationalen Parlaments und die Stärkung des Präsidentenamtes. Allerdings blieb Gorbatschow weiterhin Vorsitzender der KPdSU und des Zentralkomitees, das nach wie vor in allen wichtigen Entscheidungen des Landes eine bedeutende Rolle spielte.

Auch das autoritäre Lager war nach dem Putsch endgültig geschlagen. Die wichtigsten Protagonisten saßen vorläufig im Gefängnis, ihre Sympathisanten mussten auf Forderung Jelzins von ihren Ämtern zurücktreten. So war Gorbatschow gezwungen, seinen Außenminister Bessmertnyh zu entlassen, genauso wie Parlamentspräsident Ljukanov, den Generalstabschef der sowjetischen Armee, den Generalstaatsanwalt sowie die Chefs des Staatsfernsehens und der Nachrichtenagentur TASS. Damit wurde tatsächlich ein Staatsstreich vollzogen, allerdings völlig anders, als dies die Mitglieder des GKTschP beabsichtigt hatten. Die Sowjetunion existierte nur noch formal. Ihr Ende war bereits abzusehen.

Die Auflösung der Sowjetunion

Der Putsch festigte im Jelzin-Lager die Erkenntnis, eine Unabhängigkeit Russlands vorzubereiten. Noch in der Nacht vom 20. auf den 21.8. wurde Kontakt zu Gajdar hergestellt und ein Treffen mit Jelzin im Weißen Haus arrangiert. Letzterer zeigte sich beeindruckt von den Vorstellungen der Reformer und beauftragte Gajdar mit der Erarbeitung konkreter wirtschaftspolitischer Konzepte.[20]

Zwar sprach Jelzin unmittelbar nach dem Putsch offiziell nur von Korrekturen im Hinblick auf den Unionsvertrag und einer Umgestaltung des Verhältnisses zwischen Republiken und Zentrum. In seinen Forderungen

[20] Zmejnaja Gorka. Gennadij Burbulis: »My tvorili novye cennosti, novoe mirovosprijatie, novyj obraz žizni«, abrufbar unter: http://polit.ru/article/2010/06/15/reformy/ (letzter Zugriff: 11.1.2023).

nach einer eigenen Nationalgarde für Russland zur Landesverteidigung und vor allem hinsichtlich seiner ökonomischen Positionen lassen sich aber schon klare eigenständige Positionen erkennen. »Wir haben die Absicht, in Fragen der Gewährleistung der ökonomischen Souveränität Russlands eine grundsätzliche Haltung anzunehmen. Die Russische Föderation muss über eine vollwertige Wirtschaft verfügen, und der Erlass über die Übertragung der Zuständigkeit für diejenigen Objekte auf das Territorium der Russischen Föderation, die bislang in Unionseigentum stehen, auf Russland ist schon unterschrieben.«[21]

Mögliche Versuche Gorbatschows, den Vertragsverhandlungsprozess neu zu beleben, mussten kompromisslos unterlaufen werden. Gleich am 26. August warnte Jelzins Pressesekretär Woschanow, dass Russland im Falle einer Nichtunterzeichnung des Unionsvertrages durch die anderen Mitgliedsstaaten, eine Grenzverschiebung in Betracht ziehe. Damit drohte die Regierung indirekt an, Ansprüche auf Nord-Kasachstan und große Gebiete der Ukraine geltend zu machen. Einzig die baltischen Staaten waren davon explizit ausgeschlossen. Einen Tag später ging Moskaus Bürgermeister Popov noch weiter und erklärte, Russlands Gebietsansprüche in der Ukraine reichten bis Odessa und Transnistrien.[22] Diese Drohungen mussten unter den Regierungen der Ukraine und der kaukasischen Staaten den Eindruck einer imperialen Bedrohung durch Russland erwecken. Sie fürchteten eine Neuordnung der Union unter russischer Vorherrschaft mit Jelzin als Präsidenten. So ist es nicht verwunderlich, dass sie endgültig von der Unterzeichnung eines neuen Unionsvertrages Abstand nahmen.

Das koordinierte Vorgehen Jelzins hat einen wichtigen Grund: Die Furcht vor der im Zuge der Perestroika entstandenen Demokratiebewegung. Diese hatte sich im Putsch als eigenständiger Akteur behauptet und stand den politischen Machthabern immer kritischer gegenüber. Die Entstehung zahlreicher Bewegungen und Parteien, die Streikbewegungen und Massendemonstrationen zeigen, dass die Mobilisierung ein hohes Niveau erreicht hatte und weiter zunahm. Jelzin hielt es für unerlässlich, die Kontrolle über diese Bewegung zu erlangen und sie zu kanalisieren, damit die beabsichtigte Auflösung der Sowjetunion und die Einführung kapitalistischer Marktreformen kontrolliert chaotisch ablaufen konnte. Jegliche Ei-

---

[21] Vgl. Jelzin, Boris: Reden gegen den Putsch, Bergisch-Gladbach 1991, S. 54–56.

[22] Vgl. Gajdar, Egor T.: Civilizovannij razvod, abrufbar unter: http://ru-90.ru/content/ (letzter Zugriff: 7.11.2013).

gendynamik der sozialen Bewegungen, einschließlich ihrer Forderungen nach demokratischen Reformen, gefährdete diesen Plan und musste deshalb eingeschränkt, verboten und zur Not gewaltsam zerschlagen werden. Jelzin beschreibt dieses Ziel erstaunlich offen: »Ich selber sah die Massen, die sich vor dem Gebäude des ZK der KPdSU versammelten. Schon gingen Fensterscheiben zu Bruch ... und vor meinen Augen erschien das Gespenst der Oktoberrevolution – Pogrome, Unruhen, Plünderungen, ständige Versammlungen, Anarchie, all das womit die Revolution begann. Im Handstreich, mit einer Unterschrift wäre der August zu einem Oktober 1917 geworden. Das konnte ich nicht in Kauf nehmen.«[23]

Der Staatsstreich Jelzins hatte also keinen emanzipatorischen Charakter mit dem Ziel, der Bevölkerung mehr Teilnahme und Einfluss zu ermöglichen. Eine aktive Teilnahme der Bevölkerung und eigenständige Organisation waren vielmehr eine unkontrollierbare Gefahr, da sie eine Eigendynamik mit weitreichenden Forderungen nach Demokratisierung in Gang setzen konnte, die die Machtbasis Jelzins gefährdete.

Aus diesem Grund war ein Bündnis Jelzins mit Teilen des alten sowjetischen Staatsapparats unerlässlich, denn sie konnten einen reibungslosen Fortgang der Ereignisse garantieren. Dazu Jelzin: »Außerdem sah ich, dass sich das neue Russland auf das Erbe der Chruschtschow-Breschnew-Periode stützen musste. Alles zu zerschlagen, alles auf bolschewistische Art zu zerstören, entsprach überhaupt nicht meinen Plänen. Auch wenn ich neue, junge und kühne Leute in der Regierung hatte, hielt ich es für notwendig, für die staatliche Arbeit genauso auf erfahrene, verlässliche Organisatoren und Betriebsleiter wie Skokov, den Direktor eines großen Moskauer Rüstungsbetriebes, zurückzugreifen.«[24]

Aus all dem spricht die Furcht des Jelzin-Lagers vor einer tatsächlichen Revolution, also einer tiefgreifenden Demokratisierung des Staates und der Gesellschaft. Vielmehr war es der gesicherte Übergang in eine kapitalistische Marktwirtschaft, der ihm und seinen Anhängern die Macht im Land sicherte. So formulierte es der Ökonom und Präsidentenberater Jewgenij Jasin: »Jelzin glaubte in kleinerem Maße an die Demokratie, aber in großem Maße hielt er es für notwendig, radikale Reformen durchzuführen...«[25]

---

23 Jelzin: Zapiski prezidenta, S. 165–166.

24 Ebd.

25 Vgl. Reformatory prihodjat k vlasti: Jewgenij Jasin, abrufbar unter: www.forbes.ru/interview/46156-reformatory-prihodyat-k-vlasti-evgenii-yasin (letzter Zugriff: 11.1.2023).

Dafür verfügte man bereits über ein politisches Konzept. Dazu noch einmal Jasin: »Das, was wir machen mussten, kann man entweder unter einer blutigen Diktatur oder unter einem charismatischen Führer durchführen, der die breiten Massen hinter sich bringen kann. Eine blutige Diktatur zu Zeiten einer demokratischen Revolution ist bei uns nicht möglich – aber Gott sei Dank, wir haben so einen charismatischen Führer.«[26] Es handelte sich deshalb um einen ausgehandelten Machtübergang.

Die alte Nomenklatura unterstützte diesen Kurs bedingungslos. Erstens blieb Jelzin als einzige realpolitische Alternative übrig, der ihren Machterhalt garantierte. Zweitens eröffnete die von ihm vorgesehene Entwicklung eine Vielzahl von Bereicherungsmöglichkeiten. »Das staatliche Eigentum zu verteidigen hatte für die Herrschenden einen Sinn, solange der Apparat seinen inneren Zusammenhalt wahrte und die Kontrolle über sämtliche staatliche Strukturen ausübte. Als die Machtmechanismen jedoch zerbröckelten, war es vorteilhafter, den Besitz untereinander aufzuteilen.«[27] Kagarlickij schildert prägnant den scheinbar blitzartigen ideologischen Wandel der sowjetischen Staatsbürokratie hin zu einer neuen hegemonialen kapitalistischen Ideologie. Auf diese Weise verstand sie es, ihre Herrschaft zu wahren.

Im Spiegel der neuen Kräfteverhältnisse rückte die wirtschaftliche Umgestaltung Russlands ab September in das Zentrum von Jelzins Politik. Den Auftakt dazu bildete seine Rede vor dem Kongress der Volksdeputierten, der vom 28. Oktober bis zum 2. November 1991 tagte. Darin warb er für »einen neuen ökonomischen Kurs« und »einen großen reformerischen Durchbruch«. Konkret bedeutete dies eine restriktive Geld- und Finanzpolitik, eine Einschränkung der Kreditvergabe sowie eine Freigabe der Verbraucherpreise.

Damit übernahm Jelzin alle wesentlichen Kernforderungen der Ökonomen. Die Notwendigkeit zum wirtschaftlichen Umbau begründete er mit den hohen Kosten durch den subventionierten Rohstoffhandel zwischen den Unionsrepubliken. Dabei betont er offen das Recht auf das nationale russische Interesse: »Die Russische Föderation muss eine eigenständige Politik betreiben und ausgehend von ihren nationalstaatlichen Interessen handeln und nicht nach einer ihr aufgezwungenen Schablone.« Außerdem ver-

---

[26] Ebd.

[27] Kagarlitzki, Boris: Der gespaltene Monolith. Die russische Gesellschaft an der Schwelle zu den neunziger Jahren, Berlin 1991, S. 40.

hindere das repressive, autoritäre sowjetische System Reformen und stelle deshalb eine Gefahr für Russland dar. Der Putsch habe »die Schwächen der russischen Staatlichkeit besonders stark deutlich« gemacht. Auf diese Weise rechtfertigte Jelzin die Entmachtung der Unionsregierung, denn die Einführung kapitalistischer Wirtschaftsstrukturen schwäche das autoritäre Zentrum und überwinde das ungleiche Machtverhältnis.[28]

Jelzins Rede trug bereits die Grundzüge eines Regierungsprogramms. Dazu erteilte ihm der Kongress weitreichende Vollmachten. Über einen Zeitraum von zwei Jahren wurde ihm das Recht verliehen, in wirtschaftlichen Entscheidungen Verordnungen zu erlassen. Diese wurden rechtsgültig, wenn der Oberste Sowjet nicht innerhalb einer Woche widersprach. Damit blieb das Parlament vorläufig ein wichtiger Akteur im Prozess der wirtschaftlichen Umgestaltung, was 1993 zur Auseinandersetzung zwischen der russischen Regierung und dem Parlament führen sollte (siehe Kapitel 5). Außerdem durfte er die Chefs der Lokal- und Regionalverwaltung ernennen. Zudem sollten alle Wahlen auf dem Gebiet der russischen Unionsrepublik bis Ende November 1992 ausgesetzt werden.[29] Diese Vollmachten legten den Grundstein für eine Stärkung der exekutiven Organe, die für einen autoritären Übergang zum Kapitalismus unter der Kontrolle der Regierung notwendig war. Der letzte Schritt bestand in der formalen Auflösung der Sowjetunion.

Diese war bereits in der Rede Jelzins offen erörtert worden. So machte er deutlich, dass Russland im Falle eines Scheiterns des Verhandlungsprozesses eines neuen Unionsvertrages »die Verantwortung als Erbe der UdSSR übernehmen« würde. Darüber hinaus versicherte er, »die internationalen Verpflichtungen der UdSSR einzuhalten…«, wobei dies vor allem einen mit den internationalen Finanzorganisationen und den USA und Westeuropa abgestimmten wirtschaftlichen Übergang bedeutete, denn Jelzin versprach, »...Methoden und Formen zur Bedienung der Auslandsschulden und unserer Kreditgarantien auszuarbeiten«.[30]

---

[28] Vystuplenie prezidenta RF B.N. Jelzina na V S"ezde narodnyh deputatov RSFSR (28 oktjabrja-2 nojabrja 1991 goda), abrufbar unter: http://ru-90.ru/content/ (letzter Zugriff: 7.11.2013), fortan: Vystuplenie prezidenta RF B.N. Jelzina na V S"ezde narodnyh deputatov RSFSR.

[29] Vgl. Götz, Roland/Halbach, Uwe: Die Nachfolgestaaten der UdSSR – kurz vorgestellt, in: Osteuropa, Nr. 6, Jg. 42, 1992, S. 512–535.

[30] Vystuplenie prezidenta RF B.N. Jelzina na V S"ezde narodnyh deputatov RSFSR.

In der Belowescher Vereinbarung vom 8. Dezember setzten die Präsidenten der Ukrainischen, Belorussischen und Russischen Teilrepubliken (Krawtschuk, Schuschkewitsch und Jelzin) der Sowjetunion schließlich ein radikales Ende. Bis heute sind der wahre Charakter des Treffens und die konkreten Ziele der jeweiligen Teilnehmer unklar. Fest steht, dass die Republikpräsidenten in keiner Weise autorisiert waren, eine Entscheidung von dieser Tragweite zu fällen. Es handelte sich weder um ein institutionalisiertes Gremium im Rahmen des Unionsverhandlungsprozesses, noch hatte die Regierung oder das Parlament den Teilnehmern entsprechende Entscheidungsvollmachten erteilt. Damit fand der nach dem August-Putsch eingeleitete Staatsstreich Jelzins seinen Abschluss. In einem gänzlich undemokratischen Akt missachteten die politischen Führer den in einem Referendum geäußerten Volkswillen zum Erhalt der Sowjetunion unter einer neuen Verfassung. Vielmehr handelten sie nach dem Recht des Stärkeren und führten eine imperiale Praxis der Entscheidungsfindung fort, die demokratische Prozesse und Institutionen genauso ignorierte wie die Position der zentralasiatischen Unionsrepubliken, die an einem Fortbestehen der UdSSR interessiert waren. Diese autoritäre Form zur Durchsetzung von Entscheidungen von oben sollte fortan für die Russische Föderation kennzeichnend werden.

Die internationale Wahrnehmung der Ereignisse der Belowescher Vereinbarung stand dabei in einem krassen Gegensatz zu der illegalen Vorgehensweise. Der ehemalige ZDF-Auslandskorrespondent in Moskau, Dirk Sager, erinnert sich: »Damals nahm kaum jemand das Wort Putsch in den Mund. Man erachtete die Ereignisse allgemein als einen weiteren Schritt hin zu mehr Demokratie und größerer Freiheit sowie als das Ende einer Weltmacht und eines Herrschaftssystems, dessen Zerschlagung nur allzu wünschenswert erschien. Aber es war auch ein Bruch mit den Regeln.«[31]

Die Auflösung der Sowjetunion ist ein Resultat gesellschaftlicher Auseinandersetzungen. Es ist unwahrscheinlich, dass Jelzin bereits Mitte der 1980er-Jahre dieses Ziel konkret vor Augen hatte. Allerdings hatte das neue Bündnis aus Ökonomen, Dissidenten und Politikern ein Interesse an der Auflösung, um eine Umgestaltung von Wirtschaft und Politik nach ihren Vorstellungen zu verwirklichen. Dementsprechend nutzten sie die erste sich bietende Möglichkeit.

---

[31] Sager, Dirk: Betrogenes Russland. Jelzins gescheiterte Demokratie, München 1996, S. 70, fortan: Sager: Betrogenes Russland.

Kapitel 4
Die Einführung des Kapitalismus in Russland mittels einer »Schocktherapie« (1992–1994)

Das wirtschaftspolitische Programm der Jelzin-Administration wurde in Russland als »Schocktherapie« bekannt. Es umfasste drei zentrale Inhalte: ein umfangreicher Rückzug des Staates aus der Ökonomie (Liberalisierung), eine restriktive Geld- und Finanzpolitik (Stabilisierung) sowie eine forcierte Entwicklung des Privatsektors durch die Privatisierung der Staatsbetriebe. Der Ökonom Marshall Pomer beschreibt die Funktion dieser drei Schock-Rezepte folgendermaßen: »Liberalisierung schafft Freiheit, Privatisierung schafft Anreize und die Stabilisierung bereitet ein Umfeld, in dem Privatunternehmen wachsen können.«[1]

Diese drei Prozesse vollzogen sich gleichzeitig und bedeuteten eine radikale Kehrtwende gegenüber dem planwirtschaftlichen Modell der Sowjetunion. In einem Zeitraum von weniger als zwei Jahren wurden alle gesellschaftlichen Bereiche im Sinne einer kapitalistischen Wirtschaftsordnung neu strukturiert. Damit handelt es sich also um eine bewusste Einführung des Kapitalismus von Oben, d.h. durch den Staat und die verantwortlichen Entscheidungsträger.

Das radikale Vorgehen der Regierung ist erstaunlich. Es muss jedoch im Kontext der gescheiterten Reformen Gorbatschows gesehen werden. Der Versuch, einen kontrollierten Übergang zur Marktwirtschaft unter staatlicher Kontrolle umzusetzen, war gescheitert. Die Ergänzung der Planwirtschaft um den Aufbau einer Privatwirtschaft hatte die Krise sogar noch verstärkt.

Die Erkenntnis, dass die zentrale wirtschaftliche Planung die gesellschaftlichen Reproduktionsprozessse nicht mehr ausreichend erfasste, war bereits Mitte der 1980er-Jahre gereift. Parallel zu der offiziellen Volkswirtschaft existierte eine expandierende informelle Ökonomie, die der Ökonom Jo-

---

[1] Pomer, Marshall: Transition and Government, in: Pomer, Marshall/Klein, Lawrence R: The New Russia. Transition Gone Awry, Stanford 2001, S. 21–52, hier: S. 23, fortan: Pomer/Klein: The New Russia (eig. Übers.).

achim Bischoff als »Schattenökonomie« bezeichnet.[2] Diese kompensierte bis zu einem gewissen Grad »die fortwährenden Mängel, Disproportionen und Knappheiten«,[3] indem beispielsweise einzelne Betriebe untereinander Tauschgeschäfte betrieben.

Der wirtschaftliche Öffnungs- und Demokratisierungsprozess setzte diese Schattenökonomie frei und brachte damit einen unkontrollierten Auflösungsprozess in Gang. Aus dieser Sicht war die Schocktherapie ein Versuch, die informelle Ökonomie zu beseitigen und in die offizielle Marktwirtschaft einzugliedern. In diesem Sinne scheiterten die »Reformer« jedoch kläglich, da sie die Notwendigkeit gesellschaftlicher Stabilität und staatlicher Regulation unterschätzten. Die gesamten 1990er-Jahre blieben Tauschgeschäfte eine übliche Praxis und die Schattenökonomie florierte. Erst nachdem ein Denkwandel innerhalb der herrschenden Elite eingesetzt hatte (siehe Kapitel 10), gelang es, die informelle Wirtschaft zurückzudrängen.

Im Folgenden werden diese drei Aspekte (Liberalisierung, Stabilisierung, Privatisierung) näher analysiert. Das Ziel dieses Kapitels ist es, die zentralen Inhalte der Schocktherapie herauszuarbeiten. Das schließt ebenso die Frage nach den ideologischen Überlegungen ein, auf deren Grundlage die Schocktherapie durchgeführt wurde, wie auch eine Zusammenfassung der wichtigsten politischen Entscheidungen. Dadurch sollen die Schocktherapie und ihre realen Auswirkungen in einen Zusammenhang mit den gesellschaftlichen Umbrüchen in Russland gestellt werden.

Zum besseren Verständnis werden die drei Aspekte getrennt voneinander behandelt. Die Trennung soll nicht suggerieren, dass sie als isolierte Prozesse betrachtet werden. Deshalb ist das zweite Ziel dieses Kapitels, die Interdependenz zwischen Liberalisierung, Stabilisierung und Privatisierung herauszuarbeiten. Das bedeutet, dass die konkreten politisch-gesellschaftlichen Folgen eines Bereiches direkte Auswirkungen auf das Handeln der Akteure in einem anderen Bereich hatten. Ein Beispiel ist, dass die umfangreiche Liberalisierung der Regierung als Grundlage diente, eine verschärfte Fiskalpolitik ihrerseits zu legitimieren. Auf diese Weise sollen die Schocktherapie und die Einführung des Kapitalismus als ein kontinuierlicher Prozess verstanden werden, der von den Menschen gemacht und geprägt wurde.

---

[2] Bischoff, Joachim: Staatssozialismus und Marktsozialismus. China als Alternative zum sowjetischen Weg?, Hamburg 1993.

[3] Ebd., S. 13.

Es mag Verwunderung hervorrufen, warum Liberalismus und Privatisierung als zwei getrennte Aspekte analysiert werden. Schließlich beschreiben beide den Rückzug des Staates aus der Ökonomie. Ein wichtiger Grund zur Trennung ist, dass ein zentraler Bestandteil der kapitalistischen Wirtschaftsform das Privateigentum ist. Der Entscheidungsprozess über die Verteilung der Staatsbetriebe ist deshalb eine wichtige Konfliktlinie der russischen Gesellschaft, die diese bis heute nachhaltig prägt. Da der Staat als Verkäufer wesentlich an diesem Prozess beteiligt war, verrät er auch viel über die Motive der Jelzin-Administration und die Rolle des russischen Staates. Darüber hinaus war die Auseinandersetzung um die Privatisierung des Staatseigentums gesellschaftlich stärker politisiert als etwa die Freigabe der Verbraucherpreise oder die Schaffung eines Kapitalmarktes.

Die Liberalisierung

Wie bereits oben angeführt beschreibt die Liberalisierung einen Prozess des systematischen und weitreichenden Rückzugs des Staates aus der Wirtschaft. Dies ist ein Bruch mit dem planwirtschaftlichen Modell, welches in hohem Maße reguliert war, privates Eigentum begrenzte und lange Zeit nur den Staat als zentralen ökonomischen Akteur und Regulator anerkannte. Liberalisierung beinhaltet somit u. a. eine Freigabe der Preise, die in der Sowjetunion staatlich festgelegt wurden, die Schaffung eines Kapitalmarktes durch die Reduzierung von Kapitalverkehrskontrollen und die Lizenzverteilung zur Gründung von Privatbanken sowie eine Privatisierung des staatlich kontrollierten Außenhandels.

Ein wesentlicher Aspekt der Schocktherapie war der Faktor Zeit. Die Umgestaltung der gesamten russischen Volkswirtschaft musste innerhalb weniger Monate bereits so weit vorangeschritten sein, dass eine Rückkehr zum planwirtschaftlichen System ausgeschlossen war. »Die Reformen unumkehrbar zu machen, dieses Ziel stellte ich mir«,[4] schrieb Boris Jelzin in seiner Autobiografie. Auch Pëtr Aven, erster Außenhandelsminister der Russischen Föderation, berichtet, dass mit dem Regierungsantritt Gajdars bereits erste einschneidende Gesetzesänderungen auf den Weg gebracht wurden. Ein wichtiger Schritt war dabei die vollständige Liberalisierung

[4] Jelzin: Zapiski prezidenta, S. 235.

des Außenhandels.[5] Dieser erdrutschartige politische und ideologische Umschwung betraf alle politischen und ökonomischen Teilbereiche.

Bereits am 2.1.1992, am zweiten Tag nach der Auflösung der Sowjetunion, wurden in Russland die Verbraucherpreise freigegeben. Nur wenige Waren (Brot und Milch) und einige Dienstleistungen (öffentliche Verkehrsmittel) waren davon vorläufig ausgenommen.[6] Die Folge war eine Hyperinflation von 874% im selben Jahr und 307% im Jahr darauf.[7] Sie vernichtete nicht nur die Sparguthaben der russischen Bevölkerung, sondern verschärfte die soziale Lage im Land. So spricht der kanadische Journalist Fred Weir bereits im Jahr 1993 in Bezug auf die Gesellschaftsstruktur (kleine oligarchische Schicht, große mittellose Unterschicht) von einer »Lateinamerikanisierung« Russlands.[8]

In der Logik der Regierung hatte gerade die Aufgabe der Preiskontrolle eine wichtige Funktion. Zum einen drängte sie den Staat aus der Wirtschaft zurück und schuf die Möglichkeit, für private Anbieter ökonomisch aktiv zu werden. Zum anderen bestand die Hoffnung, auf diese Weise das chronische Angebotsdefizit, das in der Sowjetunion regelmäßig zu Warenknappheit und langen Schlangen wartender Kunden geführt hatte, zu überwinden. In einem zentral geplanten Markt herrschen fixe Preise. Die tatsächlichen Kosten werden deshalb nicht oder nur eingeschränkt widergespiegelt. Stattdessen – so der Wunsch der Regierung – sollten wettbewerbsfähige Märkte entstehen, auf denen der Preis eines Produkts durch Angebot und Nachfrage ermittelt würde und die den privaten Anbietern Anreize zum Erwirtschaften von Profiten schufen.

Zur Privatisierung des staatlich kontrollierten Außenhandels vergab die Regierung in einem ihrer ersten Schritte Lizenzen an private Firmen, sogenannte »special exporters«, zum Import von Technologie und Know-how. Mit Erhalt der Lizenz verfügten die Firmen über bestimmte Privilegien. Sie

---

[5] Zmeinaja gorka. Petr Awen.

[6] Vgl. Heyden, Ulrich/Weinmann, Ute: Opposition gegen das System Putin. Herrschaft und Widerstand im modernen Russland, Zürich 2009, S. 11, fortan: Heyden/Weinmann: Opposition gegen das System Putin.

[7] Bei den statistischen Werten handelt es sich, sollte keine andere Quelle angegeben sein, um Angaben der Weltbank.

[8] Weir, Fred: Russia's Descent into Latin America, in: Economics and Political Weekly, Nr. 51, Jg. 28, S. 2811–2813 u. 2815–2816, fortan: Weir: Russia's Descent into Latin America.

konnten z. B. ausländische Währungen erwerben, um damit den Kauf ausländischer Güter zu finanzieren.[9]

Zwar gelang es, das staatliche Monopol des Außenhandels zu brechen und private Firmen zunehmend an der Wertschöpfung zu beteiligen. Allerdings trug das Vorgehen der russischen Regierung zumindest indirekt zur Ausbreitung der Wirtschaftskriminalität bei. Erstens erfolgte die Lizenzvergabe wie auch ihr Entzug nach äußerst undurchsichtigen Kriterien, was die Ausbreitung der Korruption förderte. Zweitens erwies sich der staatliche Rückzug aus dem Außenhandel bei gleichzeitig fehlenden Kontrollmechanismen als problematisch, da nun keine oder nur sehr geringe Kenntnis darüber bestand, was die einzelnen Firmen tatsächlich exportierten. Verschiedenen Schätzungen zufolge wurden in dem Zeitraum von 1992–1994 20% der gesamten russischen Erdöl- und 1/3 der Metallproduktion außer Landes geschmuggelt.[10] Zur Drehscheibe des Schmuggels entwickelte sich dabei das Baltikum. Aufgrund seiner günstigen geopolitischen Lage zwischen Russland und Europa sowie dem Zugang zum Meer bot es ideale Bedingungen für einen raschen Verkauf ins Ausland. Das Ausmaß des illegalen Handels verdeutlicht Weir: »Die ehemalige sowjetisch-baltische Republik Estland, ein Land ohne eigene Metallvorkommen, wurde dank des groß angelegten Schmuggels entlang der relativ offenen Grenzen zu Russland im Jahr 1992 der weltweit fünftgrößte Exporteur von Kupfer.«[11]

Die Öffnung des Außenhandels begünstigte die rasche Integration des Binnenmarkts in den Weltmarkt. Dies hatte negative Folgen für die russische Industrie, insbesondere die Konsumgüterindustrie und den Maschinenbau, die von ausländischen Produzenten verdrängt wurden. Das neoliberale Dogma, wonach eine konsequente Liberalisierung von Außenhandel und Kapitalverkehr die Wirtschaftsleistung und Konkurrenzfähigkeit der Unternehmen fördere, wird durch das Studium des russischen Falls klar widerlegt.

---

[9] Vgl. Desai, Padma (Hrsg.): Going Global. Transition from Plan to Market in the World Economy, Cambridge 1997, S. 327, fortan: Desai: Going Global.

[10] Vgl. Glinkina, Svetlana P./Grigoriev, Andrei/Yakubidze, Vakhtang: Crime and Corruption, in: Pomer/Klein: The New Russia, S. 223–249, hier: S. 237, fortan: Glinkina/Grigoriev/Vakhtang: Crime and Corruption.

[11] Weir: Russia's Descent into Latin America, S. 2813 (eig. Übers.).

Die Entstehung der Kapitalmärkte und des russischen Bankensektors

Im Zuge der Hyperinflation und Zinsspekulation kam es zu einer Gründungswelle von Privatbanken, die den Finanzsektor nachhaltig veränderte. In der Sowjetunion unterlag die Bankengründung strengen staatlichen Richtlinien. Die Anzahl der Banken war deshalb stark begrenzt. Neben der Zentralbank (Gosbank) gab es lange Zeit nur drei Banken: Die Sberbank verwaltete die Guthaben der Bevölkerung, die Vneshekonombank sowie die Vneshtorgbank organisierten den sowjetischen Außenhandel. Während Erstere die sowjetischen Auslandsschulden verwaltete und damit vergleichbar mit der deutschen Kreditanstalt für Wiederaufbau (KfW) ist, organisierte die Vneshtorgbank die staatlichen Export- und Importgeschäfte.

In der Perestroika kamen die Promstrojbank (Industrie und Baugewerbe), die Agroprombank (Landwirtschaft) und die Žilscobank (Wohnungsbau und kommunale Infrastruktur) als so genannte Spezialbanken hinzu. Alle Banken wurden Anfang der 1990er-Jahre in Aktiengesellschaften umgewandelt. Die Promstroj wurde in mehrere Regionalbanken aufgeteilt und verkauft. Auch die Žilscobank und die Agroprombank wurden vollständig privatisiert. Die Sberbank blieb jedoch mehrheitlich in Staatsbesitz, genau wie die Vneshekonombank und die Vneshtorgbank, heute VTB. Ihre ursprünglichen Funktionen behielten die beiden Banken bei.

Auch einige Branchenministerien oder Betriebe wandelten ihre Finanzabteilungen in Banken um. Bekannte Beispiele sind die Gazprombank des Erdgasförderunternehmens Gazprom oder die Avtovazbank des Automobilherstellers Avtovaz. Diese verfügten bereits Anfang der 1990er-Jahre über eigene Firmenbeteiligungen und Investmentportfolios. Durch die Banklizenz hatten die privatisierten Firmen Zugang zu günstigen Krediten der russischen Zentralbank. Typisch für diese Banken waren zudem sehr geringe Regulierungsvorschriften und eine niedrige Eigenkapitalquote. Die Ökonomen Berstam und Sitnikov sprechen in diesem Zusammenhang auch von »Wildcat-banks«.[12]

Zusätzlich zu den privatisierten staatlichen Banken entstand eine Vielzahl privater einheimischer Geldinstitute, deren Anzahl bis 1995 auf über 2.500 anstieg.[13] Wichtige Banken waren die Menatep von Michajl Chodor-

[12] Berstam, Michael S./Sitnikov, Andrei: Ersatz Banks, in: Pomer, Marshall/Klein, Lawrence R: The New Russia. Transition Gone Awry, Stanford 2001, S. 221–232, hier: S. 222.

[13] Schröder, Klaus: Stabiles Bankensystem in Russland, in: Osteuropa, Nr. 8-9, Jg. 48, 1998, S. 913–919, hier: S. 914, fortan: Schröder: Stabiles Bankensystem in Russland.

kowskij, die Inkombank von Vladimir Vinogradov, Oneksim (Vladimir Potanin), die Alfabank (Michajl Fridman und Petr Awen) sowie die Mostbank (Vladimir Gussinskij). Sie waren wesentliche Protagonisten der Finanzspekulation und bildeten die Basis der Geschäftstätigkeit der Oligarchen. Folglich sollten diese Bänker während der 1990er-Jahre eine wichtige Rolle spielen. Ihre Hauptgeschäftsfelder waren der Devisenhandel und der Handel mit (russischen) Staatsanleihen.

Eine dritte Gruppe waren internationale Joint Ventures. Die österreichische Raiffeisenbank gründete 1996 ihre erste Niederlassung in Russland. Wesentlich früher war die deutsche Dresdner Bank durch ihre Tochtergesellschaft Dresdner Kleinwort vor Ort. Diese wurde von dem ehemaligen Stasi-Agenten Matthias Warnig geleitet. Selbst als die Geheimdienstmitarbeit offiziell bekannt wurde, musste Warnig keine Konsequenzen fürchten.[14] Heute ist er Geschäftsführer des deutsch-russischen Gas-Pipeline-Konsortiums North Stream. Da der russische Bankenmarkt jedoch bis heute überwiegend von einheimischen Instituten dominiert wird, können die ausländischen Tochtergesellschaften an dieser Stelle vernachlässigt werden.

Wie bereits die Privatisierung des staatlichen Außenhandels zeigt, gelang es der Jelzin-Administration durch die Liberalisierung des Finanzsektors, das alte sowjetische Banken- und Finanzsystem in wenigen Jahren umzugestalten. Obwohl der Staat durch seine Beteiligungen bei der Sberbank, der VTB und der Vneshekonombank eine starke Stellung behielt, wurde es jedoch unter kapitalistischen Vorzeichen restrukturiert. Ähnlich argumentieren die beiden polnischen Ökonomen Brus und Laski: »Die Gründung der staatlichen Kommerzbanken kam (zumindest formal) einer Demontage des traditionellen Mono-Bankensystems gleich, eines Systems, in welchem sich die Funktionen der Zentralbank (ZB) mit denen der volkswirtschaftlichen Buchhaltung, Verrechnung und Kreditgewährung in einer einzigen – in Wirklichkeit administrativen – Institution vermischten.«[15] Zugleich deutet das Zitat jedoch auch einen neuen ideologischen Kurs an. Fortan sollte sich die russische Zentralbank auf die Geld- und Währungspolitik beschränken und obendrein Preis- und Geldwertstabilität garantierten.

---

[14] Nölting, Andreas/Stuhr, Arne: Sollten wir uns als Oberrichter aufspielen?, abrufbar unter: www.manager-magazin.de/unternehmen/artikel/a-343372.html (letzter Zugriff: 12.1.2023).

[15] Brus, Wlodzmierz/Laski, Kazimierz: Von Marx zum Markt. Der Sozialismus auf der Suche nach einem neuen Wirtschaftssystem, Marburg 1990, S. 129.

Die Schocktherapie eröffnete weite Möglichkeiten zur Bereicherung. In den ersten beiden Jahren nach der Auflösung der Sowjetunion gewährte die Zentralbank Privatbanken günstige Kredite zu niedrigen Zinsen. Viele Banken verliehen nun ihrerseits Geld unterhalb der Inflationsrate an Anleger und Firmen. Durch diese Zinsspekulationen erwirtschafteten sie hohe Gewinne. Auch der schon erwähnte (illegale) Handel mit Rohstoffen und Währungen war ein lukratives Geschäftsmodell.[16] Große Berühmtheit erlangte Sergej Mavrodi, der mit seiner Anlagefirma MMM mehr als 10 Millionen russische Anleger:innen um ihre Ersparnisse brachte.[17]

Angesichts der lang anhaltenden Inflation und des Wertverlusts der russischen Währung tauschten viele Devisenspekulanten Rubel in eine »harte Währung«, vorzugsweise US-Dollar. Sobald der Rubel im Verhältnis zum Dollar erneut an Wert verlor, konnten die Händler ihre Schulden mit weniger US-Dollar begleichen. Der Kursverfall des Rubels blieb ihnen als Gewinn. Die Zentralbank duldete die Spekulation nicht nur stillschweigend, sondern heizte sie durch ihre Zinspolitik weiter an. Damit wurde ein Geschäftsmodell geschaffen, das auf einer engen Verbindung zwischen Finanzindustrie und Regierung beruhte. Diese Verbindung ist eine wesentliche Ursache für die Wirtschafts- und Finanzkrise 1998 (siehe Kapitel 9).

Die Stabilisierung

Über die gesamten 1990er-Jahre hinweg lag ein Schwerpunkt der Jelzin-Regierung auf dem Kampf gegen die hohe Inflationsrate und das staatliche Haushaltsdefizit. Budgetdisziplin und Fiskalpolitik können damit als Schwerpunkte aller post-sozialistischen Transformationsstaaten ausgemacht werden. So äußern sich die Ökonomen Flassbeck, Hoffmann und Lindlar: »Ohne eine Untersuchung des Ablaufs der Währungsstabilisierung ist der Umwandlungsprozess, die damit zusammenhängenden Hürden und die Integration von Transformationsstaaten in die Weltwirtschaft kaum zu verstehen. Dieser Prozess prägt – wie die Erfahrungen fast aller

[16] Einen Einblick in die illegalen Geschäftspraxen der russischen Businessmänner gibt Roth, Jürgen: Die roten Bosse. Rußlands Tycoone übernehmen die Macht in Europa, München 1998, S. 35ff., fortan: Roth: Die roten Bosse.

[17] Vgl. Heredia/Kirtchik: The Russian and Argentinian Experiences of radical Reform, hier: S. 39.

osteuropäischer Länder zeigen – die Wirtschaftspolitik der Regierungen, zumindest während der ersten Jahre des Übergangs.«[18]

Nach der Auflösung der Sowjetunion setzte die Jelzin-Administration, parallel zu der Liberalisierung und der Privatisierung des Staatseigentums, weitreichende Budgetkürzungen durch. Diese betrafen vor allem die Finanzierung staatlicher Sozialleistungen, den Verteidigungsetat sowie die weitgehende Einstellung der internationalen Wirtschaftshilfe.[19] Ein rein monetaristisches Stabilisierungsprogramm erwies sich jedoch als unzureichend, die Probleme eines marktwirtschaftlichen Übergangs erfolgreich zu lösen. Tatsächlich erreichte die Inflationsrate im Jahr 1997 mit 15,1% ihren niedrigsten Wert der gesamten 1990er-Jahre, um jedoch im folgenden Jahr im Zuge der Finanzkrise auf 18,5% und 1999 sogar auf 72,4% anzusteigen.

Zugleich begann die Jelzin-Administration Institutionen zu schaffen, die für das Funktionieren einer kapitalistischen Marktwirtschaft notwendig sind. Neben dem Aufbau von Banken und einer neuen Wirtschaftsgesetzgebung war dies auch die Einrichtung einer Zentralbank. Der Erlass »Über Maßnahmen zum Schutz des Geldsystems der Russischen Föderation« vom 21.7.1992 schuf eine eigenständige russische Zentralbank, die zudem die Abwicklung des Zahlungsverkehrs mit GUS-Staaten über eigens dafür vorgesehene Konten übernahm.[20]

Die Auflösung der Rubelzone

Im Juni 1992 traf die russische Regierung eine Vereinbarung mit dem IWF. Darin verpflichtete Erstere sich, die Kreditvergabe weiter einzuschränken.[21] Dieser scheinbar technische Vorgang hatte konkrete ökonomische und politische Folgen. Obwohl die Sowjetunion bereits aufgelöst war, verrechneten die GUS-Staaten ihren gegenseitigen Handel immer noch in Rubel. Die

[18] Flassbeck, Heiner/Hoffmann, Lutz/Lindlar, Ludger: Kazakhstan, in: Desai, Padma (Hrsg.): Going Global. Transition from Plan to Market in the World Economy, Cambridge 1997, S. 353–384, S. 353 (eig. Übers.), fortan: Flassbeck/Hoffmann/Lindlar: Kazakhstan.

[19] Noch im Jahr 1989 wandte die Sowjetunion 1,4% ihres BIP für Wirtschaftshilfe auf. Diese wurde im Oktober 1991 von Jelzin eingestellt , vgl. dazu Alexandrova, Olga: Auf der Suche nach außenpolitischen Alternativen. Die »Dritte Welt« in den russischen Vorstellungen, in: BIOst, Nr. 31, 1996, S. 8, fortan: Alexandrova: Auf der Suche nach außenpolitischen Alternativen.

[20] Vgl. Leonhard, Wolfgang: Spiel mit dem Feuer. Russlands schmerzhafter Weg zur Demokratie, Bergisch-Gladbach 1996, S. 94, fortan: Leonhard: Spiel mit dem Feuer.

[21] Vgl. Flassbeck/Hoffmann/Lindlar: Kazakhstan, S. 368.

Kreditvergabe wurde dabei über die jeweiligen Zentralbanken abgewickelt. Dazu verlieh die russische Zentralbank Rubel an die anderen Zentralbanken. Wollte nun eine Firma ein bestimmtes Produkt aus einer anderen ehemaligen Unionsrepublik kaufen, konnte sie bei ihrer nationalen Zentralbank Rubel erwerben und damit den geplanten Kauf tätigen.

Die russische Regierung und die Zentralbank begründeten die Entscheidung als einen wichtigen Bestandteil ihres Kampfes gegen die hohe Inflation. Eine Einschränkung der Kreditvergabe würde dazu beitragen, eine unkontrollierte Vermehrung der Geldmenge zu verhindern.[22] Allerdings sabotierte sie mit der Entscheidung auch das gültige Zahlungssystem, was den Handel zwischen den ehemaligen Mitgliedsstaaten der UdSSR deutlich erschwerte. Die Ökonomen Flassbeck/Hoffmann/Lindlar analysieren die Folgen dieses Vorgangs wie folgt: »Da alle Transaktionen zwischen Firmen in verschiedenen Staaten über Zentralbanken liefen, wurden Letztere dazu gezwungen, Rubel, die von Russland für die Finanzierung von transstaatlichem Handel gewährt wurden, von solchen Rubeln zu unterscheiden, die seitens kommerzieller Banken an inländische Unternehmen für deren internationale Transaktionen ausgegeben wurden.«[23]

Zwar erhielten ab August 1992 Importeure in den Unionsrepubliken das Recht, fortan direkt mit russischen Exporteuren und privaten Bankhäusern zu handeln. Dennoch brachte dieser Schritt die russische Industrie weiter unter Druck, besonders in Hinblick auf die Außenhandelsbeziehungen mit den GUS-Staaten. Dass dieses Vorgehen innerhalb der russischen Industrie keineswegs unumstritten war, geht aus einer Untersuchung des Kieler Instituts für Weltwirtschaft hervor. »Auf diese Weise konnte die russische Zentralbank die exzessive Schaffung von Buchgeld-Rubeln in den Nachbarstaaten zwar formal verhindern. Jedoch geriet sie zunehmend unter den Druck der russischen Unternehmen, die darauf drängten, Kreditlinien auszudehnen, um den Zugang zu den Beschaffungsmärkten in den Nachbarstaaten und den Absatz von Gütern auf diesen Märkten nicht einbrechen zu lassen.«[24]

Die russische Regierung trieb die regionale Desintegration des GUS-Raumes jedoch weiter voran. Ab Juli 1993 wurden alte Kreditbestände in

---

[22] Vgl. Langhammer/Lücke: Die Handelsbeziehungen der Nachfolgestaaten der Sowjetunion, S. 8.

[23] Flassbeck/Hoffmann/Lindlar: Kazakhstan, S. 368 (eig. Übers.).

[24] Zitiert aus: Langhammer/Lücke: Die Handelsbeziehungen der Nachfolgestaaten der Sowjetunion, S. 8.

offizielle Auslandsschulden der Kreditnehmer umgewandelt und der gemeinsame Handel auf Dollarbasis verrechnet.[25] Damit wurde die Rubelzone schrittweise aufgelöst. Bis zum Jahresende emittierten die meisten GUS-Staaten eigene nationale Währungen, obwohl gerade die zentralasiatischen Republiken lange Zeit auf den Erhalt eines gemeinsamen Währungsraumes hofften.

Die Auflösung der Rubelzone ist ein Wendepunkt in der Geschichte der post-sowjetischen Staaten, da sie einen Prozess einläutete, der zur Umstrukturierung des gemeinsamen Handels führte. Dabei ist vor allem Russlands Weigerung von Bedeutung, die post-sowjetischen Volkswirtschaften nicht mehr durch billige Energielieferungen zu subventionieren. Ausnahmen bildeten die Ukraine und Belarus (siehe Kapitel 7, Der Staat als Lobbyist nationaler Konzerne). Dieser von der russischen Regierung ausgehende Schritt beendete jeden Versuch, die GUS als einen einheitlichen Wirtschaftsraum zu erhalten.

Die erste Privatisierungswelle (1992–1994)

Bis Ende der 1980er-Jahre erwirtschafteten der staatliche und der genossenschaftliche Sektor noch über 90% des Volkseinkommens in allen staatssozialistischen Ländern. In der Industrie lag der Anteil sogar bei fast 100%.[26] Eine Stärkung des Privatsektors konnte nur auf Kosten der staatlichen Wirtschaft, d.h. durch ihren prozentualen Rückgang am Volkseinkommen erreicht werden. Dazu gab es verschiedene Möglichkeiten.

Die erste bestand in der kontrollierten Privatisierung einiger Staatsbetriebe, bei gleichzeitiger Beibehaltung der staatlichen Kontrolle in bestimmten Schlüsselsektoren. Diesem Modell zufolge würden Staatsbetriebe weiterhin einen wichtigen Anteil am Volkseinkommen beisteuern, private Initiative würde allerdings staatlich gefördert, beispielsweise durch steuerliche Erleichterung für Firmengründungen, unkomplizierte gesetzliche Rahmenbedingungen usw. Mit anderen Worten: Die Entwicklung des Privatsektors würde parallel zur Sanierung des staatlichen Sektors vollzogen.

---

[25] Ebd.

[26] Vgl. Leopold, Helmut: Alternative Privatisierungs- und Sanierungsmethoden in Mittel- und Osteuropa, in: Thieme, Hans-Jörg: Privatisierungsstrategien im Systemvergleich, Berlin 1993, S. 13–40, hier: S. 13, fortan: Leopold: Alternative Privatisierungs- und Sanierungsmethoden in Mittel- und Osteuropa.

Beispiele für eine solche graduelle Transformation sind China, aber auch Slowenien und Weißrussland.[27]

Ein zweiter Weg bestand in der umfassenden Veräußerung des Staatseigentums. Auf diese Weise würde der Großteil des zuvor staatlich erwirtschafteten Anteils fortan durch private Firmen geleistet. Eine staatliche Monopolstellung und Kontrolle in bestimmten wirtschaftlichen Sektoren würde weitgehend aufgegeben, der staatliche Anteil am Volkseinkommen dementsprechend gering ausfallen. Diese Variante wählten die meisten ehemaligen staatssozialistischen Länder, so auch Russland.

Diese Variante hatte jedoch einige Nachteile. Erstens das Problem der überstürzten Preisfindung: In planwirtschaftlich strukturierten Volkswirtschaften produzierten Betriebe – im Unterschied zu solchen in einer kapitalistischen Ökonomie – nicht ausschließlich nach Kriterien wie Profitabilität. So übernahmen sie etwa einen Großteil der Sozialleistungen für ihre Angestellten, die in Westeuropa vom Staat geleistet werden, und schufen Angebote für das soziale Leben der Belegschaften, beispielsweise durch Freizeitkurse, Sportvereine oder übernahmen die Kinderbetreuung der Angestellten. Darüber hinaus waren es vor allem politisch-administrative Kriterien, die über Größe und Organisation der Betriebe entschieden.[28] All das erschwerte die Ermittlung des Marktpreises, der zudem oftmals dadurch gedrückt wurde, dass der Staat eine Absichtserklärung zum Verkauf bereits im Voraus abgegeben hatte.

Ein zweites und wesentlich bedeutsameres Problem bestand in der Frage, was alles privatisiert werden konnte bzw. durfte. Neben den Staatsbetrieben befanden sich auch sämtliche Bodenschätze, Grund und Boden, Wald, Land und Luft, Infrastruktur, Kulturgüter sowie öffentliche Versorgung in Staatsbesitz. Mit der angekündigten Privatisierung des Staatseigentums waren auch sie plötzlich potenzielle Verkaufsobjekte. Die russische Regierung hatte vor dem Beginn des Privatisierungsprozesses bzw. in seinem Verlauf keine Richtlinien erarbeitet, die diesbezüglich eine klare Regelung vorsahen. Das galt auch für die Frage, wer diese Güter erwerben durfte und zu

[27] Für einen Vergleich der chinesischen und russischen Transformationsstrategie siehe: Aziz, Rakhimov: The Comparison of Russian and Chinese Economic Reforms in Transition to the Market Economy, International Christian University JDS Working Paper Series No. 3, November 15, 2006.

[28] Vgl. Leopold: Alternative Privatisierungs- und Sanierungsmethoden in Mittel- und Osteuropa, S. 19.

welchen Bedingungen dies geschehen sollte. Damit geriet der Privatisierungsprozess von Anfang an außer Kontrolle.

Eine weitere höchst umstrittene Frage bestand in der Zuständigkeit. Sollte der Staat in der Form einer Treuhand den Verkauf abwickeln? Oder sollten kommerziell wirtschaftende Agenturen (Holdings, Investmentgesellschaften) diesen Auftrag übernehmen, die im staatlichen Auftrag, aber wirtschaftlich eigenständig und rentabilitätsorientiert arbeiten würden?[29] Letztendlich setzten sich drei Modelle durch: Die Förderung von Belegschaftsbeteiligungen sowie der Verkauf an Investoren aus dem In- und Ausland.[30]

Die erste umfangreiche Privatisierungswelle verlief von 1992–1994. Insgesamt sollten 20.000 von 25.000 Mittel- und Großbetrieben verkauft werden.[31] Die Bevölkerung konnte Anteilsscheine (Voucher) von Staatsbetrieben erwerben und somit Anteilseigner der jeweiligen Firma werden.[32]

Offiziellen Aussagen zufolge verband die Jelzin-Administration mit der Voucherprivatisierung das Ziel, die Belegschaften an ihren Betrieben zu beteiligen, damit ihre Rechte zu stärken und eine breite Zustimmung in der Gesellschaft für die marktwirtschaftliche Umgestaltung der Wirtschaft zu erreichen. Eine kritische Analyse hält dem jedoch nicht stand. Zwar konnten die Belegschaften tatsächlich Anteile an ihren Unternehmen erwerben. Diese lagen üblicherweise bei bis zu 40%. Allerdings waren 25% dieser Anteile nicht handelbare Anteilsscheine auf mögliche Gewinnbeteiligungen des Unternehmens, die in Form von Dividenden ausgezahlt wurden. Damit belief sich die tatsächliche Anzahl der stimmberechtigten Aktien auf lediglich 15%. Die restlichen 60% verblieben entweder beim Staat oder wurden verkauft. Hinzu kam, dass die Aktien nicht namentlich gebunden waren, sodass sie problemlos weiterverkauft werden konnten.[33]

---

[29] Leopold: Alternative Privatisierungs- und Sanierungsmethoden in Mittel- und Osteuropa, S. 14–15.

[30] Vgl. Westen, Klaus: Zauberformel Privatisierung. Privatisierung als zentrales Anliegen, in: Osteuropa, Nr. 1, Jg. 44, 1994, S. 3–24.

[31] Vgl. Schröder, Hans-Henning: Jelzin und die »Oligarchen«. Über die Rolle von Kapitalgruppen in der russischen Politik (1993–Juli 1998), in: BIOst, Nr. 40, 1998, S. 13, fortan: Schröder: Jelzin und die »Oligarchen«.

[32] Eine ausführliche Untersuchung des Verlaufs des Privatisierungsprozesses in Russland bietet: Muchačëv, Vadim: Privatizacija Rossii ili igra bez pravil. K diskussii o prošlom v preddveri k buduščego, URSS, Moskva 2013.

[33] Vgl. Kolesnikow, Wadim/Sidorow, Sergej: Reformen in Russland. Auf dem Weg zum korrumpierten Markt?, in Osteuropa, Nr. 1, Jg. 44, 1994, S. 353–366.

Auf diese Weise wurde ein asymmetrisches Verhältnis zwischen Belegschaften und Management geschaffen, das in seiner rechtlichen Form die Betriebsleitung begünstigte, zumal das Management die finanzielle Situation des Betriebes oft besser kannte als die Belegschaft. In vielen Fällen kaufte sie den Angestellten die Anteilsscheine wieder ab und sicherte sich auf diese Weise den Besitz und Einfluss in den Betrieben. Außerdem wurde im Zuge der Hyperinflation der Nominalwert der Voucher de facto wertlos, sodass viele Angestellte ihre Anteilsscheine weit unter Wert verkauften. Der vom Politikwissenschaftler Heiko Pleines geprägte Begriff der »Insider-Privatisierung«[34] verdeutlicht dieses ungleiche Verhältnis.

Bekannte Profiteure dieser legalen Enteignungsformen sind der russische Oligarch Aleksej Mordaschow, der im Zuge der ersten Privatisierungswelle die Mehrheit am Stahlproduzenten Severstal übernahm, oder Vagit Alekperov, noch im Jahr 1990 stellvertretender Minister für Energie in der Sowjetunion. Dieser sicherte sich im Zuge der Voucherprivatisierung große Unternehmensanteile an Lukojl und baute die Firma in den 1990er-Jahren zum größten Mineralölkonzern Russlands aus.

Bis April 1994 waren bereits 80% der zu privatisierenden Betriebe in Aktiengesellschaften umgewandelt. 14.000 Betriebe oder 70% gaben Aktien aus, die durch Voucher-Auktionen verkauft wurden.[35] Die Reduzierung des staatlichen Sektors zugunsten des Privatsektors war geglückt. Bereits 1995 trug dieser 55% zum russischen BIP bei. Im Gegensatz zu anderen Transformationsländern Osteuropas fiel der Anteil neu gegründeter Unternehmen an der Wertschöpfung in Russland mit 20% allerdings sehr gering aus. Die Wirtschaft dominierten privatisierte Staatsbetriebe.[36] Der Journalist Kai Ehlers schildert seine Eindrücke aus dieser Zeit wie folgt: »Staunend steht man vor der Tatsache, mit welcher Geschwindigkeit und in welchem Umfang ein Staat seine ungeheuren Vermögen an seine Bürger verkauft – aber es wird nicht akkumuliert, es wird nicht investiert, es wird nur Volksvermögen in privaten Reichtum transformiert. Einen solchen Vorgang hat es in der Geschichte noch nie gegeben.«[37] Damit wurde

---

[34] Pleines, Heiko: Reformblockaden in der Wirtschaftspolitik. Die Rolle von Wirtschaftsakteuren in Polen, Russland und der Ukraine, Wiesbaden 2008, hier: S. 200, fortan: Pleines: Reformblockaden in der Wirtschaftspolitik.

[35] Vgl. Schröder: Jelzin und die »Oligarchen«, in: BIOst, Nr. 40-1998, S. 13.

[36] Vgl. Stykow: Marktreformen und ererbtes Beziehungskapital, S. 50.

[37] Ehlers, Kai: Herausforderung Russland: Vom Zwangskollektiv zur selbstbestimmten Gemeinschaft? Eine Bilanz der Privatisierung, Stuttgart 1997, S. 88–89.

der Zugriff auf die zu privatisierenden Unternehmen zu einer entscheidenden Frage im Transformationsprozess.

Die sozialen Folgen der Schocktherapie

Die Schocktherapie stürzte die russische Gesellschaft innerhalb weniger Jahre in eine soziale Katastrophe, die sie bis heute prägt. Der russischen Soziologin Natalija Tichonova nach verarmte ein Drittel der russischen Bevölkerung als direkte Folge des Privatisierungsprozesses. Das betraf vor allem Rentner:innen, Arbeiter:innen und alleinerziehende Mütter. Diese Transformationsverlierer:innen bilden einen Teil der neuen russischen Unterschicht, die sich durch eine hohe soziale Immobilität, niedriges Ausbildungsniveau und hochgradig prekäre Lebensverhältnisse auszeichnet.[38]

Für weite Teile der Bevölkerung bedeutete die Einführung der Marktwirtschaft einen drastischen Rückgang an Lebensqualität und eine Verschlechterung ihrer bisherigen Lebenssituation. Ein Hinweis darauf ist die Entwicklung der durchschnittlichen Lebenserwartung. Diese ging von 69 (1990) auf 65 Jahre (1995) zurück. Die männliche Lebenserwartung sank in diesem Zeitraum sogar auf 58 Jahre (1990: 65 Jahre) und bewegte sich auf dem Niveau eines Entwicklungslandes. Die Furcht eines Absinkens Russlands auf das Niveau eines Landes der sogenannten Dritten Welt war also durchaus berechtigt.

Die rasche Ausbreitung sozialen Elends verdeutlicht die folgende Untersuchung der Russischen Akademie der Wissenschaften (RAN). In einer Erhebung aus dem Jahr 1996 bezifferte sie die Anzahl an Bettlern in Russland auf 3,4 Mio. Menschen. Darüber hinaus lebten 3,3 Mio. Menschen zeitweilig, 2,8 Mio. Menschen permanent auf der Straße. Hinzu kamen 1,3 Mio. Straßenprostituierte.[39] Der plötzliche und rasante Anstieg der Mordrate gibt ebenfalls Aufschluss über die dramatische Entwicklung. Mitte der 1990er-Jahre lag sie bei 30 Morden auf 100.000 Einwohner. In den USA, das Land mit der höchsten Mordrate aller Industriestaaten, lag sie bei 6 bis 7

---

[38] Vgl. Tichonova, Nataliyja: Armut in Russland, in: Russlandanalysen Nr. 222, 17.6.2011, S. 2–5, fortan: Tichonova.

[39] Vgl. Tarasov, Aleksandr: Vtoroe izdanie kapitalizma v Rossii, in: Levaja politika. Analitičeskij žurnal, No. 7–8, 2008, S. 33–68, hier: S. 50.

Morden. Nur in zwei Staaten, Kolumbien und Südafrika, lag die Mordrate zu dieser Zeit höher als in Russland.[40]

Im Jahr 1992 beschrieb Jewgenij Fainschmidt, Leiter der Abteilung für außenwirtschaftliche Beziehungen der Region Moskau, die Versorgungslage der Hauptstadt wie folgt: »Die Hauptaufgabe der Regierung Moskaus besteht darin, das Überleben der Stadt für das kommende Jahr zu sichern ... Das ganze System der zentralen Versorgung ist zusammengebrochen. Wir kämpfen um die einfachsten Existenzmittel. Ich rede nicht von Kleidung, Schuhen, technischen Geräten usw., sondern von Milchprodukten, Zucker, Arzneimitteln, selbst die elementarsten, von Kindernahrung.«[41] Eine ganz ähnliche Entwicklung beschreibt eine Regionalstudie zu den Auswirkungen der Schocktherapie im Gebiet Powolschskij um die Gebietshauptstadt Wolgogdrad: »Die quasi über Nacht betriebene Zerstörung von Institutionen der zentralen Planwirtschaft führte dazu, dass die Oblaste (Verwaltungsgebiete) von den traditionellen ›lebenserhaltenden Mechanismen‹ isoliert wurden.«[42]

Die Schocktherapie zerstörte also in kürzester Zeit die Institutionen, die eine gesicherte Versorgung der Bevölkerung garantierten, ohne sie durch effektive Strukturen zu ersetzen. Der Glaube, dass der freie Markt dies übernehmen könne, erwies sich offensichtlich als falsch. Die Abwesenheit des Staates zwang die Bevölkerung, individuelle Überlebensstrategien zu entwickeln. Dem entsprechen Statistiken, denen zufolge die private Selbstversorgung seit 1991 deutlich anstieg. Götz und Halbach weisen nach, dass 1996 private Grundstücke 90% der Kartoffeln, 67% des Gemüses, 40% des Fleischs und der Milch in Russland erwirtschaften.[43] »Soziale Hauptprobleme werden geschaffen durch zunehmende Arbeitslosigkeit, Abschaffung der betrieblichen Sozialleistungen, Alkoholismus und Krankheiten und der Wegfall der Subventionierung von Grundnahrungsmitteln bei geringer Funktionsfähigkeit von kommunalen Sozialeinrichtungen.«[44]

---

[40] Vgl. Popov, Vladimir: Russia Redux?, in: New Left Review 44, March-April 2007, S. 37–52, hier: S. 46–47.

[41] Brie, Michael/Böhlke, Ewald: Russland wieder im Dunkeln: Ein Jahrhundertstück wird besichtigt, Berlin 1992, S. 187, fortan: Brie/Böhlke: Russland wieder im Dunkeln.

[42] Edwards/Polonsky/Polonsky: The Russian Province after Communism, S. 43.

[43] Vgl. Götz, Roland/Halbach, Uwe: Politisches Lexikon GUS, München 1996, S. 287, fortan: Götz/Halbach: Politisches Lexikon GUS.

[44] Götz/Halbach: Politisches Lexikon GUS, S. 292 (eig. Übers.).

Eine Analyse der sozialen Folgen der Schocktherapie zeigt sehr deutlich, dass sie die Gesellschaft anhand des ökonomischen und sozialen Status restrukturierte. Zweifellos gab es auch in der UdSSR soziale Ungleichheit sowie Ober- und Unterschichten. Während aber in der Sowjetunion der soziale Status gewöhnlich an die Stellung in Staat oder Partei gebunden war, zählte im kapitalistischen Russland plötzlich ausschließlich das private Eigentum als entscheidendes Kriterium. Oder wie es Jegor Gajdar formulierte: »Nicht die Stellung auf der hierarchischen Stufenleiter, sondern das Geld wurde tatsächlich das allgemeine Äquivalent wirtschaftlicher Verhältnisse.«[45] In kürzester Zeit wurden die sozialen Verhältnisse auf den Kopf gestellt. Dies belegt ein Blick auf die Einkommensungleichheit. Der Abstand zwischen den untersten 10% und den obersten 10% der Bevölkerung lag bei 1 zu 26. Zum Vergleich: In den USA lag dieser Wert bei 1 zu 14.[46] In der Wahrnehmung der Bevölkerung muss diese Entwicklung noch markanter gewesen sein, da die Sowjetunion eine relativ egalitäre Gesellschaft war.

Auf der einen Seite entstand eine große Schicht sozial prekarisierter und abgehängter Menschen. Gleichzeitig kann mit Rückblick auf die Analyse von Tichonova von einer »Feminisierung der Armut« in Russland gesprochen werden. Dieser Begriff soll verdeutlichen, dass vor allem Frauen von Armut betroffen sind und unter ihr zu leiden haben. Auf der anderen Seite entstand eine neue Oberschicht, die von der gesellschaftlichen Transformation in großen Maße profitierte, indem sie sich das privatisierte Staatseigentum aneignete (dazu Kapitel 7). Interessant ist, dass die sich im Zuge der Schocktherapie herausgebildeten sozialen Verhältnisse bis in die Gegenwart Bestand haben. Hans-Henning Schröder weist in einer Untersuchung aus dem Jahr 2007 nach, dass die soziale Differenzierung seit dem Jahr 1994 im Wesentlichen unverändert ist.[47] Dies würde nicht nur Tichonovas These stützen, dass sich eine große prekarisierte Unterschicht herausgebildet hat, sondern deutet darauf hin, dass die russische Gesellschaft eine Klassengesellschaft mit hoher sozialer Immobilität ist. Jelzin, der in seiner Rede vor dem Kongress der Volksdeputierten die Bevölkerung bereits auf harte Zeiten eingeschworen hatte, rechtfertigte diese Entwicklung

45 Gajdar: Entscheidungen in Russland, S. 149.

46 Vgl. Ahlberg, René: Soziale Aspekte der Transformationsprozesse. Sozialstruktur und Marktwirtschaft in Russland, in: Osteuropa: Nr. 5, Jg. 44, 1994, S. 430–441, hier: S. 434, fortan: Ahlberg: Soziale Aspekte der Transformationsprozesse.

47 Schröder, Hans-Henning: Stratifikation und soziale Ungleichheit in Russland, in: Russland-Analysen, Nr. 73, 2008, S. 9–12.

mit den Worten: »Das Lebensniveau aller Gesellschaftsschichten können wir in der ersten Etappe der Reform nicht verteidigen.«[48]

Die neue Handlungslogik der Jelzin-Administration

Ein wichtiger Grund für den katastrophalen Verlauf der Transformation ist sicherlich, dass bedeutende Rahmenbedingungen einer marktwirtschaftlichen Ordnung nicht existierten und im Verlauf der 1990er-Jahre erst geschaffen werden mussten. Das betrifft sowohl einen funktionierenden Kapitalmarkt als auch notwendige Gesetze (z. B. Konkursrecht etc.) und Institutionen. Das begünstigte die unkontrollierte Ausbreitung von Korruption und förderte Akteure, die an einem intransparenten Verlauf der Transformationsphase interessiert waren. Der Zerfall des einheitlichen sowjetischen Produktionsraums ist ein weiterer Grund, der sich auf die negative Entwicklung aller sowjetischen Nachfolgestaaten auswirkte.

Betrachtet man die soziale Katastrophe, die die Transformation auslöste, erscheint es erstaunlich, dass die Regierung ihren Kurs nicht revidierte und neue Alternativen eines Übergangs zu einer Marktwirtschaft erdachte, sondern fortführte, obwohl die radikale Zerstörung der planwirtschaftlichen Institutionen sogar zu einer existenziellen Bedrohung für einen großen Teil der Bevölkerung wurde. Tatsächlich behauptet Alfred Koch, ein enger Weggefährte Gajdars und zeitweiliger Leiter des staatlichen Vermögenskomitees der Russischen Föderation: »Ich glaube, dass wir in eine so lange Phase der Stagnation fielen, weil wir unsere strenge Geldpolitik nicht durchhalten konnten.«[49] Er beklagte also eine mangelnde, nicht konsequente Umsetzung der Reformen, insbesondere im fiskalischen Bereich. Ideologische Unterstützung erhielt die Regierung von vielen westlichen Beratern und den Medien. Stellvertretend hierfür steht die zeitgenössische Analyse des Wirtschaftskorrespondenten der »Zeit«, Jörg Eigendorf: »Nicht zu viele, zu wenig Reformen sind für den katastrophalen Zustand des Landes verantwortlich.«[50]

---

[48] Vystuplenie prezidenta RF B.N. Jelzina na V S"ezde narodnyh deputatov RSFSR.

[49] Zmeinaja gorka. Al'fred Koh: »Oni prekrasno ponimali, čto budut spasiteljami sledujuščego pokolenija politikov«, abrufbar unter: http://polit.ru/article/2007/01/23/kokh/ (letzter Zugriff: 7.11.2013), fortan: Zmeinaja gorka. Al'fred Koh.

[50] Eigendorf, Jörg: Die Aufgaben der Zukunft, in: Zeit Punkte: Russland am Abgrund. Staat und Wirtschaft in der Krise, Hamburg 1998, S. 60–63, hier: S. 60.

Unabhängig von der Frage, welche Rezepte die russische Volkswirtschaft erfolgreicher durch die Transformationsjahre hätten leiten können, bleibt die Frage nach dem Sinn der Schocktherapie und dem Beharren der politischen Entscheidungsträger auf ihren ökonomischen Konzepten. Wie erklärt sich diese neoliberale Hegemonie im Denken der politischen, ökonomischen und intellektuellen Elite?

Zur Funktion der Schocktherapie

Der Wirtschaftswissenschaftler Werner Gumpel argumentiert, der wirtschaftliche Niedergang Russlands sei nicht nur dem Übergang zum Kapitalismus geschuldet, sondern auch der Tatsache, dass die Jelzin-Administration über kein vernünftiges wirtschaftliches Konzept verfügte.[51] Die Analyse des Klubs Perestojka und anderer wichtiger ökonomischer Berater der Jelzin-Administration (siehe Kapitel 2 und 3) legt indes etwas anderes nahe. Das intensive Studium der russischen und der sowjetischen Ökonomie, die Teilnahme an internationalen Tagungen und Fortbildungen, die rege Publikationstätigkeit, all das zeigt, dass die sogenannten Reformer bei ihrem Regierungseintritt über ein sehr klares ökonomisches Konzept verfügten, das auf einer eingehenden Analyse der sowjetischen und russischen Volkswirtschaften und ihrer spezifischen Probleme beruhte (siehe Kapitel 2, Die Problemanalyse der ökonomischen »Reformer«).

Die Auflösung der Sowjetunion setze jedem Versuch ein radikales Ende, das Land im Sinne eines demokratischen Sozialismus zu reformieren. Es ist erstaunlich, dass mit dem Beginn des Jahres 1992 diese – zuvor ernsthaft diskutierten – Pläne im gesellschaftlichen Mehrheitsdiskurs mit einem Mal keine Rolle mehr spielten. Alle aus der Sowjetunion hervorgegangenen unabhängigen Republiken – allen voran die Russische Föderation – sahen in einem Übergang zur kapitalistischen Marktwirtschaft die einzige Lösung ihrer wirtschaftlichen und gesellschaftlichen Probleme. Gleichzeitig verbanden sie diese ökonomische Transformation mit dem Ziel, liberale Demokratien nach westlichem Vorbild zu etablieren. Damit verstanden sie sich – anders als die Sowjetunion – nicht mehr als politische und ökonomische Alternative zum kapitalistischen Westen, sondern plötzlich als ein Teil dessen. So definierte Jelzin bereits im Februar 1992 als eines seiner au-

[51] Vgl. Gumpel, Werner: Ein Land am Abgrund. Zur wirtschaftlichen Lage in Russland, in: Osteuropa, Nr. 8, Jg. 47, 1997, S. 762–771, fortan: Gumpel: Ein Land am Abgrund.

ßenpolitischen Ziele, die Aufnahme Russlands in die »zivilisierte Staatengemeinschaft«.[52]

Die von Eric Hobsbawm vertretene These, die Sowjetunion bilde den Versuch, das rückständige und feudale russische Zarenreich zu modernisieren,[53] lässt sich in veränderter Konstellation auch auf die Situation der späten 1980er-Jahre anwenden. In großen Teilen der russischen Elite bestand ein Konsens darüber, marktwirtschaftliche Reformen einzuführen, um das Land aus den vielfältigen Krisen herauszuführen (dazu Kapitel 2). Diese Position verdeutlicht das folgende Zitat von Gajdar: »Wenn es nicht zu einer erfolgreichen echten, inneren Reform kommt, wenn wir uns nicht zu einer echten Strategie entschließen, dann werden wir diesmal endgültig zurückbleiben.«[54] Die Bedeutung der Transformation kann deshalb gar nicht hoch genug eingeschätzt werden. Folglich sieht Gajdar in ihr den Versuch, »jahrhundertealte Schichten abzutragen, die zerbrochene soziale und kulturelle Einheit mit Europa wiederherzustellen, vom ›östlichen‹ zum ›westlichen‹ Weg zu wechseln«.[55] Unterschiede bestanden jedoch in der Umsetzung dieser Schritte und dem Tempo, in dem dies vonstattengehen sollte. Nach Ansicht der Ökonomen um Gajdar und Tschubajs erforderte die Einführung des Kapitalismus die Auflösung der Sowjetunion (siehe dazu Kapitel 2, Die Problemanalyse der ökonomischen »Reformer«). Dies konnte nur gelingen, indem ein endgültiger ökonomischer, politischer und ideologischer Bruch mit dem alten System vollzogen wurde. Dazu schreibt Jelzin in seiner Autobiografie: »Die Reformen garantierten den makroökonomischen Umschwung. Das heißt: die Zerstörung der alten Ökonomie.«[56]

Politische Brüche

Die Einführung des Kapitalismus war das Produkt einer bewussten politischen Entscheidung, anders als in den klassischen kapitalistischen Zentren Großbritannien, den USA, Frankreich oder Deutschland. Als in Russland der Übergang zum Kapitalismus eingeleitet wurde, hätten die Voraussetzun-

---

[52] Zitiert nach: Spahn, Susanne: Die Außenpolitik Russlands gegenüber der Ukraine und Weißrussland von 1991-1998, Herne 2000, hier: S. 50, fortan: Spahn, Susanne: Die Außenpolitik Russlands gegenüber der Ukraine und Weißrussland von 1991-1998.

[53] Vgl. Hobsbawm, Eric: Das Zeitalter der Extreme. Weltgeschichte des 20. Jahrhunderts, München 1997.

[54] Gajdar: Entscheidungen in Russland, S. 58.

[55] Ebd.

[56] Jelzin: Zapiski prezidenta, S. 300.

gen nicht ungünstiger sein können. Der Politikwissenschaftler Olaf Steffen weist darauf hin, dass die Einführung des Kapitalismus in Russland auf einem grundsätzlichen Paradoxon beruht. Denn Marktbeziehungen, privates Geldvermögen und Eigentum, Voraussetzungen für eine kapitalistische Wirtschaftsform, waren Anfang der 1990er-Jahre noch nicht vorhanden.[57]

Die ökonomische Prekarisierung und Verelendung weiter Bevölkerungsschichten zeigt das Dilemma, in dem die Jelzin-Administration sich befand. Aus den Aussagen der Ökonomen geht klar hervor, dass sie sich darüber bewusst waren, wie wenig Zeit ihnen für die Durchsetzung ihrer Politik blieb. Davon zeugt nicht nur die selbst gewählte Bezeichnung »Kamikaze«.[58] Sie bestärkte die Ökonomen auch in der Einführung des Kapitalismus durch eine Schocktherapie, um die Unumkehrbarkeit dieses Vorgangs zu gewährleisten. Genau diese selbst gewählte Alternativlosigkeit zur eigenen Wirtschaftspolitik begründete eine neue Handlungslogik der Regierung, die fortan prägend für die gesamten 1990er-Jahre werden sollte. Das machte die Jelzin-Administration nicht nur unfähig, Kompromisse zu schließen, sondern auch äußerst abhängig von einzelnen Interessengruppen im Innern, den Profiteuren der Transformation, z. B. die Staatsbürokratie und die Oligarchen. Außerdem geriet die russische Regierung in immer stärkere Abhängigkeit von der westlichen Staatengemeinschaft.

Die Anerkennung der russischen Systemtransformation durch die Internationale Gemeinschaft war eine wesentliche Voraussetzung, den Kapitalismus in Russland einführen zu können. Das Ziel der russischen Regierung, die Unumkehrbarkeit des Transformationsprozesses, wurde damit auf zweifache Weise erreicht. Im Innern durch radikale Reformen (»Schocktherapie«) und außenpolitisch über die Legitimation durch die kapitalistischen Zentrumsstaaten. So verkündete Jelzin bereits im Februar 1992 seine beiden außenpolitischen Ziele: Die Aufnahme Russlands in die »zivilisierte Staatengemeinschaft« und die »maximale Unterstützung des Auslands für die innere Umwandlung«.[59] Noch im selben Jahr wurde die Russische Föderation in den Internationalen Währungsfonds, die Europäische Bank für Wiederaufbau und Entwicklung (EBWE) und die Weltbank aufgenommen.

---

57 Vgl. Steffen, Olaf: Die Einführung des Kapitalismus in Russland. Ursachen, Programme und Krise der Transformationspolitik, Berlin/Münster/Wien/Zürich/London 1997.

58 Zmeinaja gorka. Al´fred Koh.

59 Zitiert nach: Spahn, Susanne: Die Außenpolitik Russlands gegenüber der Ukraine und Weißrussland von 1991–1998, S. 50.

Es folgte die Mitgliedschaft im Europarat (1996) und Einladungen zu den G7-Konsultationen.

Die Mitgliedschaft in den internationalen Finanzorganisationen war für die Legitimation des russischen Kapitalismus von höchster Bedeutung, denn sie vereinfachte den Zugang zu internationalen Krediten und verschaffte russischen und internationalen Unternehmen Zugang zu den jeweiligen Märkten. »Maximaler Unterstützung« konnte sich die Regierung Jelzin ebenfalls sicher sein. Trotz des Beschusses des Parlaments durch die Armee 1993 (siehe Kapitel 5), der gezielten Menschenrechtsverletzungen im Tschetschenien-Krieg von 1994–1996 (siehe Kapitel 6) oder landesweiter Protestwellen und deren gewaltsamer Niederschlagung (Kapitel 7, Ökonomischer Konzentrationsprozess im Innern und erste Expansionsschritte) stellte die internationale Staatengemeinschaft Jelzin nie infrage oder distanzierte sich öffentlich von seiner Politik.

Die stillschweigende Zustimmung des Auslands verlangte jedoch auch seinen Preis. Die schnelle Öffnung der russischen Wirtschaft ermöglichte globalen Konzernen, nicht zuletzt aus Deutschland und Österreich, den Zugang zu einem der weltweit größten Binnenmärkte mit über 140 Millionen potenziellen Konsument:innen. Die Eingliederung Russlands in den Weltmarkt erfolgte zu den Bedingungen der mächtigen G7-Staaten. Gleichzeitig resultierte sie, aufgrund des ökonomischen Niedergangs und des Verlusts des Weltmachtstatus, aus einer Position der Schwäche. Dadurch hatte Russland den Bedingungen der G7 wenig entgegenzusetzen.

Die vollständige Eingliederung in den Welthandel hatte eine zweite Dimension. Sie erforderte einen Bruch mit der sowjetischen Politik, denn plötzlich musste sich Russland um die (bedingungslose) Annäherung an ihre jahrzehntelangen Gegner bemühen. Eine Fortführung der traditionellen sowjetischen Außenpolitik war nicht mehr vorgesehen. Während die Sowjetunion ihre verbündeten osteuropäischen Volkswirtschaften und Kuba mit billigem Öl versorgte und gemessen am BIP hohe Entwicklungshilfezahlungen leistete, wurde diese Praxis nun deutlich eingeschränkt. Fortan konzentrierte sich die russische Außenpolitik ganz offiziell an Kriterien wie »Wirtschaftlichkeit« und »Pragmatismus«.[60] Die Kriterien und Ziele des Staates wurden damit nach kapitalistischen Vorzeichen restrukturiert. Ideologisch bedeutete die Annäherung an den Westen zum einen eine Ablehnung und Diskreditierung sogenannter alternativer Entwicklungspfade

[60] Vgl. Alexandrova: Auf der Suche nach außenpolitischen Alternativen, S. 8.

und ihrer politischen Vertreter im Innern, zum anderen eine – zumindest begrenzte – politische Öffnung im Sinne einer westlich geprägten repräsentativen Demokratie.

Ökonomische Brüche

Die Ökonomen Aleksandr Buzgalin und Andrej Kolganov sehen in der Zerstörung der zentral geplanten (staatlichen) Verteilung der Ressourcen und der ausführenden Organe, die diese organisierten, sowie in der Beseitigung bzw. Einschränkung staatlicher und genossenschaftlicher Kooperativen und Eigentumsformen den Sinn und Zweck der Schocktherapie. »Die Struktur- und Produktionskrise, in der die russische Wirtschaft bereits in den 1980er Jahren steckte, wurde durch die radikalen Reformen derartig vertieft, dass das Land das Modell der industriellen Entwicklung wechselte.«[61]

Die ökonomische Neuausrichtung Russlands lässt sich an der Entwicklung des Außenhandels sehr gut verdeutlichen. Nach Angaben des Ministeriums für Außenhandelsbeziehungen der UdSSR betrug der Außenhandel der RSFSR 1991 210 Mrd. US-Dollar. Davon entfielen 115 Mrd. US-Dollar auf die Unionsrepubliken (54,6% des Gesamtvolumens) und 95 Mrd. (45,4%) auf das Ausland. Ein Großteil der Exporte ging in die Mitgliedsstaaten des Rates für gegenseitige Wirtschaftshilfe (RGW). Bis 1994 hatte sich der Außenhandel auf insgesamt 105 Mrd. US-Dollar halbiert, ein weiteres Zeichen des ökonomischen Niedergangs. Der Anteil der GUS-Staaten betrug nur noch 24 Mrd. Dollar, während 81 Mrd. auf den Rest der Welt (inklusive das Baltikum) entfielen. Die Hauptabnehmer russischer Erzeugnisse waren jedoch nicht mehr die RGW-Staaten, sondern Westeuropa, die USA und Japan. Seitdem beträgt der Warenumsatz mit dem Ausland ca. 77–78%, der Anteil der GUS-Staaten fiel auf 22–23%.[62]

Die Struktur des russischen Außenhandels verdient dabei erhöhte Aufmerksamkeit. Seit den frühen 1990er-Jahren sind die Säulen der Wirtschaft die Rohstofferschließung und -verarbeitung (Erdöl, Erdgas, Aluminium, Metallurgie, Energie), Banken, der militärisch-industrielle Komplex (insbesondere der Waffenexport) sowie der Verkauf von Atomtechnologie.[63] Der

[61] Buzgalin/Kolganov: Rußland – die neue Gefahr aus dem Osten?, S. 121.

[62] Grinberg, Ruslan/Kosikova, Lidija: Russland und die GUS. Auf der Suche nach einem neuen Modell wirtschaftlicher Zusammenarbeit, in: BIOst, Nr. 50, 1997, S. 9, fortan: Grinberg, Ruslan/Kosikova, Lidija: Russland und die GUS.

[63] Vgl. Steiner, Helmut: Die Herausbildung neuer Sozialstrukturen im gegenwärtigen Russland, in: Sitzungsbericht der Leibniz-Sozietät, Nr. 6, Jg. 41, 2000, S. 5–72.

russische Historiker Boris Kagarlickij spricht von einer peripheren Eingliederung Russlands in den Weltmarkt. Dabei übernimmt das Land die Funktion eines Rohstofflieferanten für die Industriestaaten.[64] Der Rubelverfall hatte dabei eine wichtige ökonomische Funktion, denn er garantierte hohe Devisen und förderte damit den Export von Rohstoffen. Seit den 1990er-Jahren hat sich die Abhängigkeit der russischen Wirtschaft vom Ressourcenexport stetig erhöht. Im Jahr 2010 betrug der Anteil von Öl, Gas und Kohle 68,8% der gesamten Exporte. Hinzu kommen Metalle und Edelsteine und daraus gefertigte Produkte, die noch einmal 13% ausmachen.[65] Seitdem ist die Exportstatistik sehr konstant. Im Jahr 2013 machten Energieträger fast 70% des Exports aus.[66]

Sogar im Verhältnis mit den anderen GUS-Staaten exportiert Russland überwiegend Öl und Gas. Zusammenfassend beschreiben Grinberg und Kosikova die Handelsbeziehungen als »russische Energieträger gegen Nahrungsmittel und Rohstoffe aus der GUS«,[67] um später auszuführen, »...das Interesse der Länder [GUS, F.J.] am wechselseitigen Markt ist stärker bei der Versorgung der nationalen Wirtschaften mit importierten Ressourcen und Produkten, während die Exportinteressen heute außerhalb des Rahmens der GUS liegen, denn der Export eigener Rohstoffe und konkurrenzfähiger Produkte ist für ausnahmslos alle GUS-Staaten die Haupteinnahmequelle für frei konvertierbare Währung.«[68] Wie bereits die Auflösung der Rubelzone zeigte, sahen die politischen und ein Teil der ökonomischen Elite Russlands in einer Fortführung der engen wirtschaftlichen Beziehungen zu den GUS-Staaten ein Hindernis in der zukünftigen Entwicklung des jungen russischen Kapitalismus.

---

[64] Vgl. Kagarlickij, Boris: Periferijnaja Imperija: Cikly russkoj istorii, Moskva 2009.

[65] Goskomstat. Tovarnaja struktura eksporta Rossijsskoj Federacii: www.gks.ru/bgd/regl/b11_13/IssWWW.exe/Stg/d6/25-08.htm (letzter Zugriff 7.11.2012).

[66] Vgl. Russland-Analysen, Nr. 276, 2014, S. 7.

[67] Vgl. Grinberg, Ruslan/Kosikova, Lidija: Russland und die GUS, S. 10.

[68] Ebd., S. 11.

Das neue russische Produktionsmodell: Der Ressourcenextraktivismus

Der Begriff des Ressourcenextraktivismus wird vor allem mit Blick auf die lateinamerikanischen Staaten und ihre Außenhandelsstruktur verwendet.[69] Er beschreibt ein Wirtschaftsmodell, das hauptsächlich (unverarbeitete) Rohstoffe in die kapitalistischen Zentrumsstaaten exportiert und im Austausch Fertigerzeugnisse importiert. Ressourcenextraktivismus beschreibt somit ein Entwicklungsmodell, »das auf einer übermäßigen Ausbeutung immer knapper werdender … natürlicher Ressourcen beruht, sowie auf der Ausdehnung dieses Prozesses auf Territorien, die bislang als ›unproduktiv‹ galten«.[70]

Diese spezifische Form der Eingliederung (Inkorporierung) in den Weltmarkt hat umfassende Auswirkungen, denn sie begründet ein internationales System ungleicher Handels- und Machtbeziehungen. Immanuel Wallerstein beschreibt dies als ein Verhältnis von Zentrumsstaaten und Ländern der Peripherie.[71] Die Eingliederung in das kapitalistische Weltsystem führt ihm zufolge im Innern zur Herausbildung einer »lokalen Kapitalistenklasse«.[72] Diese kontrolliert den Abbau und Verkauf der Ressourcen und hat dementsprechend kein Interesse an einer fortschreitenden Industrialisierung des Landes und damit an einem Verlust ihrer Machtbasis. So heißt es bei den Politologen Salvatore Babones und Philipp Babcicky: »Während periphere Länder hauptsächlich von zentralen Firmen (›core firms‹) ausgebeutet werden, sind semi-periphere Länder dazu in der Lage, sich (sozusagen) selbst auszubeuten. Das heißt, auch wenn die größte ausbeutende Klasse in peripheren Ländern ausländisch ist, kann diese in semi-peripheren Ländern einheimisch sein.«[73]

---

[69] Vgl. Forschungs- und Dokumentationszentrum Chile-Lateinamerika/Rosa-Luxemburg-Stiftung (Hrsg.): Der neue Extraktivismus. Eine Debatte über die Grenzen des Rohstoffmodells in Lateinamerika, Berlin 2012, fortan: RLS (Hrsg.): Der neue Extraktivismus.

[70] Svampa, Maristella: Bergbau und Neoextraktivismus in Lateinamerika, in: RLS (Hrsg.): Der neue Extraktivismus, S. 14–21, hier: S. 14.

[71] Vgl. Wallerstein: Aufstieg und künftiger Niedergang des kapitalistischen Weltsystems, S. 44ff.

[72] Ebd., S. 46.

[73] Babones, Salvatore/Babcicky, Philipp: Russia and East-Central Europe in the modern World System. A Structuralist Perspective, abrufbar unter: http://cais.anu.edu.au/sites/default/files/Babones_Russia%20and%20EC%20Europe.pdf (letzter Zugriff: 7.11.2013) (eig. Übers.).

Im russischen Kontext erscheint es dem Autor sinnvoll, von einer Semi-Peripherie oder einem »Prozess der Peripherisierung« zu sprechen. Im Unterschied zu der Mehrheit der anderen vormals staatssozialistischen Länder Osteuropas bildete sich im russischen Transformationsprozess eine nationale Unternehmerklasse heraus, die als Oligarchen bekannt wurde. Darüber hinaus beschränkte sich ihre ökonomische Tätigkeit keineswegs auf die relativ unproduktiven Sektoren Handel und Baugewerbe. Insbesondere der Rohstoffreichtum des Landes und weniger die großen, z.T. durchaus profitablen und konkurrenzfähigen Industriebetriebe bildete die Basis der Oligarchen (siehe Kapitel 7). Die Herausbildung einer nationalen Unternehmerklasse ermöglichte der russischen Regierung, ab der Jahrtausendwende eine autoritär-korporatistische Entwicklungsstrategie zu verfolgen und die Oligarchen eng in das neue System einzubinden. Dabei interveniert der Staat regelmäßig in die Wirtschaft und nutzt das Kapital aus dem Rohstoffexport u.a. für den Aufbau bzw. die Konsolidierung nationaler Industriechampions (siehe dazu Kapitel 10). Die semi-periphere Eingliederung in den Weltmarkt und die Entstehung der Oligarchen stehen in einem direkten Zusammenhang zu der Entstehung eines autoritären Kapitalismus in Russland.

Überdies schwächt die asymmetrische Eingliederung in den Weltmarkt systematisch die staatlichen Strukturen. Im »Idealzustand« sind sie weder zu stark, um langfristigen Widerstand gegen die Eingliederung leisten zu können, noch zu schwach, als dass sie innere Konflikte nicht – zur Not gewaltsam – lösen können.[74] Anders als in den meisten lateinamerikanischen Ländern ist die russische Industrie als Folge der sowjetischen Wirtschaftspolitik hochgradig spezialisiert und in den Bereichen Raumfahrt, Militär- und Nukleartechnologie bis heute weltweit konkurrenzfähig. So kommt es in Russland nicht zu einer Beseitigung, sondern vielmehr zu einer Verringerung der lokalen Produktionstätigkeit im verarbeitenden Bereich. Berücksichtigt man jedoch die Außenhandelsstruktur Russlands seit den 1990er-Jahren, ist es durchaus gerechtfertigt, von einem zumindest partiellen Ressourcenextraktivismus zu sprechen.

Der Ressourcenextraktivismus beinhaltet die Herausbildung autoritärer politischer Strukturen als Folge der Weltmarktintegration sowie der engen Verbindung zwischen ökonomischen und politischen Eliten. Wie in Svam-

[74] Vgl. Wallerstein, Immanuel: Die große Expansion. Das moderne Weltsystem III. Die Konsolidierung der Weltwirtschaft im langen 18. Jahrhundert, Wien 2004.

pas Zitat deutlich wird, beruht der Ressourcenextraktivismus auf der permanenten Ausdehnung der Ausbeutung auf bislang vermeintlich unproduktive Territorien. Tatsächlich handelt es sich beim Abbau und Verkauf von Ressourcen um kein nachhaltiges Produktionsmodell. Sobald eine Lagerstätte erschöpft ist, wird sie wertlos und das Kapital zieht auf der Suche nach neuen Anlagemöglichkeiten weiter. Die rücksichtslose Ausbeutung hinterlässt oftmals verschmutzte Ökosysteme mit folgenschweren Auswirkungen für die Gesundheit. Zur Weiterverarbeitung der Rohstoffe fehlen meistens das nötige Know-how und Kapital. Dadurch wird die Abhängigkeit von den Zentrumsstaaten weiter erhöht.

Die engen Grenzen dieses Systems lassen wenig Entwicklungsspielraum zu. Das gilt umso mehr, da der Staat, gemeinsam mit den nationalen Unternehmern, als autoritärer Hüter über das ressourcenextraktivistische Wirtschaftssystem wacht. Daraus entspringt der Zwang zu einer Inwertsetzung neuer, unproduktiver Gebiete. Dies vertieft die Abhängigkeit erneut und provoziert zudem immer wieder Konflikte mit der lokalen Bevölkerung. Darin besteht das Modernisierungsdilemma in Russland seit Beginn der Transformation. Trotz des Modernisierungsdiskurses und einzelner Leuchtturmprojekte, wie dem Technologiepark Skolkovo, »das russische Silicon-Valley«,[75] verstärkt sich die Konzentration auf den Ressourcenexport. Dafür sprechen die Erschließung neuer Ölförderstätten im arktischen Meer (Barentssee), vor Sachalin sowie der Bau neuer Pipelines nach China oder Deutschland (North Stream). Damit einher geht eine fortschreitende Zerstörung der Umwelt und eine Verschärfung gesellschaftlicher Konflikte. Die Proteste gegen die Abholzung des Chimki-Waldes oder das Referendum über den Bau neuer Öl-Terminals in Kaliningrad machen deutlich, dass sich in der russischen Bevölkerung ein ökologisches Bewusstsein herausbildet und sie den Plänen der Regierung oft sehr skeptisch gegenübersteht.

[75] Siemens: Das russische Silicon Valley, abrufbar unter: www.siemens.com/press/de/pressebilder/bilder-photonews/2013/PN201304/pn201304-01.htm (letzter Zugriff 20.2.2014).

Kapitel 5
Der Kampf gegen das Parlament 1993

Das russische Entwicklungsmodell stieß in Teilen von Industrie und Politik auf heftigen Widerstand. Im Jahr 1992 erklärte Sergej Stankewitsch, zu diesem Zeitpunkt Vize-Bürgermeister von Moskau und Präsidentenberater, bei einer Diskussion mit einheimischen Wirtschaftsvertretern, dass Russland im Vergleich zu den westlichen Industrienationen lediglich den Status eines Juniorpartners einnehme. Diese verspätete Ankunft in Europa könne nur ausgeglichen werden, indem Asien, Afrika und Lateinamerika zu außenpolitischen Schwerpunkten würden.[1] Ähnlich äußerten sich Vertreter der Industrie, welche den radikalen Wandel der russischen Außenpolitik Anfang der 1990er-Jahre als »gedankenlosen Abbruch« verurteilten, da sie die Wirtschaftsbeziehungen nachhaltig geschwächt hätten.[2]

Auseinandersetzungen um das ressourcenextraktivistische Exportmodell

Ab dem Frühjahr 1992 formierte sich eine Opposition, die zunehmend offen gegen die Politik des Präsidenten Widerstand leistete. Diese war ein Bündnis aus verschiedenen Parteien (Volkspartei, Freies Russland, Demokratische Partei) und eines Großteils der unabhängigen Abgeordneten des Obersten Sowjets, dem russischen Parlament. Das Spektrum reichte von Kommunisten bis zu bekennenden Nationalisten und Rechtsradikalen, wie die konstitutionellen Demokraten um Michajl Astavev, die Russische Volksunion von Sergej Baburin und die Nationale Rettungsfront (Ilja Konstantinov). Darüberhinaus unterstützten zahlreiche Betriebsdirektoren und der Russische Verband der Industriellen und Unternehmer die Bewegung.

Sie alle einte ihre Kritik an der Schocktherapie und der damit verbundenen Neuausrichtung des ökonomischen Entwicklungsmodells. Dem setzten sie Forderungen nach einer staatlichen Förderung des nationalen Unternehmertums, einer größeren sozialen Absicherung und einer Stärkung

[1] Vgl. Alexandrova: Auf der Suche nach außenpolitischen Alternativen, S. 17.
[2] Ebd.

der inländischen Produktion entgegen.[3] Ihr Widerstand richtete sich zunehmend gegen die Person Gajdar, der als Finanzminister die Hauptverantwortung für den Verlauf der Schocktherapie trug. Der entscheidende Konflikt verlief entlang der Frage, wie und in welchem Tempo die Privatisierung fortgesetzt werden sollte. Der Parlamentssprecher und führende Vertreter der Opposition Ruslan Hasbulatov erinnert sich: »Es ging ... bei dem Streit um zwei Modelle der Wirtschaftsreformen. Das Parlament war unter meinem starken Einfluss für sanfte Reformen, der Markt sollte eine soziale Orientierung bekommen.«[4]

Auch der Soziologe Rene Ahlberg sieht in wirtschaftlichen Fragen den Grund für den Konflikt. Dieser spitzte sich wegen des Bankrotts zahlreicher Kleinunternehmer und kleingewerblicher Betriebe in den »Gründerjahren« zu. Die fehlende Rechtssicherheit für Unternehmen erleichterte die Ausbreitung mafiöser Strukturen in der Wirtschaft und sorgte deshalb dafür, dass viele Unternehmer die Opposition unterstützten.[5]

Es handelte sich – wie in den vorherigen Konflikten auch – um eine Auseinandersetzung um das russische Entwicklungsmodell. Anders als unter Gorbatschow bestand an der grundsätzlichen kapitalistischen Ausrichtung kein Zweifel mehr. Vielmehr ging es um die Frage, welches kapitalistische Entwicklungsmodell eingeschlagen werden sollte. Eine eher soziale Marktwirtschaft mit starker staatlicher Kontrolle oder ein autoritärer, auf den Ressourcenexport orientierter Kapitalismus.

Im Dezember 1992 musste Gajdar schließlich zurücktreten. Dies bestärkte die Opposition darin, ihren Kurs gegen Jelzin zu verschärfen. Der Widerstand gegen die Politik der Regierung verstärkte die autoritäre Haltung unter den Anhängern Jelzins. Spätestens seit der erfolgreichen Niederschlagung des August-Putsches 1991 bestand ein tiefes Misstrauen gegen jegliche parlamentarische Initiative und Unabhängigkeit. Noch im Oktober desselben Jahres verkündete Gennadyj Burbulis, zu diesem Zeitpunkt Staatssekretär der RSFSR und auch in späteren Jahren weiter einer der engsten Mitarbeiter Jelzins, in einem Fernsehinterview: »Die repräsentativen Organe werden in zunehmendem Maße zu einer Bremse unserer Reformen.« Die zeitweilige Allianz mit ihnen begründete er wie folgt: »Diese Organe brauchten wir zur Zerstörung des totalitären Systems und

---

3 Vgl. Buzgalin/Kolganvo: Rußland – die neue Gefahr aus dem Osten?, S. 115.

4 Zitiert nach: Heyden/Weinmann: Opposition gegen das System Putin, S. 47.

5 Vgl. Ahlberg: Soziale Aspekte der Transformationsprozesse.

diese Aufgabe haben sie erfüllt.« Nun habe sich jedoch eine neue Situation ergeben, in der »die russischen Territorien nach einer neuen Vertikale der Macht dürsten«.[6]

Ebenso unverblümt äußerte sich Andranik Migranjan, Politologe und Präsidentenberater (1993): »Die Wirtschaftsreformen sind ohne entsprechende Machtstrukturen und Institutionen nicht durchführbar... Die erste Aufgabe ist also die Schaffung des institutionellen Rahmens politischer Macht für die Reformen innerhalb Russlands selbst.«[7] Dazu plädiert er für eine autoritäre Herrschaftsform (»demokratische Diktatur«), wenn auch »nur« in einer Übergangsphase. Voraussetzungen dafür wären eine Stärkung der exekutiven Macht und eine Auflösung des »arbeitsunfähigen Sowjets«.[8]

Mit dieser Position vertrat er keineswegs eine Einzelmeinung. Es scheint, dass sich im Zuge der Schocktherapie, vor allem im Angesicht des sich formierenden Widerstands, in der Regierung die Erkenntnis durchsetzte, dass sich die eigene Politik langfristig nicht mehr mit demokratischen Mitteln durchsetzen ließ. Möglicherweise trug dazu das Wissen der Reformer um den mangelnden Rückhalt in der Bevölkerung bei. Diesbezüglich aufschlussreich ist ein Interview mit Sergej Wasilew, die rechte Hand Tschubajs in der ersten Regierung und der selbsternannte »Che Guevara der Privatisierung«. Der Zeitung Moskovskie Novosti antwortete er auf die Frage, ob die marktwirtschaftliche Reformen demokratisch umgesetzt werden können: »Nun, überall wurden sie autoritär durchgeführt.«[9]

Auch Jelzin befürwortete ein autoritäres Vorgehen. Anfang des Jahres 1993 kündigte er bei einem Treffen mit dem damaligen deutschen Bundeskanzler Helmut Kohl in Moskau an, die Rechte des Parlaments einzuschränken. »Mir war klar, für den Westen existieren einige grundlegende demokratische Werte. Und in diesem Fall hatte ich vor, einige dieser Werte zu verletzen.«[10] Nachdem Kohl nicht nur seine Unterstützung, sondern sogar die der gesamten G7 versicherte,[11] hatte die Jelzin-Administration freie Bahn.

---

[6] Vorožejkina, Tat'jana: Šestvie triumfatorov. Mešaet li demokratičeskim reformam demokratija?, Vek XX i Mir, Nr. 1, 1992, abrufbar unter: http://old.russ.ru/antolog/vek/1992/01/voroj.htm (letzter Zugriff: 12.1.2023).

[7] Brie/Böhlke: Russland wieder im Dunkeln, S. 233.

[8] Vgl. ebd., S. 234.

[9] Zitiert aus: Kolesnikov, Andrej: Neizvestnyj Tschubajs, Moskva 2003, S. 75.

[10] Jelzin: Zapiski prezidenta, S. 176.

[11] Vgl. Jelzin: Zapiski prezidenta, S. 177.

Die gewaltsame Niederschlagung des parlamentarischen Widerstands

Die Periode des Frühjahrs 1992 bis zum Herbst 1993 beschreibt die Politikwissenschaftlerin Margareta Mommsen als eine »Phase der Doppelherrschaft von Parlament und Exekutive«.[12] Jelzin selber dagegen charakterisierte sie als »zerstörerische Doppelherrschaft« und »legitimierte Anarchie«.[13] Es wird deutlich, dass eine demokratische Gewaltenteilung bei der Regierung eher Furcht und Misstrauen hervorrief. Aufgrund der Tatsache, dass die Jelzin-Administration jedoch nicht in der Lage war, ihren wirtschaftspolitischen Kurs zu ändern, konnte es nur auf einen Machtkampf zwischen Parlament und Präsident hinauslaufen. In dieser Hinsicht ist auch die Aussage Jelzins, dass »jemand ... das Oberhaupt sein«[14] müsse, zu verstehen.

In einem Referendum vom 25. April 1993 sprachen 58% der Bürger Jelzin das Vertrauen aus, 53% billigten seine Wirtschaftspolitik und 67% forderten Parlamentswahlen.[15] Zwar genoss er nach dem Sieg über die Putschisten weiterhin große Popularität in der Bevölkerung. An Neuwahlen dachte Jelzin jedoch nicht. Stattdessen wollte seine Administration eine weitere Entstaatlichung der Wirtschaft vorantreiben. Die Mehrheit im Obersten Sowjet verhinderte einige der Gesetzesvorhaben. Eine Fortführung der Schocktherapie musste aber unter allen Umständen gewährleistet werden, denn daraus schöpfte die Jelzin-Administration ihre Legitimation, insbesondere im westlichen Ausland.

Am 21. September 1993 schließlich eskalierte der Konflikt. Jelzin löste per Dekret (Ukaz) das Parlament auf und kündigte ein Verfassungsreferendum an. Das Parlament wies den Ukaz zurück. Der Oberste Gerichtshof unter dem Vorsitzenden Walerij Sorokin beurteilte diesen Vorgang des Parlaments als legal. Daraufhin entzog der Oberste Sowjet Jelzin alle Vollmachten. Vorläufig ernannte es den bisherigen Vizepräsidenten Aleksandr Ruckoj zum geschäftsführenden Präsidenten, der sich mit der Opposition

---

[12] Vgl. Mommsen, Margareta: Russlands politisches System des »Superpräsidentialismus«, in: Höhmann, H.-H./Schröder, H.-H. (Hrsg.): Russland unter neuer Führung. Politik, Wirtschaft und Gesellschaft am Beginn des 21. Jahrhunderts, Münster 2001, S. 44–54, hier: S. 54.

[13] Vgl. Jelzin: Zapiski prezidenta, S. 14.

[14] Ebd., S. 15.

[15] Vgl. Hosking, Geoffrey: Russia and the Russians. A History, Cambridge 2003, S. 591.

solidarisierte. Dieser Status quo dauerte bis zum 3. Oktober. An diesem Tag stürmten Anhänger der Opposition den Fernsehturm Ostankino und das Weiße Haus. Einen Tag später beschoss die Armee das Parlament, das sich kurze Zeit später ergab. Dieser Vorgang erfolgte, genauso wie die Auflösung des Obersten Sowjets, ohne Rechtsgrundlage.

Der langjährige ZDF-Auslandskorrespondent in Moskau, Dirk Sager, erinnert sich an die gewaltsamen Auseinandersetzungen: »Im Westen wurde der Tag [4. Oktober, F. J.] als weiterer Sieg Jelzins über die Kommunisten gefeiert. Westliche Korrespondenten gerieten damals in zwielichtigen Ruch, wenn ihre Berichterstattung nicht dieser Lesart entsprach.«[16]

Die Darstellung, dass es sich bei den Ereignissen im Oktober 1993 um einen Konflikt zwischen Kommunisten und Demokraten gehandelt habe, verschleiert den Kern der realen Auseinandersetzung. Tatsächlich bleiben, wie Sager an anderer Stelle konstatiert, »wie stets an kritischen Wendepunkten der Präsidentschaft Jelzins, wieder einmal Fragen offen«.[17] Bereits einen Tag vor der Auflösung des Parlaments zogen auf Jelzins Anordnung Spezialeinheiten in Moskau ein.[18] Dabei handelte es sich um die verlässlichen Tamaner und die Kantemirow Divisionen, die bereits beim August-Putsch 1991 ihre Loyalität bewiesen hatten.

Auch das angeführte Argument der Jelzin-Administration, die Legitimation des Parlaments sei fragwürdig, da es noch in Zeiten der Sowjetunion gewählt worden war, ist zweifelhaft. Schließlich trifft dies auch auf Jelzin selbst zu. Seine gesamte Autorität bezog er aus den Präsidentschaftswahlen der RSFSR 1991.

Im Vorfeld der anschließenden Parlamentswahlen wurden die politische Opposition systematisch geschwächt und demokratische Rechte verletzt. Die Anführer des Protests saßen im Gefängnis, die Parlamentszeitung Rossijskaja Gazeta wurde zeitweilig verboten und kritische Fernsehsendungen (600 Sekunden, Das rote Quadrat, Die Stunde des Parlaments) eingestellt. Mit den Fernsehjournalisten Aleksandr Ljubimov und Aleksandr Politkovskij entließ man zwei ehemalige Anhänger Jelzins aufgrund ihrer Kritik an dem Vorgehen der Regierung. Darüber hinaus nutzte die Jelzin-Administration ihren Sieg für eine allmählich fortschreitende Schwächung der gesetzgebenden Gewalt. Die Präsidentenadministration übernahm die Or-

[16] Sager: Betrogenes Russland, S. 89.

[17] Ebd., S. 87.

[18] Vgl. Buzgalin/Kolganov: Rußland – die neue Gefahr aus dem Osten?, S. 134–135.

ganisation zur Durchführung der Wahlen sowie die Ausarbeitung des künftigen Aufbaus der föderalen Versammlung und nicht das Parlament oder eine neu gewählte Verfassungsgebende Versammlung. Tatsächlich blieben das Parlament und das Verfassungsgericht die gesamte Zeit über geschlossen und tagten erst nach der Wahl wieder.[19] Zwar wurde die Verfassung per Plebiszit angenommen (57% Zustimmung). Allerdings lag die Beteiligung bei der Abstimmung nur bei 54,4%.[20]

Ein neuer Autoritarismus

Die innenpolitische Auseinandersetzung über den zukünftigen Kurs Russlands war mit der Annahme der neuen Verfassung weitgehend entschieden. Die niedrige Beteiligung der Bürger bei der Abstimmung weist darauf hin, dass die Akzeptanz für diesen Vorgang gering war. Bei der neuen Verfassung handelte es sich um keinen Gesellschaftsvertrag zwischen Staatsmacht und Volk, sondern vielmehr um die Bedingungen der Sieger. Wie in der Einleitung bereits formuliert, beginnt der autoritäre Staatsumbau keineswegs erst unter Putin, sondern bereits in den frühen 1990er-Jahren unter dem vermeintlichen Demokraten Jelzin. Dieser spezifische Autoritarismus bildet die Grundlage des gegenwärtigen russischen Produktions- und Gesellschaftsmodells.

Zwar garantierte die neue Verfassung erstmals in der russischen Geschichte einer/m jeden/m Bürger/in der Russischen Föderation die Einhaltung und Wahrung der Menschenrechte. Doch zementierte die neue Verfassung auch den autoritären Regierungsstil Jelzins und gab ihm einen verfassungsrechtlichen, d.h. legalen Rahmen. Im Bereich der Außen- und Sicherheitspolitik lag die Entscheidungskompetenz fortan ausschließlich beim Präsidenten. Er bestimmte die Leitlinien, sogar der Außenminister war dem Präsidenten und nicht dem Ministerpräsidenten unterstellt. Der Einfluss der Duma und des Föderationsrates beschränkte sich auf die Ratifizierung internationaler Verträge und die Entsendung russischer Truppen ins Ausland.

Auch in der Innenpolitik hatte der Präsident weitreichende Vollmachten. Das beinhaltete die Ernennung der obersten Beamten, Verfassungs-

[19] Vgl. ebd., S. 165–171.
[20] Ebd.

richter und des Premierministers. Letzterer war zwar an die Zustimmung der Staatsduma gebunden, allerdings konnte der Präsident bei einer dreimaligen Ablehnung das Parlament auflösen. Dadurch wurde ein asymmetrisches Machtverhältnis begründet und das Parlament in seiner Funktion als demokratisches Kontrollorgan stark eingeschränkt. Zwar besaß die Duma das Recht, ein Amtsenthebungsverfahren einzuleiten. Dieses war jedoch an eine Zustimmung des Föderationsrates gebunden. Nach dreimaliger Ablehnung durch den Föderationsrat konnte der Präsident auch in diesem Fall die Duma auflösen. Darüber hinaus kontrollierte er den Gesetzgebungsprozess. Ein Vetorecht erlaubte es Jelzin, Gesetzesbeschlüsse der Duma zu annullieren. Nur eine ⅔ Mehrheit konnte diese Entscheidung rückgängig machen. Der Präsident besaß seinerseits das Recht, Dekrete zu erlassen, die Gesetzesrang einnahmen. Dies ermöglichte ihm die Legalisierung seiner Politik, notfalls auch ohne die Zustimmung des Parlaments, eine Praxis, die in den 1990er-Jahren regelmäßige Anwendung fand. Durch die Bündelung exekutiver und legislativer Kompetenzen in der Hand des Präsidenten wird das Prinzip der Gewaltenteilung unterlaufen. Diese ungleiche Machtverteilung zwischen den Gewalten erschwerte den demokratischen Entscheidungsprozess.

Die neue Verfassung bedeutete das endgültige Ende der Sowjetunion und ihrer Institutionen. Fortan hieß das Parlament nicht mehr Oberster Sowjet, sondern Duma. Dieser Vorgang hatte nicht nur eine symbolische Wirkung. Die Mehrheit der Abgeordneten war die »letzte institutionelle Bremse gegenüber der Politik des harten Geldes«.[21] Indem sie sich der Schocktherapie widersetzten, gaben sie politischen Meinungen abseits der hegemonialen neoliberalen Meinung einen Raum und nahmen somit eine wichtige Funktion im demokratischen Meinungsbildungsprozess ein. Zudem war die Stärkung des Parlaments eine der ersten demokratischen Errungenschaften der Perestroika und eine direkte Reaktion auf die Erfahrung der sowjetischen Diktatur. Sobtschak forderte diesbezüglich im Jahr 1990: »Um zu verhindern, dass eine starke Präsidentenmacht zur Diktatur ausartet, ist ein System von politischen Gegengewichten nötig, so z. B. ein unabhängiges Parlament, ein Komitee für Verfassungsaufsicht, das Erlasse des Präsidenten außer Kraft setzen kann, ein System von Rechtsschutz-

[21] Ehlers: Herausforderung Russland, S. 59.

organen, die unter Kontrolle des Parlaments stehen und anderes mehr.«[22] Kaum drei Jahre später hatte er seine Meinung geändert. An der Ausarbeitung der neuen Verfassung wirkte er aktiv mit. Damit verkörpert er den Wandel eines Teils der liberalen Dissidentenbewegung hin zu einem wesentlichen Träger der herrschenden Klasse, die dem neuen System demokratische Legitimation verlieh.

Mit den Neuwahlen fand die Unumkehrbarkeit der Reformen auch in der Verfassung ihren Ausdruck. Das bedeutet auch eine Verpflichtung zur kapitalistischen Wirtschaftsordnung. So definierte die Verfassung das Recht auf Privateigentum als Menschenrecht.[23] Im Sinne der Regierungslogik wurden abweichende Meinungen hinsichtlich der offiziellen Wirtschaftspolitik nicht als Teil des demokratischen Diskurses begriffen, sondern diskreditiert und nach Möglichkeit aus dem öffentlichen Diskurs verdrängt.

In der politischen Praxis fanden die autoritären Vollmachten rasch Anwendung. Kennzeichnend für die Regierungspolitik war die Etablierung von Parallelstrukturen und die Auslagerung von Entscheidungsprozessen in nicht legitimierte Gremien, die der parlamentarischen Kontrolle entzogen waren. Hans-Henning Schröder spricht in diesem Zusammenhang von einem »Rattenkönig der Apparate«.[24] Tatsächlich war die Entscheidungskompetenz dieser Gremien keinesfalls auf ein bestimmtes politisches Feld beschränkt. Sie reichten von der Landesverteidigung (Verteidigungsrat im Sommer 1996) bis zu Steuerfragen und der Aushandlung des Budgetrechts (»Provisorische außerordentliche Kommission zur Stärkung der Steuer- und Budgetdisziplin«).

Die Zentralisierung des Entscheidungsfindungsprozesses ist ein wichtiges Merkmal der russischen Politik der 1990er-Jahre. Gesellschaftliche Widersprüche und Konflikte wurden damit autoritär unterdrückt. Dieses Vorgehen polarisierte den innenpolitischen Diskurs und begünstigte den »Nationalismus als politischen Faktor«. Es bleibt deshalb festzuhalten: Die

[22] Sobčak: Die Herausbildung eines neuen politischen Systems: Macht, Partei und Recht, S. 46.

[23] Vgl. Schröder, Hans-Henning: Bundeszentrale für politische Bildung – Druck-Version: Politisches System und politischer Prozess – Informationen zur politischen Bildung, 281, 2003, abrufbar unter www.bpb.de/shop/zeitschriften/izpb/9419/politisches-system-und-politischer-prozess/ (letzter Zugriff: 16.1.2023).

[24] Vgl. Schröder, Hans-Henning: Instanzen sicherheitspolitischer Entscheidungsfindung in der Jelzin-Administration, in: BIOst, Nr. 18, 1996, fortan: Schröder: Instanzen sicherheitspolitischer Entscheidungsfindung in der Jelzin-Administration.

Ausweitung der präsidentiellen Kompetenzen ging mit einer systematischen Umgehung und Schwächung der übrigen demokratischen Gewalten einher.

Entscheidend für die Gestaltung der Außen- und Sicherheitspolitik war der Nationale Sicherheitsrat. Dem Gesetz nach war er nur ein Konsultativ- und Koordinierungsorgan der russischen Außen- und Sicherheitspolitik. Ständige Mitglieder waren – aufgrund ihres Amtes – der Präsident, der Sekretär des Sicherheitsrates, der Ministerpräsident sowie die Vorsitzenden der Duma und des Föderationsrates. Hinzu kam eine wechselnde Anzahl nicht-ständiger Mitglieder, die vom Präsidenten berufen wurden und nicht stimmberechtigt waren. Beschlüsse mussten durch Mehrheitsentscheid gefällt werden, diese hatten jedoch laut Verfassung keinen bindenden gesetzgebenden Charakter. Dennoch erlangten immer wieder Entscheidungen des Rates in der Form von präsidialen Dekreten (Ukaz) Gesetzesrang. Auf diese Weise regierte Jelzin am Parlament vorbei. Dass es sich bei dem Sicherheitsrat um die zentrale Entscheidungsinstanz der Außen- und Sicherheitspolitik handelte, zeigt seine hochrangige Besetzung und die Tatsache, dass hier wegweisende Entscheidungen, wie der Kampfeinsatz in Tschetschenien, beschlossen wurden (siehe dazu Kapitel 6).[25]

Nationalismus als politischer Faktor

Die gewaltsame Unterdrückung der parlamentarischen Opposition bedeutete das vorläufige Ende der Demokratiebewegung, die seit der Perestroika eine wichtige Rolle spielte und über eine starke außerparlamentarische Verankerung verfügte. Die Auswirkungen auf ihre einzelnen Strömungen waren dabei sehr unterschiedlich. Linke, kapitalismuskritische Bewegungen wurden immer weiter marginalisiert und spielten im politischen Prozess von nun an eine untergeordnete Rolle.

Die liberaldemokratische Dissidentenbewegung, eine wichtige Unterstützerin der Jelzin-Administration, zog sich mehrheitlich aus dem Staat zurück. Die Kulturhistorikerin Jutta Scherrer spricht im Hinblick auf die Jahre 1991–1993 von einer kurzen Phase der aktiven Einmischung. Diese »Professionalisierung der Intelligenz«, bei der ihre Vertreter:innen zu Politi-

[25] Vgl. Schröder: Instanzen sicherheitspolitischer Entscheidungsfindung in der Jelzin-Administration, S. 26.

ker:innen und Politik-Berater:innen aufstiegen,[26] fand mit Niederschlagung des Protests jedoch ein jähes Ende. Fortan wurde von der Intelligenzija, wie Gennadij Burbulis es ausdrückte, »kein Messianismus mehr erwartet, sondern Professionalismus«.[27] Zwar erhielt sie sich aufgrund ihrer zivilgesellschaftlichen Verankerung, üblicherweise in der Form von NGOs und als Mitarbeiter:innen von wissenschaftlichen Instituten, ein gewisses Maß an Einfluss. Klassische liberale Parteien nach westeuropäischem Vorbild verloren aber ab Mitte der 1990er-Jahre und vor allem seit dem Amtsantritt Wladimir Putins zunehmend an politischem Gewicht. Der Mitbegründer der liberalen Partei JABLOKO, Grigorij Javlinskij, resümierte 1994: »Die politischen Parteien durchleben heute eine Zeit des Zerfalls und der Schwankungen. Die Zeit des aktiven politischen Handelns, das zu einer stürmischen Entwicklung der Parteien und gesellschaftspolitischen Bewegungen demokratischer Orientierung führte, ist vorüber.«[28]

Die Folge war ein deutlicher Rechtsruck in der russischen Politik. Davon zeugt u. a. die Duma-Wahl 1993. Mit über 22% wurde die nationalistische Liberaldemokratische Partei Russlands (LDPR) unter ihrem Vorsitzenden Wladimir Schirinowskij zur stärksten Partei. Offen rechtsradikale Parteien verloren zwar an Einfluss, dafür näherte sich die Regierung nationalistischen Positionen immer stärker an. Das schließt auch die Tolerierung rassistischer Aussagen von politischen Mandatsträgern oder konkretere Aktionen ein. So kam es im Zuge der Parlamentswahlen und der starken nationalistischen Stimmung zu ersten Säuberungsmaßnahmen der Stadt Moskau gegen Kaukasier, Zentralasiaten und Flüchtlingen ohne legalen Aufenthaltsstatus durch Bürgermeister Jurij Lužkov.[29] Javlinskij zufolge traten Gruppierungen um Jelzin »unter demokratischen und liberalen Losungen an, waren von derartigen Positionen allerdings in der Regel weit entfernt. Die politische Auseinandersetzung schlug in einen Kampf für nationalstaatliche Ziele um.«[30] Staatlicher Nationalismus ist keineswegs erst

[26] Vgl. Scherrer, Jutta: Zeitströmungen der russischen Intelligenz, in: Hedeler, Wladislaw/Keßler, Mario/Schäfer, Gert (Hrsg.): Ausblicke auf das vergangene Jahrhundert, Hamburg 1996, S. 338–349, hier: S. 341ff., fortan: Scherrer: Zeitströmungen der russischen Intelligenz.

[27] Zitiert aus: Scherrer: Zeitströmungen der russischen Intelligenz, S. 343.

[28] Javlinskij, Grigorij, A.: Reformen von Unten – Die neue Zukunft Russlands: Strategien und Optionen für Europa, Gütersloh 1994, S. 26.

[29] Vgl. Buzgalin/Kolganov: Russland – die neue Gefahr aus dem Osten?, S. 160.

[30] Javlinskij, Grigorij: Das neue Russland. Demokratische Reformen als letzte Chance, München 1996, S. 36, fortan: Javlinskij: Das neue Russland.

ein Phänomen der Putin-Jahre, obwohl einschränkend hinzugefügt werden muss, dass der Maßstab ein anderer ist.

Hinzu kamen neue politische Bewegungen, wie die Nationalbolschewisten um Eduard Limonov und Aleksandr Dugin. Diese propagierten eine Vereinigung aller radikal gesinnten Kräfte, d.h. sowohl rechts- als auch linksradikaler. Darüber hinaus verbanden sie einen aktiven außerparlamentarischen Protest mit der Gründung einer Partei, der Nationalbolschewistischen Partei (NBP). Bis in die beginnenden 2000er-Jahre gehörte die NBP zu den aktivsten oppositionellen Kräften in Russland und ist auch heutzutage ein nicht zu vernachlässigender Akteur. Auch die Kommunistische Partei der Russischen Föderation (KPRF) profitierte von dieser Entwicklung und konnte ihren Einfluss konstant ausbauen. Ihre Rolle im russischen Transformationsprozess ist dabei äußerst ambivalent. Einerseits setzte auch sie auf großrussische, nationalistische und antisemitische Positionen. Andererseits kritisierte sie scharf die Regierungspolitik und bot damit die einzige realpolitische Alternative zu Jelzin.

Erste Hinweise auf einen Anstieg autoritärer Tendenzen gibt eine Umfrage zum Jahreswechsel 1993/94. Darin befürworteten 29% der russischen Bevölkerung eine »harte Diktatur« und 11% ein Militärregime. 29% sehnten sich nach einer Rückkehr zur Sowjetunion. Dass diese Entwicklung sich verschärfte, belegt dieselbe Umfrage aus dem Herbst 1995. Zwar blieb der Zuspruch für ein Militärregime konstant (10%), eine Diktatur unterstützten aber bereits 34% und eine Rückkehr zur Sowjetunion 39%.[31]

Die Polarisierung des politischen Diskurses, ein Kennzeichen für viele Transformationsgesellschaften Osteuropas, ging einher mit einem zunehmenden Rückzug ins Private. Während bis 1993 ein verhältnismäßig reges politisches Interesse herrschte, das sich in vielfältigen Demonstrationen, Versammlungen und einer hohen Partizipation äußerte, dominierte fortan eine politische Passivität. Ausnahmen bildeten Streikbewegungen in den Jahren 1996-1998 und die Proteste gegen den Tschetschenien-Krieg. Allerdings nahmen sie nicht mehr das Ausmaß des Jahres 1993 an. Gajdar und seine Anhänger zeigten sich mit diesen Entwicklungen zufrieden. Seiner Ansicht nach stellten sich die Dinge folgendermaßen dar: »Die Menschen

---

[31] Juchler, Jakob: Probleme der Demokratisierung in den osteuropäischen Transformationsländern, in: Osteuropa, Nr. 9, Jg. 47, 1999, S. 898–913, hier: S. 906.

sind erwachsen geworden. Sie sind bereit, um eines normalen Lebens willen nicht zu demonstrieren und zu revolutionieren, sondern zu arbeiten.«[32]

Zu dieser Entwicklung trug auch die Weigerung der Regierung bei, eine Aufarbeitung der Oktober-Ereignisse zu ermöglichen. Eine Untersuchung der Vorgänge durch eine parlamentarische Kommission wurde verhindert. Stattdessen erklärte die Regierung eine Generalamnestie. Dieser Schritt ist äußerst schwer nachzuvollziehen, denn wenn sich die Jelzin-Administration im Recht wähnte, hätte sie auch eine Untersuchungskommission nicht zu fürchten gehabt. Auf diese Weise wurde eine öffentliche Debatte über die Gründe des Widerstands (Schocktherapie, Regierungsstil Jelzins) unterdrückt.

Der Konflikt innerhalb der herrschenden Klasse

Der Konflikt zwischen Jelzin und dem Parlament hat eine weitere Bedeutungsebene. Tatsächlich war der Weg Russlands zum Kapitalismus keinesfalls so unumstritten wie oftmals dargestellt. Kritik an der Schocktherapie äußerten nicht nur »ewig-gestrige« Kommunisten oder das nationalistische, rechtsradikale Lager, sondern Vertreter der herrschenden Elite selber. Diesem Umstand war es geschuldet, dass die parlamentarische Opposition eine solche Bedrohung für die Jelzin-Administration darstellte. Die drei Vertreter der Opposition (Hasbulatov, Ruckoj und Sorokin) stammen alle aus der sowjetischen Nomenklatura und besetzten hohe Staatsämter. Vizepräsident Ruckoj und der Vorsitzende des Obersten Sowjets, Ruslan Hasbulatov, können sogar ursprünglich dem Jelzin-Lager zugerechnet werden. Noch während des August-Putsches galten beide als treue Gefolgsleute. Mit ihrer Niederlage wurden die oppositionellen Eliten zumindest vorläufig aus dem politischen Leben verdrängt und der Kurs der Regierung fortgeführt. Im Jahr 1994 war ein Viertel der Leiter der zentralen Organe der föderalen Exekutive Verbündete Jelzins.[33] Zugleich wurde die Privatisierungspolitik forciert. Von 1995–1997 wurde eine Vielzahl großer profitabler Konzerne unter zwielichtigen Methoden verkauft (dazu Kapitel 7). Dadurch erkaufte sich die Regierung die Loyalität der Profiteure des Privatisierungsprozesses und schmiedete eine enge Symbiose aus Politik und Wirtschaft.

---

[32] Gajdar: Entscheidungen in Russland, S. 167–168.
[33] Vgl. Pleines, Heiko: Reformblockaden in der Wirtschaftspolitik, S. 77.

Der Konflikt zeigt erneut, wie sehr die eigene Politik die Jelzin-Administration isolierte und in eine Position der Kompromissunfähigkeit trieb. Dies führte so weit, dass zum Wohle des Übergangs zu einer auf den Ressourcenexport orientierten Marktwirtschaft im Zweifelsfall demokratische Grundpositionen bekämpft wurden. Der russische Ökonom Grigori Arbatov schreibt diesbezüglich: »Gajdars ›Reformen‹ hatten nichts mit Demokratie oder demokratischen Veränderungen zu tun. Ganz im Gegenteil. Eine Politik, die Armut und Kriminalität hervorbringt, die unverantwortliches Handeln der Regierung auf Kosten der Bevölkerung fördert, kann nur überleben, indem sie Demokratie unterdrückt.«[34]

Die Findungs- und Aushandlungsprozesse im Innern, die im Zuge des Transformationsprozesses einsetzten, stehen in einem direkten Zusammenhang mit dem Übergang zur kapitalistischen Wirtschaftsordnung. Während die Jelzin-Administration in erster Linie die Anhänger der neuen exportorientierten Rohstoffwirtschaft vertrat, plädierte die Mehrheit im Obersten Sowjet für einen kontrollierten Übergang zum Kapitalismus und eine langsamere Öffnung nach Westen. Die wirtschaftliche Transformation und die Frage der zukünftigen Entwicklung des Landes bildeten die entscheidende Konfliktlinie der frühen 1990er-Jahre.

[34] Arbatov, Grigori: Origins and Concensus of »Shock-Therapy«, in: Pomer/Klein: The New Russia, S. 171–178, hier: S. 176-177 (eig. Übers.).

Kapitel 6
Die Eskalation der Gewalt im Innern (1994–1996)

Im Gegensatz zu der gewaltsamen Niederschlagung des parlamentarischen Protests liegen die Gründe für den Krieg in Tschetschenien nicht in einer Auseinandersetzung um die Wirtschaftspolitik Russlands. Allerdings stehen die tragischen Ereignisse im Nordkaukasus in einem direkten Zusammenhang mit den Folgen der Auflösung der Sowjetunion, der Schocktherapie und dem krisenhaften Verlauf der Transformation in den 1990er-Jahren. Die Kontextualisierung der Ereignisse aus dieser Perspektive ist wichtig, da sie in einem engen Zusammenhang zu dem gesamten (illegalen) Auflösungsprozess der Sowjetunion und der politischen Architektur des neuen russischen Staates gesehen werden müssen. Der Tschetschenien-Krieg verdeutlicht den endgültigen Übergang der Jelzin-Administration zu einer autoritären Herrschaft und prägt den innenpolitischen Diskurs in Russland bis in die Gegenwart.

Die wissenschaftliche Forschung konzentriert sich in der Analyse des Kriegs vor allem auf drei Gründe. Stellvertretend hierfür steht der Politikwissenschaftler Gerhard Mangott. Er nennt als Kriegsgründe der russischen Regierung erstens die geopolitischen Machtinteressen im Nordkaukasus, d. h. die zentrale Lage Tschetscheniens als Transitland, wodurch der russische Einfluss auf den gesamten Kaukasus sichergestellt wird. Zweitens die ökonomische Bedeutung Tschetscheniens, aufgrund seiner erdölverarbeitenden Industrie, des Pipelinenetzes und der Lage als Verkehrsknotenpunkt. Drittens sollte ein kurzer erfolgreicher Krieg dazu dienen, die inzwischen stark gelittene Popularität des Präsidenten wieder aufzuwerten.[1]

All diese Gründe sind wichtig und spielen bei der Bewertung eine entscheidende Rolle. Allerdings besteht die Gefahr, die Eskalation der Ereignisse in Tschetschenien isoliert von der gesamtgesellschaftlichen Entwicklung Russlands zu betrachten. Der konkrete Kriegsverlauf ist deshalb weniger Teil dieses Kapitels. Vielmehr gilt es herauszufinden, inwiefern die Eskalation von Konflikten in der Russischen Föderation nicht bereits in der Politik der Jelzin-Administration angelegt war. Dieser These zufolge

[1] Vgl. hierzu Mangott, Gerhard: Russlands Feldzug gegen Tschetschenien. Rückkehr zur autoritären Ordnung?, Österreichisches Institut für Internationale Politik, Laxenburg 1995, hier: S. 22–23, fortan: Mangott: Russlands Feldzug gegen Tschetschenien.

setzten die selbstermächtigte Auflösung der Sowjetunion und die kompromisslose Einführung des Kapitalismus eine Eigendynamik in Gang, welche die Regierung überwiegend durch autoritäre, z. T. sogar gewaltsame Maßnahmen zu kontrollieren versuchte. Das machte die Jelzin-Administration unfähig, eine konsensorientierte Politik zu führen, die um einen Ausgleich zwischen verschiedenen gesellschaftlichen Interessengruppen bemüht war (siehe vorheriges Kapitel). Stattdessen festigte sie letztendlich autoritäre Herrschaftsstrukturen, die bis in die Gegenwart den russischen Staat prägen.

Im Zuge der Ereignisse 1993 kam es zu einem endgültigen Bruch zwischen der Regierung und der Demokratiebewegung der Perestroika. Den grundsätzlichen Widerspruch zwischen der Regierung und der ehemaligen sowjetisch-russischen Dissidentenbewegung bringt der Memorial-Mitarbeiter und Tschetschenien-Experte Aleksandr Tscherkassow zum Ausdruck. »An die Stelle des imperialen Lateins trat die Sprache der Demokratie, die Rede von der Freiheit der Persönlichkeit und der Menschenrechte. Leider war diese Sprache für Boris Jelzin und die anderen, die in Russland Anfang der 1990er-Jahre an die Macht kamen, nicht die Muttersprache. Demokraten waren sie nur dem Namen nach. Die Macht im Russland Jelzins sah sich zwar gezwungen, diese Sprache zu verwenden, aber sie verstand sie nicht, kannte sie nicht und hatte kein Gefühl dafür, was sie bedeutete. Für die embryonale Zivilgesellschaft war die Situation paradox: Angeblich waren ihre Vertreter an die Macht gekommen, doch es entstand kein Dialog zwischen ihnen und der Regierung.«[2]

Ethnische Konflikte im post-sowjetischen Raum

Mit der Auflösung der Sowjetunion stand die russische Regierung vor einem zentralen Problem. Aus der berechtigten Kritik am autoritären sowjetischen Herrschaftsmodell entwickelte sich kein konsensualer demokratischer Diskurs, der als eine wichtige Grundlage eines neuen Russlands hätte dienen können. Das beinhaltet eine Auseinandersetzung mit dem imperialen Charakter der Sowjetunion bzw. Russlands sowie dem unvollkommenen, oftmals repressiven sowjetischen Multikulturalismus. In sei-

[2] Tscherkassow, Alexander: Romanze mit dem Kreml. Vom Scheitern der Menschenrechtspolitik im Kaukasus, in: Hassel, Florian (Hrsg.): Der Krieg im Schatten. Russland und Tschetschenien, Frankfurt a. M. 2003, S. 137–152, hier: S. 138, fortan: Hassel (Hrsg.): Der Krieg im Schatten.

ner Rede vor dem Kongress der Volksdeputierten im Herbst 1991 gab Jelzin zu verstehen, nicht mehr auf dem Erhalt der Sowjetunion zu beharren (siehe Kapitel 3, Die Auflösung der Sowjetunion). Jeglichen Ansprüchen auf staatliche Unabhängigkeit von Russland erteilte er jedoch eine klare Absage. »Wir können es nicht zulassen und werden es auf keinen Fall zulassen, dass Russland zerfällt ...«[3]

Als sich in Teilen der russischen Elite die Erkenntnis durchsetzte, dass das sowjetische Imperium in dieser Form nicht mehr aufrechtzuerhalten war, setzte sie dessen Auflösung durch (siehe Kapitel 2 und 3). Mit diesem Schritt waren die ethnischen Konflikte jedoch keinesfalls gelöst, sondern bestenfalls ausgelagert. Der bis heute anhaltende Krieg zwischen Armenien und Aserbaidschan um die Region Nagornyj-Karabach, ethnische Konflikte im Ferghana-Tal (Kirgistan, Usbekistan und Tadschikistan) oder die aktuelle Krise in der Ukraine belegen dies. Im Gegensatz zu der Sowjetunion, die in ihrem Selbstverständnis ein ethnisch heterogener Staat war, definieren sich viele ihrer Nachfolgerepubliken als Nationalstaaten mit einer staatstragenden Nation. Dies setzte den Unabhängigkeitsbestrebungen im post-sowjetischen Raum kein Ende, sondern bestärkte einzelne Völker vielmehr in ihren Forderungen. Gewaltsame Konflikte in Georgien (Adžarien, Südossetien, Abchasien), Moldawien (Transnistrien) oder auch in Russland waren die Konsequenz. Ethnische Zugehörigkeit wurde von nun an zu einem entscheidenden (Ausschluss-)Kriterium, so z. B. auch im Baltikum. Aufgrund sehr restriktiver Gesetze zum Erhalt der Staatsbürgerschaft waren mit der Unabhängigkeit Lettlands von 2,6 Mio. Einwohnern plötzlich 700.000 überwiegend ethnische Russen staatenlos. In Estland belief sich diese Zahl bei 1,5 Mio. Einwohnern sogar auf ⅓ der Bevölkerung.[4]

Nach Schätzungen der UN-Flüchtlingskommission waren allein im Zeitraum 1991–1997 insgesamt neun Millionen Menschen gezwungen, ihren Wohnort zu verlassen. Die Gründe waren wirtschaftliche Krisen oder Umweltschäden, aber auch Menschenrechtsverletzungen und bewaffnete Konflikte.[5] Dabei immigrierten über drei Millionen Menschen dauerhaft nach Russland, bei denen es sich überwiegend um ethnische Russen aus den ehemaligen Unionsrepubliken handelte, insbesondere aus Zentralasien, aber

---

[3] Vystuplenie prezidenta RF B.N. Jelzina na V S"ezde narodnyh deputatov RSFSR.

[4] Vgl. UNHCR: Zur Lage der Flüchtlinge in der Welt. UNHCR Report 1997–1998. Erzwungene Migration: Eine humanitäre Herausforderung, Bonn 1997, S. 251, fortan: UNHCR: Zur Lage der Flüchtlinge in der Welt.

[5] Vgl. UNHCR: Zur Lage der Flüchtlinge in der Welt, S. 38.

auch um nicht-russische Bürger:innen der ehemaligen Sowjetunion sowie Menschen aus Afghanistan, China und Afrika.[6]

Die im Wesentlichen von Russland betriebene eigenmächtige und unkontrollierte Auflösung der Sowjetunion setzte also eine Dynamik in Gang, die bereits existierende ethnische Konflikte verschärfte oder neue provozierte. Der Mitarbeiter der Friedrich-Ebert-Stiftung in Moskau, Henrik Bischof, bringt die damit einhergehende Problematik auf den Punkt, wenn er fragt: »Warum dürfen die RSFSR, die Ukraine, die baltischen Staaten u. a. aus der UdSSR austreten und damit diesen Bundesstaat zerstören? Und warum darf die Tschetschenische Republik aus dem Bundesstaat Russische Föderation nicht austreten, obwohl dadurch die Staatlichkeit Rußlands nicht zerstört wird?«[7] Jelzins Aussage macht dagegen klar deutlich, dass eine Lösung der Nationalitätenfrage und die Entwicklung eines alternativen, integrativen Konzepts auf demokratischer Grundlage nicht vorgesehen war. Der Mitarbeiter des Stockholmer Friedensforschungsinstituts SIPRI, Neil Melvin, analysiert die Lage wie folgt: »Die meisten gegenwärtigen Konflikte im Nordkaukasus haben ihre Ursache im historischen Versäumnis aufeinanderfolgender russischer und sowjetischer Regime, einen Nationalstaat zu formen, der durch demokratische und friedliche Mechanismen dazu in der Lage ist, den Pluralismus der Interessen und die ethnische und religiöse Diversität innerhalb Russlands aufzunehmen.«[8]

Tatsächlich ist der Krieg in Tschetschenien nur ein, wenn auch das bekannteste Beispiel für ethnische Konflikte und Unabhängigkeitsbewegungen in Russland. Der erste bewaffnete Konflikt brach im Herbst 1992 zwischen Inguschetien und Nordossetien um die Prigorodnyj Rajon bei Vladikavkas aus. Er wurde durch das Eingreifen föderaler Truppen zugunsten Nordossetiens beendet und hatte knapp 600 Tote und zehntausende Flüchtlinge zur Folge. Auch in der Republik Kabardino-Balkarien drohte der Konflikt zwischen den beiden Titularnationen zu eskalieren. Forderungen der Balkaren, die ca. 8% der Bevölkerung stellten, die gemeinsame Re-

---

[6] Ebd., S. 210.

[7] Bischof, Henrik: Sturm über Tschetschenien: Rußlands Krieg im Kaukasus, Studie zur Außenpolitikforschung, Friedrich-Ebert-Stiftung, abrufbar unter: www.fes.de/research/fpolicy/sturm.html (letzter Zugriff: 12.1.2023).

[8] Melvin, Neil J.: Building Stability in the North Caucasus. Ways Forward for Russia and the European Union, SIPRI Policy Paper, Nr. 16, abrufbar unter: http://books.sipri.org/files/PP/SIPRIPP16.pdf (letzter Zugriff: 7.11.2013), hier: S. 4, fortan: Melvin: Building Stability in the North Caucasus (eig. Übers.).

publik zu trennen, scheiterten jedoch aufgrund des Widerstandes der Kabardiner und der russischen Zentralregierung.[9]

Der Krieg in Tschetschenien

Wie bereits oben erwähnt, verdeutlichen die Konflikte im Nordkaukasus das Unvermögen der russischen Regierung, die nationalen Minderheiten gleichberechtigt in den neuen Staat zu integrieren. Unter gleichberechtigter Integration wird hier eine Art der Integration verstanden, die über das bekannte und bisher praktizierte Maß an imperialer Integration hinausreicht. Ohne den Anspruch auf Vollständigkeit zu erheben, sind dabei zwei Aspekte von Bedeutung: eine Stärkung der Regionen gegenüber der Zentralregierung sowie eine Ausweitung kultureller Rechte der einzelnen Völker Russlands. Im Zuge des Transformationsprozesses waren eine Bereicherung der nationalen Eliten und ihr Aufstieg in die neue Herrschaftselite durchaus vorgesehen. Als Teil dieser Elite erfüllten sie sogar eine systemerhaltende Funktion, indem sie nationalistische Bestrebungen kanalisierten und die Politik des Präsidenten unterstützten. An einer Demokratisierung der Staatsapparate und des politischen Prozesses waren sie mehrheitlich nicht interessiert, denn der autoritäre Staatsaufbau garantierte ihre lokale Macht.[10]

Darüber hinaus konnten sie über den Föderationsrat die nationale Politik des Landes beeinflussen. Die Zentralregierung begünstigte diese Entwicklung ebenfalls. Zum einen entsprach sie der autoritären Regierungspraxis Jelzins, denn sie ermöglichte kurze Verhandlungswege und Absprachen zwischen Präsident und den Lokalfürsten. Zum anderen richtete dieses Machtbündnis den Protest der Bevölkerung auf ihre jeweiligen lokalen Herrscher, selten aber direkt auf den Präsidenten. Spätestens nach der Verabschiedung der Verfassung 1993 wurde deutlich, dass die Chance, in Russland eine neue demokratische Grundlage zu schaffen, vorerst vertan war. Das imperiale Verhältnis zwischen Zentrum und Peripherie blieb erhalten und wurde durch die Stärkung der Rechte des Präsidenten sogar vertieft.

[9] Zu den gewaltsamen Auseinandersetzungen im Nordkaukasus siehe: Melvin: Building Stability in the North Caucasus, S. 16.

[10] Eine interessante Fallanalyse der Entwicklung Baškortostans in den 1990er-Jahren vermittelt einen Eindruck über den Verlauf der Transformation weitab der großen Zentren Moskau und St. Petersburg: Grävingholt, Jörn: Pseudodemokratie Russland. Der Fall Baschkortostan, Deutsches Institut für Entwicklungspolitik, Bonn 2005.

Die katastrophalen ökonomischen Folgen der Schocktherapie stärkten separatistische Tendenzen ebenfalls. Die Auswirkungen waren in den ökonomisch peripheren Gebieten, wie etwa in Tschetschenien, sogar noch schlimmer als in industriellen Ballungsräumen. Zwischen 1991-1994 verließen Zehntausende, überwiegend ethnische Russen, die Republik. Dabei handelte es sich in der Regel um hoch qualifizierte Arbeitskräfte. Die Abwanderung war einerseits eine Reaktion auf den ökonomischen Niedergang, andererseits kam es in dieser Zeit zu einer verstärkten Entlassungswelle von russischen Ingenieuren und Spezialisten im Zuge einer Nationalisierungspolitik der tschetschenischen Regierung unter Präsident Džochar Dudaev, ein Vorgang, der den Niedergang der tschetschenischen Industrie weiter verstärkte.[11] Die Unfähigkeit der russischen Regierung, einen neuen demokratischen Gründungsdiskurs zu fördern, hat im Falle Tschetscheniens eine besondere Bedeutung. Während des Zweiten Weltkriegs wurden ca. 400.000 Tschetschenen gewaltsam nach Zentralasien (vor allem Kasachstan) deportiert. Nach dem Sieg über Deutschland arbeiteten viele Tschetschenen als Saisonarbeiter, vor allem im Baugewerbe, verstreut über das ganze Land. Bis in die späten 1980er-Jahre war ihnen eine Rückkehr in ihre Heimat verwehrt. Eine wesentliche Voraussetzung für die Integration des tschetschenischen Volkes in die Russische Föderation lag in der Thematisierung des Stalinismus und der Förderung eines gesellschaftlichen Diskurses, der sich intensiv mit der Aufarbeitung dieser Zeit befasste. Dieser blieb jedoch genauso aus wie eine angemessene Entschädigung der Opfer der Repression.

Es können also mindestens zwei Aspekte ausgemacht werden, die verstärkte Unabhängigkeitsforderungen innerhalb der tschetschenischen Gesellschaft begünstigten. Zum einen die verpasste Chance einer demokratischen Neugründung der Russischen Föderation, die eine kulturelle und politische Integration hätte ermöglichen können. Zum anderen handelte es sich um einen sozialen Konflikt eines ökonomisch überwiegend marginalisierten Volkes. Die Rückkehr der Tschetschen:innen in ihre Heimat war mit Verteilungskonflikten verbunden, da beispielsweise Häuser und Land in der Zwischenzeit von anderen, z.T. ethnischen Russ:innen, übernommen worden waren, ganz zu schweigen von den katastrophalen Folgen der Schocktherapie. Die Russische Föderation führte somit imperiale Traditionen der Sowjetunion und des Zarenreiches fort. Den Tschetschenen blieb nur ein Platz als untergeordnete, nicht als eigenständige Nation. Wie auch

[11] Vgl. Melvin: Building Stability in the North Caucasus, S. 21.

ihren Vorgängerinnen gelang es der Russischen Föderation nicht, Institutionen zu schaffen, welche die Tschetschenen, aber auch andere Völker, integrierten. Vielmehr wurde durch die autoritäre Verfassung von 1993 ein hierarchischer, autoritärer Staatsaufbau gefestigt, der Zentralismus und vertikale Strukturen begünstigte.

Gewalt als legitimer Bestandteil der Innenpolitik

Dennoch herrschte innerhalb der tschetschenischen Opposition keine eindeutige Position zur Russischen Föderation. Im Jahr 1989 übernahm mit Doku Zagaev erstmals ein Tschetschene die Führung der tschetschenischen ASSR. Nach seiner Unterstützung des August-Putsches 1991 wurde er am 6.9.1991 vom sowjetischen Luftwaffengeneral Džochar Dudaev, dem Vorsitzenden des »Gesamtnationalen Kongresses des Tschetschenischen Volkes (GKT)«, gestürzt. Das GKT hatte sich knapp ein Jahr zuvor gegründet und bildete den Kern der tschetschenischen Nationalbewegung. Jelzin unterstützt das Vorgehen gegen Zagaev, den er als Vertreter des alten Regimes ansah, obwohl Dudaev keinesfalls eine demokratische Alternative zu seinem Vorgänger darstellte. Nach manipulierten Neuwahlen im Oktober erklärte Dudaev einen Monat später die Unabhängigkeit Tschetscheniens. In den folgenden zwei Jahren entwickelte sich Tschetschenien zu einer Freihandels- und Schmugglerzone. Die Wirtschaft kam praktisch zum Erliegen. Wie auch in anderen Regionen Russlands wurden oftmals über Monate hinweg keine Löhne und Renten ausgezahlt.

Dies förderte die Kriminalisierung der Gesellschaft wie z. B. den Überfall auf Güterzüge, um Nahrungsmittel und andere Gebrauchsgegenstände zu erhalten. Den problematischen Zustand in den frühen 1990er-Jahren fasst der Journalist Thomas de Waal prägnant zusammen: »Das ›unabhängige‹ Tschetschenien von 1991 bis 1994 war eine Schattenzone außerhalb der direkten Jurisdiktion Moskaus, doch innerhalb seines Wirtschaftsraums.«[12] Ihm zufolge hatte die Regierung Dudaev nicht die Unabhängigkeit Tschetscheniens zum Ziel, sondern vielmehr den Erhalt des Status quo, da dieser lukrative Geschäfte versprach. De Waal stützt seine These auf die Behauptung, dass die Tschetschenen erstens über keine Erfahrungen von Natio-

---

[12] De Waal, Thomas: Zwei Jahrhunderte Konflikt. Eine Einführung, in: Hassel (Hrsg.): Der Krieg im Schatten, S. 14–30, hier: S. 23.

nalstaatlichkeit und zweitens die Dudaev-Regierung über keine Konzepte zur Ausgestaltung der Unabhängigkeit verfügten.[13] Die russische Zentralregierung stellte diesen Zustand jedoch zunehmend infrage. Dabei kam ihr die wirtschaftliche Abhängigkeit Tschetscheniens vom Zentrum zugute. Sogar nach dem Jahr 1991 – trotz der Verkündung der Unabhängigkeit – erhielt Tschetschenien noch 40% seines Energiebedarfs vom Zentrum.[14] Ab 1993 verschärfte sich die ökonomische Lage weiter, da die Pipelines nach und durch Tschetschenien nicht mehr genutzt wurden.

Parallel zur Verschlechterung der ökonomischen Lage radikalisierte sich die politische Auseinandersetzung sowohl innerhalb der tschetschenischen Elite als auch im Verhältnis zur russischen Regierung. Am 17.4.1993 löste Dudaev rechtswidrig das Parlament auf. Auf diesen Schritt folgte die Ausweitung präsidentieller Macht wie z.B. das Recht, Präfekten zu ernennen. Dieser Schritt sollte eine höhere Kontrolle über die einzelnen Regierungsbezirke und den Zugriff auf die wichtige Erdgasförderung garantieren. Der zunehmend autoritäre Regierungsstil äußerte sich auch in einem verschärften Vorgehen gegen lokale Medien und der gewaltsamen Niederschlagung von Protesten gegen die Regierungspolitik am 4.6.1993. Die tschetschenische Opposition antwortete mit einem Putschversuch in der Region »Nadteretschny Rajon« und im Dezember 1993 mit der Gründung des »Provisorischen Rats« unter der Führung von Umar Avturchanov. Dieser verfügte über paramilitärische Gruppierungen und wurde z.T. aus Moskau unterstützt.[15] Am Vorabend des Krieges war die Lage in Tschetschenien höchst instabil und der Kurs um die weitere Entwicklung der Region umstritten. Die Jelzin-Administration trug nicht nur durch das Versäumnis, das tschetschenische Volk politisch und ökonomisch zu integrieren, zu einer Eskalation bei. Die Niederschlagung des parlamentarischen Protests und die Verabschiedung der neuen Verfassung hatten autoritäre Kreise in der Regierung gestärkt, die auf eine gewaltsame Lösung der Tschetschenien-Frage drängten. Dies waren vor allem die Sicherheitsorgane (Armee, Polizei und Geheimdienst). Mangott urteilt richtig, wenn er sagt: »Die Intervention in Tschetschenien ist nicht die Ursache, sondern der Ausdruck und die Folge einer Krise des politischen Systems der Russischen Föderation. Die Führung der Russischen Föderation hat sich immer stärker auf einen

[13] Ebd.

[14] Vgl. Cremer, Marit: Fremdbestimmtes Leben, Bielefeld 2007, S. 26.

[15] Vgl. Mangott: Russlands Feldzug gegen Tschetschenien, S. 10.

autoritären Präsidentialismus hinbewegt, dessen rechtliche Grundlage die Verfassung vom 12.12.1993 bildet, der sich aber immer mehr in rechtsfreie Räume verlagert hat.«[16] Die Entscheidung des Einmarsches fiel passenderweise im Nationalen Sicherheitsrat (zum Sicherheitsrat siehe Kapitel 5, Ein neuer Autoritarismus). Während sich eine parlamentarische Mehrheit aus KPRF, der links-liberalen JABLOKO von Gregorij Javlinskij und sogar die Partei Demokratische Wahl Russlands um Gajdar gegen den Krieg aussprach, unterstützten rechtsradikale Kräfte wie die Volkspatrioten, die LDPR und rechtsradikale Abgeordnete die Intervention. Dem folgte ein weiterer Rechtsruck in der russischen Politik. So ist es kein Zufall, dass bereits im Herbst 1994 eine Registrierungspflicht für Kaukasier im ganzen Land eingeführt wurde. Als Vorwand diente eine Erleichterung der Kriminalitätsbekämpfung.[17] Boris Jelzin legitimierte den Einmarsch sogar offiziell mit dem Schutz der russischen Bevölkerung und dem Kampf gegen Kriminalität.[18]

Am Beispiel des Tschetschenien-Krieges zeigt sich erneut, dass die Schwächung der demokratischen Gewalten, die Auslagerung von Entscheidungen in nicht-legitimierte Gremien sowie die Stärkung der Sicherheitsapparate ein Strukturmerkmal im Vorgehen der Jelzin-Administration sind. Die im Zuge des Transformationsprozesses entstehenden ökonomischen und politischen Krisen konnte sie dadurch keinesfalls lösen, sondern beantwortete sie durch autoritäre, sogar kriminelle Vorgehensweisen. Am 26.11.1994 fuhren auf Weisung des russischen Geheimdiensts ca. 30 Panzer in Grozny ein, um Dudaev zu stürzen. Offiziell handelte es sich dabei um eine Aktion der tschetschenischen Opposition. Tatsächlich aber hatte der Geheimdienst russische Söldner trainiert und ausgebildet.[19] Das Vorgehen der russischen Armee im Nordkaukasus war äußerst brutal und rücksichtslos – sowohl der tschetschenischen Opposition als auch den eigenen Soldaten gegenüber. Rekruten berichten über angeordnete Massaker sowie eine mangelhafte hygienische und materielle Versorgung. Darüber hinaus setzte die russische Armee bewusst Wehrdienstleistende (Srotschniki) ein, die oft

---

[16] Ebd., S. 24-25.
[17] Vgl. Sager: Betrogenes Russland, S. 14.
[18] Vgl. Mangott: Russlands Feldzug gegen Tschetschenien, S. 19.
[19] Vgl. Sager: Betrogenes Russland, S. 25–27.

nicht älter als 18 oder 19 Jahre alt waren.[20] Überdies erhielt die tschetschenische Opposition einen wesentlichen Teil ihrer Waffen durch den überstürzten Abzug der russischen Armee Anfang der 1990er-Jahre. Dadurch rüstete sie ihren künftigen Gegner gewissermaßen selber aus.

Die Folgen des Krieges in Tschetschenien waren verheerend. Halbach schätzt, dass 60–70% des Wohnraums zerstört oder massiv beschädigt wurden. Die Zahl der Obdachlosen belief sich im Jahr 1997 auf ca. 210.000. Die Bevölkerung nahm von 1 Mio. auf 600.000–700.000 Menschen ab, davon bedurften 400.000 Einwohner medizinischer Behandlung. Die soziale Infrastruktur war komplett zusammengebrochen, mit Ausnahme einiger Raffinieren war die Wirtschaft weitgehend zerstört. Die Arbeitslosigkeit lag mit 80% auf einem unerreichten Rekordhoch.[21] Erst in der zweiten Amtszeit Wladimir Putins wurde damit begonnen, das inzwischen durch einen zweiten Krieg endgültig zerbombte Tschetschenien wieder aufzubauen und ein gewisses Maß an Versorgungssicherheit herzustellen. Dies hatte langfristige Auswirkungen auf die tschetschenische Gesellschaft. In der sogenannten »Don-Studie« konstatieren die Autoren Tscherewatenko/Pjatin eine tiefgreifende Veränderung des sozialen Wertesystems. Im Verlaufe des Krieges machten sie eine Stärkung islamisch-radikaler Tendenzen (Wahhabismus, Fundamentalismus) und grundsätzlich konservativer Grundhaltungen in der Gesellschaft aus. Die tschetschenische Gesellschaft war geprägt durch extremes soziales Elend und existenzielle Zerstörung. Das Vertrauen in staatliche Institutionen wie z.B. das Parlament, die Polizei, Armee, Behörden, Gerichte und Medien war nachhaltig zerstört. Eine zweite Studie des Moskauer Sacharow-Zentrums kommt zu sehr ähnlichen Ergebnissen.[22]

Der Krieg in Tschetschenien ist ein weiterer wichtiger Wendepunkt in der jüngeren russischen Geschichte. Von nun an wurde offene Gewaltanwendung durch den Staat zu einem festen Bestandteil aller nachfolgenden Regierungen. Gesellschaftliche Auseinandersetzungen über die Entwicklung des Landes wurden dadurch langfristig unterdrückt. Andererseits sicherte dieses Vorgehen die autoritäre Herrschaft der neuen Eliten.

---

[20] Einen eindrücklichen Einblick in den ersten und zweiten Tschetschenien-Krieg liefert das Buch: Folnović-Jaitner, Sabina/Gukasjan, Tatevik: Každyj molčit o svoem. Istorii odnoj vojny, Komitet graždanskoe sodejstvie, Moskva 2013.

[21] Vgl. Halbach, Uwe: Krisenregion Nordkaukasus – Ursachen, Akteure, Perspektiven, in: v. Gumppenberg, Marie-Carin/Steinbach, Udo (Hrsg.): Der Kaukasus. Geschichte – Kultur – Politik, München 2008, S. 134–148, hier: S. 144.

[22] Vgl. Cremer, Marit: Fremdbestimmtes Leben, Bielefeld 2007, S. 11–46.

Kapitel 7
Die zweite Privatisierungswelle (1995–1997)

Ab 1994 verschärfte sich nicht nur die Lage im Nordkaukasus. Auch die staatliche Haushaltslage Russlands geriet in eine immer größere Schieflage. Zur Finanzierung erhielt die Regierung schließlich Kredite vom Internationalen Währungsfonds. Dieser hatte die russische Privatisierung von Anfang an aktiv begleitet und das Konzept der Schocktherapie durch die Entsendung von Beratern wie den US-Amerikaner Jeffrey Sachs, den Briten Richard Layard oder den Schweden Andreas Aslund unterstützt. Die Kreditvergabe war – nach üblicher IWF-Praxis – an zusätzliche Etatkürzungen und Privatisierungsvorgaben gebunden.[1]

Staatsschulden als Rechtfertigung des wirtschaftlichen Umbaus

Die zweite Privatisierungswelle unterscheidet sich in ihren Zielen stark von der ersten. Während in den Jahren 1992–1994 Privateigentum geschaffen und der Staat aus der Wirtschaft zurückgedrängt werden sollte (Entstaatlichung), bestand nun der Sinn der Privatisierung in der Sanierung des Staatshaushalts. Deshalb handelte es sich bei den Unternehmen überwiegend um hoch profitable Konzerne aus der Rohstoffbranche. Überlegungen, wonach genau diese Konzerne dem Staat regelmäßige und hohe Einnahmen garantierten und damit langfristig zur Sanierung des Staatshaushaltes beitragen konnten, spielten offensichtlich eine untergeordnete Rolle. Stattdessen hielt die Regierung dogmatisch an ihrer neoliberal geprägten Wirtschaftspolitik fest.

Es lassen sich zwei Gründe ausmachen, die das Verhalten der Jelzin-Administration erklären. Die Bemühung um die Unterstützung internationaler Finanzorganisationen war einerseits die Voraussetzung für die Etablierung des Kapitalismus in Russland. Andererseits folgte auf die Kooperation und den Erhalt von Krediten eine Sachzwangslogik mit Budgetkürzungen und Privatisierungsvorgaben, der sich die Regierung nicht mehr entziehen

[1] Eine ausführliche Beschreibung der Praxis des IWF bietet: Stiglitz, Joseph: Der Schatten der Globalisierung, Berlin 2002, S.158–196.

konnte. Ihr Spielraum war folglich eingeschränkt. Auf diese Weise konnte die russische Regierung einen neoliberal geprägten Minimalstaat – nach den Wünschen der ökonomischen Reformer – verwirklichen.

Die Vorgaben des IWF dienten der Regierung in Krisenzeiten als Legitimation, als vermeintlich alternativlose Zwangsvorgabe, eine nationale Austeritätspolitik und eine zweite Phase der Privatisierung durchzusetzen. Zweitens befand sich die Regierung nach der Niederschlagung des parlamentarischen Protests und des Krieges in Tschetschenien in einer hohen Abhängigkeit von einzelnen Wirtschaftskreisen, vor allem dem Finanzsektor. Ihre Loyalität sollte durch den Verkauf der profitablen Konzerne erkauft werden. Nicht zufällig basierte das Konzept zur zweiten Privatisierung auf dem Vorschlag eines russischen Bankenkonsortiums.[2]

Private Banken konnten Aktienpakete staatlicher Betriebe übernehmen, indem sie dem Staat Kredite zur Haushaltsfinanzierung anboten. Den Rahmen bildeten sogenannte Pfandauktionen (Aktien-Kredit-Swaps, AKS).[3] Die Organisation der Versteigerung bot vielfältige Manipulationsmöglichkeiten. Erstens waren die Mindestgebote für die zu versteigernden Unternehmen extrem niedrig angesetzt und zweitens die Zahl der teilnehmenden Banken stark begrenzt. Ausländische Geldinstitute waren zu den Versteigerungen nicht zugelassen. Auf diese Weise stellte der Staat sicher, dass eine Klasse nationaler Unternehmer entstehen konnte. Drittens durften die Banken, welche die Auktion organisierten, ebenfalls mitbieten und besaßen das Recht, andere Gebote aus technischen Gründen zu disqualifizieren.

Eine wichtige Rolle in der Umsetzung der zweiten Privatisierungswelle spielte der kommissarische Leiter des staatlichen Vermögenskomitees der Russischen Föderation, Alfred Koch, ein langjähriger Weggefährte Gajdars. Das Vermögenskomitee, vergleichbar mit der deutschen Treuhand, verwaltete die zu privatisierenden Staatsbetriebe. Damit besetzte er eine Schlüsselposition im Regierungskabinett. Als Vorsitzender des Komitees nahm Koch den Rang eines Ministers ein. Politisch umgesetzt wurde das Verfahren durch einen Präsidialerlass vom 31.8.1995.[4] Versuche des Parlaments,

---

[2] Siehl, Elke: Post-Voucher-Privatisierung in Russland, in: Osteuropa, Nr. 8–9, Jg. 48, 1998, S. 893–912, hier: S. 898.

[3] Für einen ausführlichen Bericht über die AKS-Privatisierung siehe: Götz, Roland: Die Privatisierung der russischen Industrie in Theorie und Praxis, in: Osteuropa, Nr. 10, Jg. 50, 2000, S. 1097–1114, fortan: Götz: Die Privatisierung der russischen Industrie in Theorie und Praxis.

[4] Pleines: Reformblockaden in der Wirtschaftspolitik, S. 218.

diesen zu annullieren, scheiterten. Anders als bis zum Jahr 1993 besaß das Parlament keine Kompetenzen, die es ihm erlaubt hätten, die Regierungspolitik einzuschränken oder gar zu verhindern. Die zweite Privatisierung erfolgte daher unter Missachtung des parlamentarischen Willens. Dies schwächte die demokratischen Institutionen erneut beträchtlich.

Bis 1998 wurden insgesamt zwölf Aktienpakte verkauft, für die der Staat etwa 700 Mio. Dollar erhielt. Die Mehrheit der Auktionen gewannen Banken, deren Gebote nicht mehr als 15% über das Mindestgebot hinausgingen. In vielen Fällen entsprach das nicht einmal dem Wert von zwei Jahresgewinnen der ersteigerten Unternehmen.[5] Die Versteigerung des Bergbau- und Metallurgiekonzerns Norilsk Nikel verdeutlicht die kriminellen Methoden, welche die zweite Privatisierungswelle umgaben. Die Oneksimbank, die gleichzeitig die Auktion durchführte, erwarb eine Aktienmehrheit von 51% für nur 170 Mio. US-Dollar. Der Jahresgewinn des Unternehmens im Jahr 1995 belief sich dagegen auf 3 Mrd. US-Dollar.[6]

Trotz der offensichtlichen Bereicherung wurde diese Form der Privatisierung erst 1997 gesetzlich verboten. Fast alle bedeutenden Rohstoffkonzerne, mit Ausnahme des Gassektors, wurden weit unter Wert verkauft. Obwohl die AKS-Privatisierung für den Staat höchst unvorteilhaft verlief, beförderte der Präsident Koch am 12.9.1996 zum offiziellen Leiter des Vermögenskomitees. Damit dankte er seinem Minister für die reibungslose Durchführung.

Das folgende Zitat der russischen Privatisierungskritiker Vadim Kolesnikov und Sergej Sidorov aus dem Jahr 1994 verdeutlicht, dass die negativen Seiten dieser Privatisierung im deutschsprachigen Raum früh bekannt wurden: »Gerade die Privatisierung durch Versteigerung und Ausschreibung, so wie sie eingeführt wurde, gibt in Anbetracht des gesetzgeberischen Vakuums den Geschäftemachern der Schattenwirtschaft die Möglichkeit, Betriebe aufzukaufen und kriminelles Kapital zu legalisieren.«[7] Dennoch stieß dieser intransparente Vorgang international kaum auf ernsthafte Kritik. Damit legalisierte die internationale Gemeinschaft stillschweigend die neuen Vermögensverhältnisse.

---

5 Ebd., S. 218.

6 Vgl. Sager: Betrogenes Russland, S. 183.

7 Kolesnikow, Wadim/Sidorow, Sergej: Reformen in Russland. Auf dem Weg zum korrumpierten Markt?, in: Osteuropa, Nr. 1, Jg. 44, 1994, S. 353-366, hier: S. 356.

Der Aufstieg der Oligarchen

Durch die AKS schaffte der Staat eine Klasse an nationalen Vermögensbesitzern, die als Oligarchen bekannt wurden. Charakteristisch für ihre Wirtschaftsimperien sind große Finanzholdings, die verschiedene Industriezweige miteinander verbinden. Den Kern ihrer Wirtschaftstätigkeiten bilden üblicherweise Banken bzw. Finanzholdings und Rohstofffirmen. Zudem brachten viele Oligarchen einen Großteil der Medienkonzerne unter ihre Kontrolle, was ihnen einen großen Einfluss auf die gesellschaftliche Meinungsbildung ermöglichte. Stykow spricht deshalb auch von »Finanz-Industrie-Gruppen« (FIG).[8]

Ähnlich wie in anderen »emerging economies« entstanden aus den zwei Privatisierungsprozessen in Russland monopolistische Wirtschaftskonglomerate. Dennoch unterscheiden sich die FIGs sehr von vergleichbaren Firmenimperien wie z.B. den südkoreanischen Chaebols. Gemeinsam sind beiden die staatliche Protektion, die Verbindung zu Staat und Politik und hauseigene Banken. Allerdings liegt der Fokus der Chaebols wie Samsung, LG oder Hyundai auf der Produktion von Industriegütern. Damit nahmen sie eine entscheidende Funktion in der Industrialisierung Südkoreas ein und treiben technologische Innovationen voran. Die FIGs hingegen verwalten den Abbau und Verkauf von Ressourcen mit oftmals verheerenden ökologischen Folgen. An technischen Innovationen, die einen hohen Bildungsstandard der Bevölkerung voraussetzen, oder ressourcenschonender Produktion sind sie nicht interessiert.

Nach Ansicht des Politikwissenschaftlers David Epstejn führten die Krisenjahre und Schocktherapie (1990–1998) sowie die darauffolgende Wachstumsphase aufgrund der hohen Energiepreise (1999–2008) nicht dazu, dass die Mehrheit der Unternehmer die erforderlichen Kompetenzen entwickelten, die für die Herstellung hochwertiger Produkte nötig sind. Da diese zu Beginn der Transformation über keine Erfahrung in der Organisation und Führung von Wirtschaftsbetrieben verfügten, entstand mit der Zeit ein höchst korruptes Verhältnis zwischen Unternehmern und Staat. Über den unternehmerischen Erfolg entschied vor allem die Fähigkeit und Bereitschaft zur Bestechung der staatlichen Bürokratie auf allen Ebenen.[9]

---

[8] Vgl. Stykow: Marktreformen und ererbtes Beziehungskapital, S. 58.

[9] Vgl. Epštejn, David B.: Ekonomika Rossii v rezultate eë »liberal´nogo reformirovanija«, in: Kolganov, Andrej I.: Politekonomija provala: Priroda i posledstvija rynočnych

Dieser Vergleich verdeutlicht die unterschiedlichen gesellschaftlichen und ökonomischen Entwicklungsmodelle, welche die Transitionsökonomien der ehemaligen staatssozialistischen Länder wie Russland und die süd-ost-asiatischen Staaten wie Südkorea eingeschlagen haben.

Eine kritische Auseinandersetzung mit dem Aufstieg der Oligarchen und ihrer Rolle im russischen Transformationsprozess ist deshalb eine wichtige Voraussetzung für das Verständnis von Gesellschaft und Staat in Russland. Die Soziologen Lev Gudkov und Victor Zaslavsky definieren sie als »Geschäftsleute mit immensem Reichtum und intimer Kenntnis der Politik, die Mehrheitsaktionäre von Unternehmensgruppen geworden waren und enge Beziehungen zum Präsidenten der Russischen Föderation pflegten.«[10] Aufgrund ihrer Kontrolle über die bedeutenden Rohstoffkonzerne und die einseitige Ausrichtung der russischen Wirtschaft auf ein ressourcenextraktivistisches Modell verfügen die Oligarchen über große gesellschaftliche Macht. Sie sind ein zentraler Bestandteil einer neuen herrschenden Klasse in Russland, die das seit der Auflösung der Sowjetunion etablierte Gesellschafts- und Produktionsmodell mit aller Macht verteidigt.

Die neue herrschende Klasse Russlands

Abgesehen von den Oligarchen können auch die sogenannten »roten Direktoren« zur herrschenden Klasse gezählt werden. Sie arbeiteten oft als leitende Angestellte oder Minister in sowjetischen Ministerien, die im Zuge der ersten Privatisierungsphase in Firmen umgewandelt wurden. Bekannte Vertreter sind Viktor Tschernomyrdin, der als sowjetischer Minister für die Gasindustrie (1985–1989) im Anschluss den Vorsitz Gazproms übernahm (1989–1992 und 1999–2000) und zwischenzeitlich russischer Premierminister (1992–1998) war. Ein weiterer bekannter Vertreter ist Vagit Alekperov, der Vorsitzende des Erdölproduzenten Lukojl. Gemeinsam mit vielen führenden Politikern repräsentieren sie am ehesten die alte sowjetische Nomenklatura.

Das Beispiel Tschernomyrdins macht deutlich, dass im kapitalistischen Russland die Linie zwischen Politiker und Unternehmer immer mehr ver-

»reform« v Rossii, URSS, Moskva 2013, hier: S. 101–127.

[10] Gudkov, Lew/Zaslavsky, Victor: Russland. Kein Weg aus dem postkommunistischen Übergang?, Berlin 2011, S. 53.

schwamm. Das lässt sich auch an der Firma Lukojl zeigen. Der ehemalige Vize-Präsident des Konzerns, Semjon Wainschtok, leitete nach seiner Mitarbeit (1995–1999) die staatliche Pipelinegesellschaft Transneft. Leonid Fedun, seit 1993 im Vorstand von Lukojl und einer der reichsten Männer Russlands, war ein Gründungsmitglied der Partei »Vsja Rossija«. Darüber hinaus nimmt er als Präsident des Fußballvereins »Spartak Moskau« eine wichtige kulturelle Funktion war.

Ein Mitarbeiter der Administration der westsibirischen Kleinstadt Kogalym, Aleksandr Gavrin, machte dank des Konzerns ebenfalls eine beachtliche Karriere. Kogalym ist ein wichtiger Standort der russischen Ölförderung, die komplett von Lukojl kontrolliert wird. Nach seiner Mitarbeit bei Lukojl war Gavrin von 1996–2000 Bürgermeister der Stadt und dann russischer Energieminister (2000–2001). Ein weiterer russischer Energieminister Jurij Schafranik (1993–1996) war im Jahr 1996 einer der größten Anteilseigner der Firma, ehe er dann in den Vorstand der halbstaatlichen Sojuzneftgas wechselte, die er bis heute leitet.

Der Ökonom Paul Krugman bringt den Zusammenhang zwischen der Privatisierung staatlichen Eigentums und der Entstehung gegenseitiger Abhängigkeiten auf den Punkt: »Indem mehr und mehr Regierungsaufgaben privatisiert werden, wird der Staat zu einem Vergnügungspark: Wer mitspielen will, muss nur bezahlen. Wahlkampfspenden und lukrative Posten für Freunde werden zum Tauschobjekt gegen staatliche Aufträge. Vereinnahmen nun die Unternehmen die Politiker oder die Politiker die Unternehmen? Was spielt das für eine Rolle?«[11]

Der wirtschaftliche Erfolg eines Unternehmers in der Transformationsphase war in hohem Maße von der Nähe zur Staatsmacht beeinflusst. Große Bedeutung erlangte die sogenannte Kreml-Familie um den Präsidenten Jelzin. Dieser engagierte seine eigene Tochter Tatjana Jumaschewa von 1996–1999 als Beraterin, während sich ihr zweiter Ehemann, Leonid Dantschenko, im Zuge der Privatisierung zum Milliardär mauserte. Ihr dritter Ehemann, Valentin Jumaschew, stieg vom Memoirenschreiber Jelzins zum Präsidentenberater (1996) und schließlich zum Leiter der Präsidentenadministration auf (1997–1998). Seit den 2000er-Jahren ist er mehrfacher Multimillionär und Bauunternehmer. Sogar Jelzins Bodyguard, Aleksandr

---

[11] Krugman, Paul: Folgen der Privatisierung: Amerikanische Horrorgeschichten, abrufbar unter: www.fr.de/meinung/amerikanische-horrorgeschichten-11330565.html (letzter Zugriff: 16.1.2023).

Kerschakow, galt lange Zeit als wichtiger Strippenzieher in der russischen Politik. Von der Nähe zum Präsidenten profitierten auch Roman Abramowitsch und Boris Berezovskij, die während der ersten Amtszeit Jelzins weitverzweigte Wirtschaftsimperien aufbauten.

Eine wichtige Rolle spielte außerdem die hohe russische Staatsbürokratie, insbesondere Mitarbeiter der hohen Administrationen der Exekutive und des Geheimdienstes FSB. Die Zentralisierung der politischen Entscheidungsfindung stärkte ihre Macht beträchtlich. Ihr bekanntester Vertreter ist zweifellos der zweite russische Präsident Wladimir Putin.

Es kann somit – wie Roland Götz argumentiert – keine Rede davon sein, dass weder Jelzin oder Gajdar noch andere vermeintliche Reformer als politische Bewegung keine eigenen materiellen Interessen in den Transformationsprozess einbrachten.[12] Hans-Henning Schröder bringt die von Krugman beschriebene Verbindung von Wirtschaft und Staat für Russland zum Ausdruck, wenn er sagt: »Eine zahlenmäßig kleine Führungsgruppe, die sich im Übergangsprozess durchgesetzt hatte und die von der Gesellschaft nicht mehr kontrolliert wurde, benutzte die Ressource ›Reform‹ vor allem zum Machterhalt und zum Ausbau ihrer neu erworbenen wirtschaftlichen und politischen Macht.«[13]

Die neue herrschende Klasse bereicherte sich auf Kosten der Mehrheit der Bevölkerung und nutzte die staatlichen Institutionen gezielt zur Vermögensbildung. Dabei scheute sie nicht davor zurück, ihre Politik notfalls mit Gewalt durchzusetzen. Auf diese Weise behinderte sie die demokratische Entwicklung und schuf ein autoritäres präsidentielles Herrschaftssystem. Gleichzeitig legte sie den Grundstein für die krisenhafte ökonomische Entwicklung Russlands in den 1990er-Jahren, die schließlich mit der Wirtschafts- und Finanzkrise von 1998 ihren Höhepunkt erreichte. Selbstverständlich unterliegt die gesellschaftliche Entwicklung eines Landes einem permanenten Wandel. Dennoch ist es berechtigt, den Begriff »herrschende Klasse« auf Russland anzuwenden. Die Untersuchung »Politbjuro 2.0.« des Politberatungsunternehmens Minichenko Consulting aus dem Jahr 2013 legt nahe, dass es bis in die Gegenwart eine aufs engste miteinander ver-

---

[12] Götz: Die russische Wirtschaft braucht keinen Kurswechsel, sondern die Fortentwicklung begonnener Reformen, hier: S. 779.

[13] Schröder, Hans-Henning: Mächte im Hintergrund. Die Rolle von »Familie« und »Oligarchen« im politischen Kräftespiel, in: Höhmann/Schröder: Russland unter neuer Führung. Politik, Wirtschaft und Gesellschaft am Beginn des 21. Jahrhunderts, Münster 2001, S. 67–77, hier: S. 67.

flochtene Herrschaftsschicht in Russland gibt. Ihre Vertreter kommen aus der Wirtschaft, der Politik und den hochrangigen Staatsapparaten.[14]

Ökonomischer Konzentrationsprozess im Innern und erste Expansionsschritte

Die zweite Privatisierungswelle hatte langfristige Konsequenzen für die Entwicklung des russischen Staates und der Gesellschaft. Sie konzentrierte die bereits bestehenden Besitzverhältnisse und festigte damit das neue russische extraktivistische Produktions- und Gesellschaftsmodell. Götz spricht von einem Prozess der »Expropriation der Expropriateure«. Darunter versteht er die Enteignung des schwächeren Teils der neuen Privateigentümer, z.B. »die Betriebsbelegschaften sowie die kleineren in- und ausländischen Inhaber von Unternehmensteilen – durch Emporkömmlinge der überlegenen Kapitalgruppen«.[15] Das geschah überwiegend durch Erpressung, Betrug, Spekulation und Insiderhandel.[16]

Die zweite Privatisierungswelle bedeutete auch einen Abbau sozialer Rechte und eine weitere Schwächung der ökonomisch überwiegend prekarisierten Belegschaften. So ist es kein Zufall, dass die Zeit von 1995–1997 die Jahre mit der höchsten Streikaktivität der gesamten 1990er-Jahre sind. Von 1993–1997 gab es einen Anstieg der Arbeitsniederlegungen von ein paar Hundert auf 17.000. Dabei kam es zu Streiks mit 100.000–900.000 Teilnehmenden. Die Mehrheit der Protestierenden waren Bergarbeiter:innen, Lehrer:innen und Angestellte des öffentlichen Gesundheitswesens.

Ihren Höhepunkt erreichte die Streikbewegung im Jahr 1996, dem Jahr der Präsidentschaftswahlen. In diesem Zeitraum legten 45% der Bergarbeiter ihre Arbeit vorläufig nieder.[17] Im sogenannten »Schienenkrieg« blockierten sie im Mai und von Juli bis August 1998 wochenlang das Gleisnetz der russischen Eisenbahn und demonstrierten in Moskau vor dem Weißen Haus gegen angekündigte Entlassungen, bis die Regierung die Proteste letztendlich gewaltsam auflöste. Die Streikforscherin Ljudmilla Bulavka

---

[14] Minichenko Consulting: Doklad bolʹšoe pravitelʹstvo Vladimira Putina i »Politbjuro 2.0«, abrufbar unter: www.intelros.ru/pdf/politbyuro_i_bol%27shoe_pravitel%27stvo-2-2%281%29.pdf (letzter Zugriff: 12.1.2023).

[15] Götz: Die Privatisierung der russischen Industrie in Theorie und Praxis, S. 1098.

[16] Ebd.

[17] Vgl. Pleines: Reformblockaden in der Wirtschaftspolitik, S. 166.

sieht in dem Scheitern der Streikbewegung die Unfähigkeit, konkrete politische Positionen zu formulieren und damit eine Koalition mit der liberalen Bevölkerung zu bilden. Stattdessen verzichteten die Streikenden auf die Gründung eigener Parteien und trugen durch ihre Passivität zu ihrer eigenen Marginalisierung bei.[18]

Der Konzentrationsprozess im Innern wurde von ersten Expansionsschritten russischer Firmen ins Ausland begleitet. Ein Mitglied der russischen Zentralbank urteilte im Jahr 1996: »Das russische nationale Kapital hat einen solchen Reifegrad erreicht, dass es ihm möglich ist, zur Durchsetzung seiner Interessen im Nahen Ausland aktiv tätig zu werden.«[19] Angestrebt wurden internationale Kapitalbeteiligungen bzw. Übernahmen sowie eine Ausweitung des Devisenhandels. Der Schwerpunkt der ökonomischen Aktivitäten lag in der GUS. Aufgrund der gemeinsamen Staatlichkeit und weiter bestehender wirtschaftlicher Handelsbeziehungen waren die Verbindungen weiterhin eng, was die Aufnahme geschäftlicher Beziehungen erleichterte.

Die ersten russischen Pioniere waren überwiegend Banken wie z.B. die Rossisskij Kredit Vitalij Malkins, die im Baltikum, der Ukraine, Belarus und in Zentralasien aktiv war. Die Inkombank von Vladimir Vinogradov engagierte sich in Belarus und in Aserbaidschan. Außerdem waren die Mosbiznesbank, Impeksbank oder die Neftechimbank in den GUS-Staaten aktiv. Auffällig ist, dass es sich bei allen Banken um Neugründungen handelt. Privatisierte Staatsbanken hielten sich vorerst zurück. Auch die Ölförderunternehmen Lukojl und Jukos, das Gasförderunternehmen Gazprom sowie der Energiekonzern EES Rossii engagierten sich früh im »nahen Ausland«.

Der Staat als Lobbyist nationaler Konzerne

Mit der Einführung des Kapitalismus wird auch ein neues Verhältnis zwischen Wirtschaft und Staat begründet. Die russische Regierung bemüht sich verstärkt darum, nationalen Firmen Aufträge zu verschaffen und in ihrem Sinne Lobbyarbeit zu betreiben. In den 1990er-Jahren lag der Schwer-

[18] Vgl. Bulavka, Ljudmilla: Non-Konformizm. Sociokul´turnyj portret rabočego protesta v sovremennoj Rossii, URSS, Moskva 2009.

[19] Zitiert aus: Grinberg, Ruslan/Kosikova, Lidija: Russland und die GUS, S. 23.

punkt staatlicher Aktivitäten – neben der Aufnahme in die internationalen Finanzorganisationen – auf den GUS-Staaten.

Einer raschen Internationalisierung russischer Firmen waren jedoch Grenzen gesetzt. Dies lag einerseits daran, dass in allen GUS-Ländern Privateigentum erst entstehen und sich konsolidieren musste. Der extreme wirtschaftliche Niedergang erschwerte diesen Prozess. Andererseits war die wirtschaftliche Desintegration zwischen den GUS-Staaten so weit fortgeschritten, dass diese nicht einfach wieder umgekehrt werden konnte. Versuche, in der GUS einen gemeinsamen Binnenmarkt zu etablieren, mussten deshalb scheitern. In diesem Sinne ist auch Jelzins Aussage zu verstehen: »Die Integration der GUS wird nicht etappenweise, sondern länderweise stattfinden.«[20]

Zudem stand einer vertieften Integration die unterschiedliche ökonomische Entwicklung im Weg. Der Zusammenschluss der Russischen Föderation und Belarus zur russisch-weißrussischen Union ist ein gutes Beispiel, denn im Gegensatz zur politischen Rhetorik und symbolischen Staatsakten schritten die Integrationsbemühungen kaum voran. In der Wirtschaft war eine Vereinheitlichung ökonomischer Standards oder gar die Schaffung eines gemeinsamen Binnenmarktes schwierig. Dem radikalen Rückzug des Staates aus der Wirtschaft in Russland stand mit dem Amtsantritt Lukaschenkos in Belarus 1994 das Modell einer staatlich gelenkten Privatisierung entgegen, das ausländische Investitionen beschränkte, die Re-Verstaatlichung einiger Banken vorantrieb und den Staat als zentralen Wirtschaftsakteur wiederbelebte.

Auch die Zollunion mit Kasachstan, Belarus und Kirgistan (1995/96) blieb aufgrund der unterschiedlichen Transformationsgeschwindigkeiten unvollkommen. Eine Integration der GUS war vorläufig weder im Interesse der Unternehmer noch der Politik. Dem entspricht eine Stellungnahme des Sicherheitsrates vom Mai 1994 mit dem Titel »Strategie für Russland«. Darin wird eine neue Unionsbildung abgelehnt, da sie zu kostspielig sei. Auch der Verzicht der ökonomischen Förderung einzelner Staaten durch die Lieferung billiger Rohstoffe sollte vollständig eingeschränkt werden. Das Ziel liege in einem »System freundschaftlich gesonnener, wirtschaftlich geöffneter Staaten«. Dabei appellierte der Rat an die Reduzierung von

[20] Zitiert aus: Grinberg, Ruslan/Kosikova, Lidija: Russland und die GUS, S. 29.

Handels- und Investitionshemmnissen und den freien Zugang zu den nationalen Märkten.[21]

Knapp zweieinhalb Jahre nach der Auflösung der Sowjetunion hatte sich die russische Politik nicht nur die Rhetorik der internationalen Finanzorganisationen wie des IWF und der Weltbank angeeignet. Der Kampf um Absatzmärkte und die Konsolidierung des russischen Kapitalismus wurden zur staatlichen Aufgabe erklärt.

Hinsichtlich der außenpolitisch bedeutsamsten Staaten Ukraine und Belarus bemühte sich die russische Regierung, beide Länder durch verbilligte Energielieferungen von sich abhängig zu machen. Die hohe Schuldenlast gegenüber Russland erwies sich als wirksames Druckmittel in bilateralen Verhandlungen. Russland bewilligte die Reduzierung der ukrainischen Schulden und erhielt dafür das Recht, den Hafen Sewastopol zur Stationierung der russischen Schwarzmeerflotte zu pachten. In Belarus übernahmen Lukojl und Gazprom weißrussische Unternehmen, deren Übernahme mit den Staatsschulden verrechnet wurde.

Bereits in den frühen 1990er-Jahren wird deutlich, dass die Restrukturierung der Außenpolitik und das Definieren von Einflusssphären Russland in langfristige Konflikte zog. Während Belarus sich aufgrund der außenpolitischen Isolation seit dem Amtsantritt Lukaschenkos und der Abhängigkeit seiner Industrie von russischen Energieträgern relativ schnell um eine Anbindung an Russland bemühte, blieb der Kurs in der Ukraine umstritten. Die Größe des ukrainischen Binnenmarktes machte das Land für westliche Unternehmer interessant und garantierte einheimischen Produzenten verlässliche Abnahmezahlen. Darüber hinaus bildete sich in der Transformation eine Klasse ukrainischer Oligarchen heraus, die über eigene ökonomische Interessen verfügte. Diese war einerseits stark auf den russischen Markt orientiert, insbesondere die ostukrainische Schwerindustrie. Andererseits eröffnete ihr die Liberalisierung des Außenhandels neue globale Absatzmärkte, was einer Ausrichtung auf Russland im Weg stand.

Der Einfluss einzelner industrieller Interessengruppen auf die russische Außenpolitik zeigt sich auch am »Staatskomitee für Rüstungsindustrie« (Goskomoboronprom). Dort saßen Vertreter des Sicherheitsrates, des Atomenergie-, Verteidigungs-, Außen-, Wirtschafts- und Finanzministeriums, außerdem der Raumfahrtbehörde, des staatlichen Rüstungsexport-

[21] Vgl. Spahn, Susanne: Die Außenpolitik Russlands gegenüber der Ukraine und Weißrussland von 1991–1998, S. 56.

unternehmens, der Geheimdienste usw.[22] Das Ziel des Komitees war die Förderung des Waffenexports. Dieser war 1994 auf 4,6 Mrd. US-Dollar gesunken.[23] Damit beeinflussten die Rüstungs- und Nuklearindustrie die russische Regierung, ihre Politik im Interesse der Waffenindustrie auszurichten und neue Märkte zu erschließen.

Dieser Vorgang verdeutlicht die Wandlung des Staates im Zuge der Transformationsphase. Im Gegensatz zur Sowjetunion galt für die Russische Föderation der Profit als primäres Kriterium politischen Handelns, weniger das Festhalten an alten politischen Bündnissen.[24] Die folgende Äußerung Jelzins in seiner »Botschaft des Präsidenten« 1996 macht diese Neuausrichtung deutlich: »Es ist uns gelungen, die politischen und juristischen Bedingungen für den Eintritt unserer Wirtschaft in neue Märkte und für die Wahrung der Position auf den traditionellen Märkten zu schaffen. Nachdem wir gute politische Beziehungen mit den sich dynamisch entwickelnden ASEAN-Ländern und den Ländern des Persischen Golfs eingeleitet haben, haben wir zum ersten Mal in großem Umfang auf ihren Märkten Fuß gefasst, dazu gehören auch die vielversprechenden Rüstungsmärkte.«[25] Der Erfolg dieser Politik ist unbestritten. Bis in das Jahr 1996 stieg der russische Anteil des Exports am weltweiten Waffenhandel von 4,8% auf 18,1%.[26] Damit wurde Russland nach den USA weltweit wieder zum zweitgrößten Rüstungsexporteur.

---

[22] Vgl. Schröder: Instanzen sicherheitspolitischer Entscheidungsfindung in der Jelzin-Administration, S. 33.

[23] Vgl. Leonhard: Spiel mit dem Feuer. Russlands schmerzhafter Weg zur Demokratie, S. 113.

[24] Der Vollständigkeit halber muss hinzugefügt werden, dass vor allem seit Breschnew in der sowjetischen Außenpolitik zunehmend Kriterien wie Profitabilität eine Rolle spielten. Das gilt vielleicht weniger für die osteuropäischen Staaten als für die Länder Lateinamerikas. Im Bezug auf die Wirtschaftsbeziehungen mit Argentinien stellt Marc Edelmann fest, dass auf sowjetischer Seite pragmatische und wirtschaftliche Erwägungen dominierten. Dies führte sogar soweit, dass in den 1980er-Jahren Argentinien zur Zeit der brutalen und antikommunistischen Militärjunta zu einem der wichtigsten sowjetischen Handelspartner aufstieg. Näheres dazu unter: Edelman, Marc: Handeln statt Ware. Die sowjetisch-lateinamerikanischen Wirtschaftsbeziehungen, in: ders./Fritsche, Klaus: Weder Schaf noch Wolf. Sowjetunion-Lateinamerika 1917–1987, Bonn 1988, S. 65–86.

[25] Zitiert aus: Alexandrova: Auf der Suche nach außenpolitischen Alternativen, S. 28.

[26] Vgl. Leonhard: Spiel mit dem Feuer. Russlands schmerzhafter Weg zur Demokratie, S. 113.

Andererseits waren der Industrie durch die periphere Weltmarktintegration Russlands enge Grenzen gesetzt. Der Großteil der produzierenden Industrie konnte unter dem internationalen Konkurrenzdruck und bei fehlendem Kapital keine notwendige Modernisierung einleiten. Außerdem zeigten die Oligarchen kein Interesse, in kostspielige Forschung und Innovation zu investieren, da dies keine Profite abwarf. Der Niedergang der russischen Industrie verstärkte wiederum die Konzentration auf den Ressourcenexport. In diesem Spannungsverhältnis befinden sich alle russische Regierungen seit der Jelzin-Ära. Dabei dient der Rohstoffreichtum Russland immer öfter als Mittel zur Durchsetzung nationaler (imperialer) Interessen in den GUS-Staaten und Europa.

Kapitel 8
Die Konsolidierung der Macht durch die herrschende Klasse

Anfang 1996 hatte die Popularität Jelzins einen historischen Tiefpunkt erreicht. Laut Umfragen lag er zu Beginn des Wahljahres weit hinter dem Kandidaten der KPRF, Gennadij Sjuganov, zurück. Sjuganovs Programm beinhaltete vor allem eine Kritik an dem bisherigen Verlauf der wirtschaftlichen Transformation. Im Vorfeld der Wahlen hatte er ankündigt, die Privatisierung zu überprüfen und illegal angeeignetes Eigentum gegebenenfalls wieder zu verstaatlichen. Darüber hinaus forderte er eine stärkere Regulierung der Wirtschaft durch die Erhebung von umfassenden Importquoten, höhere Sozialleistungen und eine grundsätzliche Abkehr von der neoliberalen Wirtschaftspolitik. Damit grenzte er sich klar von der Politik Jelzins ab und vermochte es, die Unterstützung eines Großteils der Bevölkerung, vor allem die Verlierer der Transformationsphase, zu gewinnen.

Der Präsidentschaftswahlkampf 1996

Diese Politik bedrohte die staatliche Ausrichtung auf den Rohstoffexport sowie unmittelbar die Existenzgrundlage der Oligarchen, nämlich ihren unter oftmals zwielichtigen Methoden angeeigneten Besitz. Sieben Geschäftsleute, die im Zuge der frühen 1990er-Jahre zu Reichtum gekommenen waren, beschlossen daraufhin ein koordiniertes Vorgehen. Die später als »sieben Bankbarone«[1] bekannt gewordenen Oligarchen organisierten eine beispiellose Wahlkampagne und mobilisierten schätzungsweise bis zu einer Milliarde Dollar. Außerdem stellten sie der Jelzin-Administration ganze Mitarbeiterstäbe zur Verfügung, die aktiv am Wahlkampf teilnahmen,[2] und nutzten ihre weitverzweigten Medienkonzerne für Wahlwerbung. Dieser

[1] Boris Berezovskij, Mihajl Chodorkovskij, Michajl Fridman, Vladimir Gussinskij, Vladimir Potanin, Aleksandr Smolenskij, Vladimir Vinogradov.

[2] Eine genaue Beschreibung des Vorgehens der Oligarchen liefert: Hofmann, David E.: The Oligarchs: Wealth and Power in the New Russia, New York 2002.

Schritt erwies sich als höchst wirkungsvoll, da die Opposition bei Weitem nicht diese Massenwirkung erzielen konnte.

Die Einflussnahme der Oligarchen beschränkte sich jedoch keinesfalls auf Unterstützungsleistungen, sondern sie knüpften diese an inhaltliche Forderungen. Im April 1996 veröffentlichten 13 Unternehmer Artikel zur politischen Lage Russlands in der Zeitung Segodnja. Darin warnten sie vor einer gesellschaftlichen Spaltung im Wahlkampf und verkündeten, dass der Wahlsieg der KPRF eine Gefahr für Russland bedeute.[3]

Wie zugespitzt die Lage tatsächlich war, geht aus den Beobachtungen von Wolfgang Leonhard hervor, der während der Präsidentschaftswahlen als Wahlbeobachter vor Ort war. Ihm zufolge bestand im Falle eines Wahlsieges Sjuganovs die Gefahr eines Bürgerkriegs. Enge Vertraute Jelzins machten dies unmissverständlich klar.[4] Die neue Wirtschaftselite und die Regierung demonstrierten dagegen ihre Einigkeit und angebliche Seriosität durch regelmäßige, medienwirksam inszenierte Treffen. So empfing Verteidigungsminister Rodionov u. a. drei der sieben Bankbarone (Vinogradov, Chodorkowskij und Smolenskij), außerdem Vorsitzende wichtiger Finanzinstitute, den Präsident des Stromkonzerns EES Rossii und zeitweiligen Energieminister Anatolij Djakow sowie Generaldirektoren der Militärischen Versicherungsgesellschaft.[5]

Abgesehen von den privatisierten exportorientierten Unternehmen unterstützte vor allem die regionale und föderale Exekutive Jelzins Wiederwahl. Während die Duma im politischen Entscheidungsprozess zunehmend marginalisiert war, übten lokale Eliten – insbesondere über den Föderationsrat – einen verhältnismäßig großen Einfluss auf die Regierung und den politischen Entscheidungsprozess aus. Als Gegenleistung für ihre Unterstützung der Jelzin-Administration gewährte ihnen die Regierung eine relativ große Autonomie (siehe Kapitel 6, Der Krieg in Tschetschenien).

Aus diesem Grund waren die regionalen Verwaltungschefs und Präsidenten der autonomen Republiken daran interessiert, ihre Stellung und ihren Einfluss zu wahren. Zudem befanden sie sich in einem strukturellen Abhängigkeitsverhältnis. Dies zeigt einerseits die kompromisslose Haltung der Regierung im Fall Tschetscheniens. Eine oppositionelle Haltung gegenüber der Zentralmacht wurde nicht toleriert. Andererseits waren zwei Drittel

---

3 Vgl. Schröder: Jelzin und die »Oligarchen«, S. 21.

4 Vgl. Leonhard: Spiel mit dem Feuer, S. 235–236.

5 Vgl. Schröder: Jelzin und die »Oligarchen«, S. 22.

der Vertreter der regionalen Eliten nicht gewählt, sondern vom Präsident ernannt[6] – eine weitere Parallele zur langjährigen Praxis unter Putin. Obligatorische Gouverneurswahlen wurden erst nach den Massenprotesten des Jahres 2012 wieder eingeführt. Eine mögliche Abwahl Jelzins ging für die regionalen Eliten mit einem potenziellen Machtverlust einher. Die neue russische Elite verstand es in diesem entscheidenden Moment, als ihre Herrschaft in Gefahr war, sehr gut, eine gemeinsame und koordinierte Handlungsfähigkeit herzustellen.

Auch die westlichen Regierungen hielten Jelzin bedingungslos die Treue. Ausschlaggebender Grund war dabei nicht die Einhaltung demokratischer Prinzipien, sondern das Kalkül, eine KPRF-Regierung zu verhindern und damit die Unumkehrbarkeit der Reformen zu garantieren. Die Journalisten Charlotte Gall und Thomas de Waal berichten von einem Gespräch des Menschenrechtsbeauftragten der russischen Regierung, Sergej Kowaljow, mit dem Vorsitzenden des Tschetschenienkomitees des Europarates, Ernst Mühlemann, aus dem Jahr 1996. Auf die Frage Kowaljows, warum der Europarat die russischen Kriegsverbrechen in Tschetschenien nicht ausreichend thematisiere, erwidert Mühlemann: »Was wollen Sie? Dass Sjuganow und nicht Jelzin gewählt wird?«[7]

Eine besondere Rolle spielte die Bundesrepublik Deutschland. Bundeskanzler Kohl gewährte im Februar 1996 Russland einen ungebundenen Kredit über vier Mrd. DM. Die Jelzin-Administration scheute sich nicht, anschließend von dieser indirekten Wahlkampfspende Gebrauch zu machen.[8] Obwohl dieser Vorgang rasch bekannt wurde, distanzierte sich die deutsche Regierung nicht von Jelzin. Die Politik des stillschweigenden Tolerierens zahlte sich aus. Seit den 2000er-Jahren ist Deutschland der größte russische Handelspartner. Es ist durchaus gerechtfertigt, der deutschen Regierung eine Verantwortung an der Etablierung eines autoritären Regimes in Russland zuzuschreiben. Die offene Unterstützung Jelzins reichte von der stillschweigenden Tolerierung offener Menschenrechtsverletzungen, Verfassungsbrüchen und dem Einsatz von Gewalt im Innern bis zu finanziellen Eingriffen in den politischen Prozess. Den Klagen über den zeitge-

[6] Vgl. Leonhard: Spiel mit dem Feuer, S. 236.

[7] Zitiert aus: De Waal, Thomas: Zwei Jahrhunderte Konflikt. Eine Einführung, in: Hassel (Hrsg.): Der Krieg im Schatten, S. 14–30, hier: S. 27.

[8] Vgl. Schmidt-Häuer, Christian: Ruin statt Rettung – die Schocktherapie, in: Zeit Punkte: Russland am Abgrund. Staat und Wirtschaft in der Krise, Hamburg 1998, S. 58–59.

nössischen russischen Autoritarismus müsste deshalb eine Aufarbeitung der eigenen Rolle vorweggehen.

Den Wahlkampf prägten ein strikter Antikommunismus und das Beschwören einer wirtschaftlichen Krise im Falle eines Wahlsieges Sjuganovs bis zu einem möglichen Kollaps des Landes. »Die Wahlkampftaktik war darauf ausgelegt, die unheilbaren Gebrechen des Regimes zu verdecken, die marginalen Korrekturen in der sozialen Sphäre, eine gewisse Verringerung der Inflationsrate und eine bestimmte Abschwächung des weiterhin anhaltenden Verfalls der Produktion als Programm bzw. als Folgen programmatischer Neuorientierung auszugeben.«[9]

Der Eintritt der Oligarchen in die Politik: Die Semibankirschtschina

Als das gewünschte Ergebnis erreicht war, sprach der amerikanische Präsident Bill Clinton von einem »Triumph der Demokratie«, während Helmut Kohl jubelte, das russische Volk bringe mit der Wahl Jelzins »eindrucksvoll ihre Unterstützung für den demokratischen und marktwirtschaftlichen Reformprozess zum Ausdruck«.[10]

Die Wiederwahl Jelzins legte jedoch keinesfalls den Grundstein für einen weiteren »demokratischen Reformprozess«. Dieser kam vielmehr zum Erliegen und wurde durch eine autoritäre Oligarchie ersetzt. Die staatliche Fürsorge galt dabei vor allem den sieben Bankbaronen, die für ihre Unterstützung großzügig entschädigt wurden. Potanin profitierte in besonderem Maße von der zweiten Privatisierungswelle (siehe Kapitel 7, Staatsschulden als Rechtfertigung des wirtschaftlichen Umbaus). Tschubajs lieferte die passende Erklärung: »Nun, ich glaube wie früher auch schon, dass diese Aktion [gemeint sind die Aktien Credit Swaps, F. J.] in dieser Situation die einzige Möglichkeit war, als das Land von einem Regierungswechsel der Kommunisten bedroht war. Das bedeutet, dass die Führung durch die Kommunisten noch schlimmer als ein oligarchischer Kapitalismus ist.«[11]

---

[9] Labor, Ernst: Programme der wichtigsten politischen Kräfte im gegenwärtigen Russland, in: Rosa Luxemburg Verein und Jenaer Forum für Bildung und Wissenschaft (Hrsg.): Russland im Umbruch. Modernisierungsversuche in der neueren und neuesten Geschichte, 1997, S. 277–314, hier: S. 284, fortan: Labor: Programme der wichtigsten politischen Kräfte im gegenwärtigen Russland.

[10] Zitiert aus Leonhard: Spiel mit dem Feuer, S. 270.

[11] Kolesnikov, Andrej: Neizvestnyj Tschubajs, Moskva 2003, S. 111.

Auch beschränkten die Oligarchen sich nicht mehr auf ihre indirekte Herrschaftsausübung, indem sie ihre engen persönlichen Verbindungen nutzten, sondern besetzten selber politische Schlüsselpositionen. Vladimir Potanin wurde stellvertretender Ministerpräsident für wirtschaftliche Belange, Boris Berezovskij übernahm das Amt des Vizepräsidenten des nationalen Sicherheitsrates.

Der offene Eintritt der Oligarchie in die Politik wurde in Russland als Semibankirschtschina (eigene Übersetzung: »Die Herrschaft der sieben Bänker«) oder in Anlehnung an die innenpolitischen Auseinandersetzungen der Smuta, die Zeit der »Wirren« (1610–1612), als Semibojarschtschina bezeichnet. »Der Ausdruck Semibojarschtschina versinnbildlicht die Phase in der Entwicklung des Übergangsregimes, in der die neuen frühkapitalistischen Wirtschaftsmagnaten in einer besonders engen Symbiose mit der politischen Führung verschmolzen.«[12]

Mommsens Einschätzung, das »System Jelzin« sei aufgrund des fehlenden gesellschaftlichen Rückhalts dazu genötigt worden, sich »gegenüber den Kreisen zu prostituieren, die eine Kontinuität der politischen Macht gewährleisten konnten«,[13] ist richtig und weist auf die verheerenden politischen Folgen der Schocktherapie hin. Allerdings übersieht sie, dass das »System Jelzin« zuvor andere Akteure, die mögliche Bündnispartner gewesen wären, z. T. sogar mit Gewalt bekämpfte.

Mitte der 1990er-Jahre hatte sich in Russland ein System etabliert, das Hellman als »State-capture« beschreibt. Darunter versteht er die Eroberung der staatlichen Macht durch private Konzerne. Zentrale Entscheidungen der Regierung können damit nicht mehr ohne die Zustimmung der Wirtschaftseliten getroffen werden.[14] Das folgende Zitat Potanins bringt dies besonders drastisch zum Ausdruck: »Die einst allmächtige Regierung gibt es nicht mehr. Gesetz und Ordnung sind privatisiert.«[15] Das ist ein wichtiger Grund, weshalb es gelang, eine gesetzliche Regulierung des Finanzsektors oder eine parlamentarische Kontrolle des Privatisierungsprozesses zu ver-

---

[12] Mommsen, Margareta: Wer herrscht in Russland? Der Kreml und die Schatten der Macht, München 2003, S. 65–66.

[13] Ebd., S. 66.

[14] Hellman, Joel H. (u.a.): Seize the State, Seize the Day. State Capture, Corruption and Influence in Transition, Policy Research Working Paper, World Bank, September 2000, abrufbar unter: www.researchgate.net/publication/228724476_Seize_the_State_Seize_the_Day_An_Empirical_Analysis_of_State_Capture_and_Corruption_in_Transition_Economies (letzter Zugriff: 16.1.2023).

[15] Zitiert aus: Roth: Die roten Bosse, S. 309.

hindern. Die Dominanz der Oligarchie ist somit kein zufälliges Resultat, sondern ein Produkt konkreter gesellschaftlicher Konflikte. Die neu entstandene herrschende Elite hatte keinerlei Interesse an einer Demokratisierung des Landes, da diese ihren Machtanspruch gefährdete.

Die Jelzin-Administration hatte an dieser Entwicklung einen entscheidenden Anteil. Zur Durchsetzung ihrer Politik entmachtete sie die demokratischen Gewalten und schloss sie vom Prozess der politischen Entscheidungsfindung weitgehend aus (siehe Kapitel 5, Ein neuer Autoritarismus). Auf diese Weise verhinderte sie die Entwicklung demokratischer Strukturen und legte den Grundstein für eine autoritäre Staatsentwicklung, die mit dem Amtsantritt Wladimir Putins nochmals verschärft wurde.

Der Nationalismus wird hoffähig

Im Zuge des fortschreitenden autoritären Staatsumbaus öffnete sich das herrschende System schrittweise nationalistischen Bewegungen. Dies gilt sowohl für nationalistische Tendenzen auf lokaler Ebene, d. h. den Nationalismus einiger ethnischer Minderheiten (wie z. B. in Baschkortistan und Tatarstan), als auch auf nationaler Ebene. Auf die Ambivalenz des Nationalismus im Fall Russland verweist auch der Politikwissenschaftler Christoph Butterwegge: »Der Nationalismus ist sowohl ein ideologisches Zerfallsprodukt als auch Resultat der Umbruchsituation, allerdings kein organisch gewachsener, sondern ein etwa in Russland seitens nationaler Machteliten zur Ablenkung von unsozialen Folgen der Transformationskrise eingesetztes Manipulationsinstrument.«[16]

Der russische Philosoph Vladimir Malachov unterscheidet in Russland zwei Arten des Nationalismus. Einen russischen Hegemonialnationalismus einerseits und einen explizit nicht-russischen und peripheren Nationalismus der ethnischen Minderheiten andererseits. Beide Nationalismen haben eine systemerhaltende Funktion, denn sie sichern die Machtansprüche der Elite und rechtfertigen ihre autoritäre Politik gegen liberale und linke Kräfte.[17]

---

[16] Butterwegge, Christoph: Traditioneller Rechtsextremismus im Osten – modernisierter Rechtsextremismus im Westen, in: Osteuropa, Nr. 7, Jg. 52, 2002, S. 914–920, hier: S. 917.

[17] Vgl. Malachov, Vladimir: Nacionalizm i nacional´naja politika rossijskoj vlasti: 1991–2006, in: Laruelle, Marlen: Russkij Nacionalizm. Sozial´nyj i kul´turnyj kontekst, Moskva 2008, S. 131–156.

Auf nationaler Ebene lassen sich verschiedene Träger dieses systemerhaltenden Nationalismus ausmachen. Diese sind zum einen Teile der Regierung und der Staatsbürokratie, zum anderen politische Parteien. Die nationalistische Liberal-Demokratische Partei Russlands (LDPR) entwickelte sich im Laufe der 1990er-Jahre immer mehr zu einer entscheidenden Stütze der Jelzin-Administration. Wie auch ab den 2000er-Jahren unter Putin und Medvedew nahm sie die Rolle einer institutionalisierten Opposition ein. Trotz regelmäßiger öffentlicher Verurteilungen der Regierung unterstützte sie in den entscheidenden Momenten ihre Politik. Das betrifft ebenso die Billigung des Staatshaushalts wie auch die Verhinderung eines Misstrauensvotums gegen Jelzin.[18] Die LDPR befürworte Jelzins Bemühungen zur Stärkung staatlicher Strukturen, insbesondere den Tschetschenien-Krieg und das repressive Vorgehen gegen die liberale, sozialistische und anarchistische Opposition. In Anlehnung an imperiale Traditionen plädiert sie für ein russisches Imperium, welches auf eine Titularnation verzichtet. Damit grenzt sie sich zumindest mehrheitlich von einem russischen Ethnonationalismus ab.[19] Bis in die Gegenwart hinein übernimmt die LDPR die Rolle des institutionalisierten Nationalismus und kanalisiert damit rechtsradikale, chauvinistische und xenophobe Stimmungen – freilich ohne davor zurückzuschrecken, teilweise mit offen rechtsradikalen und neonazistischen Gruppierungen zu kooperieren.[20]

Die Rolle der Jelzin-Administration im Umgang mit der LDPR ist ambivalent. Erstens legitimierte sie durch ihre gleichgültige Haltung bzw. offene Kooperation mit den Liberaldemokraten nationalistische und fremdenfeindliche Positionen und duldete rassistische Maßnahmen wie z. B. in Moskau (siehe Kapitel 5, Nationalismus als politischer Faktor). Zweitens integrierte sie systematisch Teile des nationalistischen Lagers. Bekanntestes Beispiel in den 1990er-Jahren ist der schillernde General Aleksandr Lebed´. Dieser erreichte als Kandidat des rechtsradikalen »Kongress russischer Gemeinden« (Kongress russskich obschtschin) in der Präsidentschaftswahl

[18] Vgl. Labor: Programme der wichtigsten politischen Kräfte im gegenwärtigen Russland, S. 298–299.

[19] Zwar fordert Žirinovskij in seiner wichtigen ideologischen Veröffentlichung Poslednyj brosok na jug, Moskva 1993, einen Staat unter Führung des russischen Volkes, beruft sich jedoch gleichzeitig auf zaristische Herrschafts- und Staatstraditionen.

[20] Eine fundierte Analyse der LDPR und ihrer Verbindungen ins rechtsradikale Lager bietet das Informations- und Analysezentrum »SOVA«: Verchovskij, Aleksandr/Koževnikova, Galina (Hrsg.): Radikal´nyj russkij nacionalizm: Struktury, idei, lica, ROO Centr »Sova«, Moskva 2009, hier: S. 262–269.

1996 14,7% der Stimmen und wurde anschließend in die Regierung berufen. Als Mitglied einer – zumindest dem Anspruch nach – demokratischen Regierung zeigte er eine äußerst geringe Wertschätzung für demokratische Institutionen. Ihm zufolge brauchte Russland kein gewähltes Parlament.[21] Die Aussage ist umso eindrücklicher, wenn man bedenkt, dass Lebed´ ein Jahr zuvor als Direktkandidat in die Staatsduma einzog. Auch in innenpolitischen Fragen bewies er eine eindeutig autoritäre Haltung. Zur Kriminalitätsbekämpfung schlug er die Gründung einer »russischen Legion« vor, um Kriminelle »mit ihren eigenen Methoden« zu bekämpfen.[22]

Dennoch wurde die LDPR von der Jelzin-Administration nicht in die herrschende Elite integriert. Es wäre falsch, die Politik Jelzins als rechtsradikal zu charakterisieren. Vielmehr dienten die Liberaldemokraten als wirksamer, stets loyaler Akteur im politischen System, die bis heute den Schein eines demokratischen Entscheidungsprozesses simulieren sollen.

Die Öffnung der Jelzin-Administration zum nationalistischen Milieu hatte fatale Folgen. Sie schwächte die demokratischen Kräfte weiter und beförderte die Stärkung autoritärer, anti-demokratischer und rechtsradikaler Bewegungen, eine Entwicklung, die vor allem ab den 2000er-Jahren deutlich werden sollte. Verstärkte nationalistische Tendenzen lassen sich auch anhand einer Analyse der russischen Außen- und Sicherheitspolitik deutlich machen. In der sogenannten »Primakov-Doktrin« wurden folgende drei Punkte als zukünftige Leitlinien ausgemacht: »Wirtschaftlichkeit«, »Universalismus« (d. h. gleichmäßige Beziehungen zu allen Staaten ungeachtet ihrer politischen Ordnung und Ausrichtung) und »Pragmatismus« (die Bildung neuer politischer Allianzen außerhalb des Westens).[23]

Die Außenpolitik orientierte sich nicht an demokratischen Prinzipien wie z. B. den Menschenrechten, sondern ausschließlich an nationalen Machtinteressen. Dies rückte die Jelzin-Administration auch außenpolitisch in die Nähe nationalistischer, groß-russischer Denktraditionen und Ideologien. Beispiele wären die Neo-Eurasier, die aus Russlands geopolitischer Lage zwischen Ost (Asien) und West (Europa) den Anspruch ableiten, Russland als Brücke zwischen Asien und Europa zu positionieren. So deklarierte der Politologe und Präsidentenberater (1993) Andranik Migrajan bereits im Jahr 1992 die GUS-Staaten als »Sphäre lebenswichtiger In-

---

21 Vgl. Leonhard: Spiel mit dem Feuer, S. 261.
22 Vgl. Glinkina/Grigoriev/Vakhtang: Crime and Corruption, S. 246.
23 Alexandrova: Auf der Suche nach außenpolitischen Alternativen, S. 8.

teressen Russlands«.[24] Diese Aussage, die als die russische Monroe-Doktrin bekannt wurde, verdeutlichte die imperialen Ansprüche Russlands im post-sowjetischen Raum. Zwar gibt es hinsichtlich der konkreten Bedeutung der GUS sowohl unter den politischen Eliten der Mitgliedsstaaten als auch in der wissenschaftlichen Diskussion keine übereinstimmende Position. Zweifellos aber schuf sie einen Rahmen zur Verwirklichung russischer Interessenpolitik.

Eine untergeordnete, wenn auch nicht zu unterschätzende Rolle im Verhältnis zu den GUS-Staaten und dem Baltikum spielt bis heute die Lage der Auslandsrussen. Unmittelbar nach der Auflösung der Sowjetunion lebten über 25 Mio. Menschen russischer Nationalität in den ehemaligen Unionsrepubliken. Das entsprach ca. 18% der Gesamtbevölkerung der UdSSR außerhalb der RSFSR. Davon lebten zwei Drittel in der Ukraine und in Kasachstan.[25] Gemessen an der Bevölkerung gab es in allen Unionsrepubliken eine große russische Minderheit. Umgekehrt lebte eine große Anzahl an Bürgern aus den GUS-Staaten in Russland. Diese Tatsache und die verstärkt einsetzende Arbeitsmigration, insbesondere aus dem Kaukasus und Zentralasien, wurden in Russland seit Mitte der 1990er-Jahre zunehmend kritisch diskutiert. Die Regierung schürte die aufkommenden Spannungen. Der sicherheitspolitische Berater Jelzins, Jurij Baturin, beschrieb die Lage des russischen Volkes als »ein auf seinem historischen Territorium geteiltes Volk, das das Recht auf Wiedervereinigung in einem Staat« habe.[26]

Tatsächlich führte die Rekonstitution der ehemaligen Unionsrepubliken als Nationalstaaten vielfach zu neuen Formen von Diskriminierung gegenüber ethnischen Russen, wie z. B. im Baltikum (siehe Kapitel 6, Ethnische Konflikte im post-sowjetischen Raum). Gleiches gilt jedoch auch für Angehörige ethnischer Minderheiten in Russland. Indem die Jelzin-Administration beanspruchte, die Interessen der gesamten Auslandsrussen zu vertreten, schuf sie sich eine Rechtfertigung für ihre Ansprüche im »Nahen Ausland«, die immer wieder instrumentalisiert werden können. Zudem ist der Nationalismus der ehemaligen Unionsvölker auch als eine Reaktion auf den großrussischen Nationalismus zu sehen. Wie die aktuelle Krise in der

[24] Vgl. Spahn: Die Außenpolitik Russlands gegenüber der Ukraine und Weißrussland von 1991–1998, S. 53.

[25] UNHCR: Zur Lage der Flüchtlinge in der Welt, S. 249.

[26] Zitiert aus: Spahn, Susanne: Die Außenpolitik Russlands gegenüber der Ukraine und Weißrussland von 1991–1998, S. 121.

Ukraine zeigt, verweigert sich die russische Regierung einer solchen Diskussion jedoch bis heute.

Zugleich ist das Anknüpfen an die imperiale Außenpolitik im Kontext der Politik der NATO-Staaten zu sehen. Die Osterweiterung durch die Aufnahme der ehemaligen Warschauer Pakt-Staaten, insbesondere der Baltischen Staaten, führte zu einem Umdenken in der russischen Politik.[27] Die Osterweiterung und die völkerrechtswidrige Bombardierung der Bundesrepublik Jugoslawien riefen in Russland außenpolitische Schocks hervor,[28] die ihrerseits großrussische, nationalistische Positionen im Innern stärkten.

---

[27] Vgl. Lukanov, Fyodor: Russia is not Prepared to Restore the Empire, abrufbar unter: http://eng.globalaffairs.ru/book/n_7601 (letzter Zugriff: 11.1.2023).

[28] Dass die russische Außenpolitik seit der Machtübernahme Putins auch als Reaktion auf das Vordringen der NATO und der EU zu betrachten ist, zeigt: Petersen, Mirko: Russland, quo vadis? Pragmatismus und Russophobie in Europa, eurasische und asiatische Orientierung in Russland, IMI-Studie, 5/2011; ders.: Überlastung statt Reset. Zunehmende Spannungen zwischen Russland und den USA, Ausdruck 2/2013, S. 22–28.

Kapitel 9
Die Finanzkrise 1998 – der drohende Zerfall des russischen Gesellschaftsmodells

Parallel zu der zweiten Privatisierungswelle kam es zu einer vermeintlichen Konsolidierung der russischen Wirtschaft. Im Jahr 1997, zum ersten Mal seit der Auflösung der Sowjetunion, verzeichnete Russland ein leichtes Wachstum von 1,7% des BIP. Auch die Inflation erreichte mit 15% ihren vorläufig niedrigsten Wert.

Die Blütezeit des russischen Finanzkapitalismus

Die großen Gewinne im Finanzsektor führten zu einer ersten Konzentrationsphase. Den Auftakt bildete die Übernahme der wesentlich größeren Agroprombank durch die Bank Stolitschnyj des Bankbarons Aleksandr Smolenskij. Die aus der Übernahme entstandene SBS-Agro verfügte nun über ein ausgedehntes Filialnetz mit über 1.400 Niederlassungen und 40.000 Angestellten.[1] Damit galt sie als die größte Konkurrentin der staatlichen Sberbank. Diese Entwicklungen verleiteten Ökonomen sowohl in Russland als auch weltweit zu optimistischen Prognosen eines bevorstehenden Wirtschaftsaufschwungs. So schrieb Klaus Schröder in der Fachzeitschrift Osteuropa kurz vor dem Ausbruch der Krise 1998: »Der Bankensektor Russlands hat sich trotz aller Unkenrufe und Negativ-Schlagzeilen in der Presse insgesamt recht positiv entwickelt ... Nach einer dynamischen Boomphase befindet er sich in einer Konsolidierungsphase mit einer stark sinkenden Anzahl kleiner selbstständiger Banken. Die neugegründeten privaten Großbanken beherrschen die Kreditmärkte.«[2]

Tatsächlich befand sich die russische Wirtschaft auf äußerst tönernen Füßen und der Finanzsektor immer noch in seiner Entstehungsphase. Die

---

1 Schmidt-Häuer, Christian: Geschäfte im Zwielicht, in: Zeit Punkte: Russland am Abgrund. Staat und Wirtschaft in der Krise, Hamburg 1998, S. 66–69, hier: S. 69.

2 Schröder: Stabiles Bankensystem in Russland, S. 913.

Mehrheit der neugegründeten Geldhäuser waren Investmentbanken. Ihre Geschäftsfelder lagen überwiegend im hoch riskanten Wertpapier- und Devisenhandel. Das Privatkundengeschäft hatten sie angesichts niedriger Renditeerwartungen in der Regel vernachlässigt. Der Versuch Smolenskijs, durch den Kauf der Agroprombank eine Mischbank zu schaffen, sollte mögliche Gefahren dieses einseitigen, höchst krisenanfälligen Geschäftsmodells reduzieren. Da die Agroprombank in den Jahren vor der Übernahme hohe Verluste anhäufte, blieb dieser Vorgang ein riskantes Unterfangen.

Zu der einseitigen Ausrichtung vieler Banken auf das Investmentbanking hatte der Staat direkt beigetragen. In den 1990er-Jahren war der russische Finanzmarkt schrittweise dereguliert worden. Die geringe gesetzlich vorgeschriebene Eigenkapitalquote hatte Bankengründungen stark erleichtert. Eine Gründungswelle (siehe Kapitel 4, Die Entstehung der Kapitalmärkte und des russischen Bankensektors) war die Folge, sodass die Bankenaufsicht mit der Kontrolle nicht mehr Schritt halten konnte. Gleichzeitig förderte die Deregulierung der Finanzmärkte die Spekulation. Die hohe Inflationsrate und das hohe Zinsniveau zogen spekulatives Kapital an.

Trotz schwerwiegender Auswirkungen auf die Realwirtschaft Anfang der 1990er-Jahre verzichtete der russische Staat darauf, den Finanzmarkt durch Kapitalverkehrskontrollen zu re-regulieren. Stattdessen trieb die Regierung die Liberalisierung ab 1996 sogar weiter voran, indem Vorschriften zum Devisenhandel weiter gelockert wurden.[3] In diesem Jahr entfiel knapp die Hälfte des gesamten Finanzvolumens des russischen Bankensektors auf 50 Banken. Davon erwirtschaftete ein Viertel Verluste.[4]

Umso problematischer erwies sich die übermäßige Ausweitung der Kreditaufnahme vieler Banken im Ausland (overborrowing). Aufgrund der ausgeprägten Devisenspekulation war dieses Vorgehen besonders lukrativ. Es begünstigte zudem einen Anstieg der Kreditvergabe im Inland, wodurch die Banken ihre Verbindlichkeiten sogar noch ausweiteten. Wie riskant diese Praxis gerade in einem jungen Kapitalmarkt ist, fasst das folgende Zitat von Brügemann zusammen: »Übersteigen die Fremdwährungsverbindlichkeiten die Fremdwährungsforderungen und kommt es zu einer starken

[3] Vgl. Brügemann, Axel (Hrsg.): Währungskrisen in Mittel- und Osteuropa, Baden-Baden 2000, S. 33, fortan: Brügemann: Währungskrisen in Mittel- und Osteuropa.

[4] Vgl. Pleines, Heiko: Korruption und Kriminalität im russischen Bankensektor, in: BIOst, Nr. 40, 1998, S. 9, fortan: Pleines: Korruption und Kriminalität im russischen Bankensektor.

Abwertung der heimischen Währung, können ernsthafte Liquiditäts- und Solvenzprobleme für die Banken entstehen.«[5]

Der russische Finanzmarkt war damit auf einen hohen Rubelkurs angewiesen, obwohl dieser dem produzierenden Gewerbe schadete. Er verteuerte die inländische Produktion und bescherte der russischen Industrie einen Wettbewerbsnachteil. Am Beispiel von Lateinamerika zeigt der Ökonom Julio Lopez-Gallardo, dass im Zuge der Liberalisierung der Finanzmärkte in relativ kleinen und nicht diversifizierten Volkswirtschaften bestimmte machtvolle Akteure ein Interesse an einer starken nationalen Währung entwickeln. Diese sind erstens Banken, da ihr Geschäft zunehmend in Abhängigkeit von den volatilen Finanzmärkten gerät. Das gilt auch für die zweite Gruppe, die ausländischen Investoren. Beide eint das Interesse an einer starken und stabilen nationalen Währung, da diese Investitionssicherheit und damit Profite verspricht. Das gilt vor allem dann, wenn die Verschuldung in Fremdwährung (üblicherweise US-Dollar) erfolgt. Die Regierung als dritter Akteur fürchtet eine Währungsabwertung, da mit ihr eventuell problematische ökonomische Folgen (Kapitalflucht, Rezession) einhergehen können.[6]

Eine durchaus vergleichbare Situation lässt sich in Russland Mitte der 1990er-Jahre feststellen und verdeutlicht einmal mehr die neue Herrschaftssymbiose, in der sich die Regierung und die Finanzwirtschaft befanden. Es könnte jedoch hinzugefügt werden, dass die Regierung eine Abwertung des Rubels nicht nur aus wahlkampftaktischen Gründen fürchtete, sondern weil sie selber entweder direkt oder über Mittelsmänner an der Finanzspekulation partizipierte.

Der Finanzmarkt hatte sich von den Interessen der Realwirtschaft entkoppelt. Hinzu kommt, dass es sich um einen sehr intransparenten und jungen Markt handelte. Weder der Staat noch die russischen Banken verfügten über ausreichend Erfahrungen mit konjunkturellen Krisen. Die Deregulierung erlaubte zwar kurzfristig hohe Profite. Ein Platzen der Spekulationsblase war jedoch unausweichlich. Durch ihre fahrlässige Gesetzgebung trug die russische Regierung erheblich zu dieser Entwicklung bei.

---

[5] Brügemann: Währungskrisen in Mittel- und Osteuropa, S. 61.

[6] Vgl. Laski, Kazimierz (Hrsg.): External Constraints on Sustainable Growth in Transition Countries, Wiener Institut für nationale Wirtschaftsvergleiche, Nr. 281, Oktober 2001, S. 58–59.

Spekulation mit russischen Staatsanleihen

Währenddessen wurde die Haushaltslage des Staates immer prekärer. Als Rechtsnachfolgerin der Sowjetunion hatte die Russische Föderation deren gesamte Staatsschulden übernommen. Dieser Betrag war bis Mitte der 1990er-Jahre deutlich gestiegen. Trotz der umfangreichen Privatisierung schätzt der Ökonom Aleksandr Tarasov, dass der Staat zwischen 1993–1999 durch den Verkauf staatlicher Unternehmen nur 17,2% der ursprünglich eingeplanten Summe erhielt.[7] Im selben Zeitraum ging der Anteil der Staatseinnahmen am BIP von 29% (1993) auf 24,5% (1998) zurück.[8]

Ein weiterer Grund war der unvermindert hohe Kapitalabfluss. Bis heute sind diesbezüglich keine verlässlichen Daten verfügbar. Pleines schätzt, dass allein von 1990–1995 zwischen 35 und 400 Mrd. Dollar ins Ausland transferiert wurden. Die niedrigste Schätzung entspräche etwa 1%, die höchste über 10% des BIP.[9] Aufgrund der vielfach illegalen Bereicherungen (siehe Kapitel 4, Die Liberalisierung, und Kapitel 7, Staatsschulden als Rechtfertigung des wirtschaftlichen Umbaus) herrschte unter den neureichen Geschäftemachern ein großer Bedarf, ihren Besitz dem russischen Staat zu entziehen und sicher im Ausland zu verwalten. Eine wichtige Drehscheibe des russischen Offshore-Banking wurde Zypern, über das in den 1990er-Jahren ein Großteil der ausländischen Direktinvestitionen getätigt wurde. Doch auch diese Entwicklung wurde vom russischen Staat nicht nur geduldet, sondern begünstigt. Erst ab 1997 galt Geldwäsche als offizielle Straftat.[10]

Zur Finanzierung seines Staatshaushaltes gab die Regierung ab dem Jahr 1993 sogenannte kurzfristige russische Staatsanleihen (GKO) aus. Diese waren mit einer ungewöhnlich kurzen Laufzeit verzinst, was den Staat dazu zwang, immer neue Kredite aufzunehmen. Dieses Finanzierungsmodell ähnelt einem Vorgehen, das als Ponzi-Finanzierung bereits zu Beginn des 20. Jahrhunderts bekannt wurde. Dabei werden die Tilgung laufender Kredite sowie die laufenden Zinszahlungen durch die Aufnahme neuer Kredite

---

[7] Vgl. Tarasov, Aleksandr: Vtoroe izdanie kapitalizma v Rossii, in: Levaja politika. Analitičeskij žurnal, No. 7-8, 2008, S. 33–68, hier: S. 40.

[8] Conert, Hansgeorg: Voraussetzungen und Ursachen der Finanzkrise Rußlands 1998, in: Z. Zeitschrift Marxistische Erneuerung, Nr. 42, Jg. 11, 2000, S. 54–71, hier: S. 66.

[9] Pleines: Korruption und Kriminalität im russischen Bankensektor, S. 27.

[10] Ebd.

finanziert.[11] Auf ähnliche Weise handelte der russische Staat. Seine Schuldner waren private Banken.

Der Markt von Staatsanleihen war von russischen Geldinstituten dominiert. Der ausländische Anteil betrug Ende 1996 etwa 20%.[12] Damit führte der Staat die Finanzspekulation weiter fort und verhalf den Finanz-Industrie-Gruppen zu ungeahnten Profiten. Allerdings spiegeln Gewinne aus Finanzgeschäften bzw. ein Anstieg des Aktienindexes eines Landes nicht zwangsläufig die reale volkswirtschaftliche Entwicklung wider. Da dieses Geld der Realwirtschaft nicht zukam, sondern die Gewinne ins Ausland transferiert wurden oder dazu dienten, den ausschweifenden Lebensstil der sogenannten »neuen Russen« zu finanzieren, ging die Spekulation eindeutig auf Kosten der übrigen Bevölkerung.

Die Spekulation mit Staatsanleihen erwies sich als außerordentlich lukrativ. Von 1994 bis 1996 garantierten die GKOs eine jährliche Rendite von 100%.[13] Während die Staatsverschuldung bis Ende des Jahres 1997 auf 130 Mrd. Dollar anstieg,[14] wurden noch im Sommer 1996 Staatsanleihen mit einer jährlichen Verzinsung von 240% verkauft.[15] Damit entschädigte der Staat die Oligarchen großzügig für die entstandenen Wahlkampfkosten.

Staatsanleihen stellen eine äußerst sichere Geldanleihe dar, da eine komplette Volkswirtschaft für die Schulden bürgt. In der Volkswirtschaft spricht man bei der Einschätzung von Investitionen auch vom subjektiven Risiko (moral hazard) des Investors.[16] Da das Risiko einer Insolvenz des Staates jedoch relativ gering war, konnten sich die Banken ihre hohe Verschuldungsquote vorerst leisten (siehe vorheriges Kapitel). So lange der Staat die Schulden beglich, garantierte er den Banken hohe Profite.

Der Staat förderte die Finanzspekulation jedoch nicht nur durch die leichtfertige Vergabe von Staatsanleihen. Indem er den neugegründeten Banken die Verwaltung der föderalen Haushalte übertrug, blähte er den

---

[11] Vgl. Wagenknecht, Sahra: Wahnsinn mit Methode. Finanzcrash und Weltwirtschaft, Berlin 2008, S. 253.

[12] Schröder: Stabiles Bankensystem in Russland, S. 918.

[13] Vgl. Pleines, Heiko: Wirtschaftseliten und Politik im Russland der Jelzin-Ära (1994–1999), Münster/Hamburg/London 2003, S. 149, fortan: Pleines: Wirtschaftseliten und Politik im Russland der Jelzin-Ära.

[14] Vgl. Götz, Roland: Von der Abwertung des Rubels zum Macht-, Programm- und Politikwechsel in Russland, in: Osteuropa, Nr. 1, Jg. 49, 1999, S. 3–15, hier: S. 4–5.

[15] Vgl. Gumpel: Ein Land am Abgrund, S. 763.

[16] Mankiw, N. Gregory/Taylor, Mark P.: Economics, Cengage Learning EMEA, Hampshire 2010, S. 808.

Finanzmarkt zusätzlich auf. Pleines zufolge »wurden Mitte 1997 über 40% aller Gelder des staatlichen Haushaltes von kommerziellen Banken verwaltet«.[17] Zwar verkündete die Regierung bereits im Januar 1996, zukünftig alle Staatsgelder von der staatlichen Sberbank verwalten zulassen. Allerdings gelang es erst zwei Jahre später, das System der autorisierten Banken abzuschaffen.[18] Ungeachtet dessen ließ das Verteidigungsministerium seine Gelder weiterhin von ausgewählten Privatbanken verwalten. Die Grundlage dafür bildete ein hauseigener Beschluss aus dem Jahr 1997. Besonders ironisch mutet es an, dass auch die Behörde zur Erhebung von Sondersteuern noch im März 1998 Konten bei der Oneksimbank Vladimir Potanins eröffnete.[19]

Die Gewinne, die den Banken durch die Verwaltung des Staatsetats entstanden, werden wohl kaum zu ermitteln sein. Allerdings lässt der Vorwurf des Zentralbankchefs Sergej Dubinin erahnen, in welchem Ausmaß die Bereicherung stattfand. Dieser beschuldigte Potanin und den ehemaligen Finanzminister Andrej Wavilow, während ihrer Regierungstätigkeit illegale Finanzgeschäfte mit den Banken Unikom und MFK-Bank abgeschlossen zu haben. Dabei handelte es sich um Anlagen im Wert von 500 Mio. Dollar. Zu dem Zeitpunkt, als die Vorwürfe publik wurden, war Wavilow Leiter der MFK-Bank, die zur Interros Holding Potanins gehörte. Im Zuge der Affäre trat er von seinen Ämtern zurück.[20] Zu einer Anklage kam es jedoch nicht.

Der Staatsbankrott

Im Laufe der Jahre 1997/98 gerieten die Länder Thailand, Malaysia, Südkorea, Philippinen und Indonesien in eine tiefe Wirtschaftskrise. Der Auslöser war eine gezielte Währungsspekulation, welche viele einheimische Banken in die Insolvenz stürzte und an den Börsen zu massiven Kurseinbrüchen führte. Das verlangsamte Wachstum in der Region bzw. die zeitweiligen Wachstumseinbrüche führten zu einer verringerten Nachfrage nach Rohstoffen und damit zu einem Preisverfall von Öl und Gas.

---

[17] Pleines: Korruption und Kriminalität im russischen Bankensektor, S. 12.

[18] Vgl. ebd., S. 14.

[19] Ebd.

[20] Ebd., S.13.

Diese Entwicklung traf die russische Wirtschaft aufgrund ihrer einseitigen Ausrichtung auf den Rohstoffexport besonders schwer. Im ersten Halbjahr des Jahres 1998 gingen die russischen Exporte um 13% zurück, während die Importe um dieselbe Zahl zunahmen. Dies führte zu einer negativen Handelsbilanz.[21] Die Finanzierung des Schuldendienstes wurde damit immer teurer. Um eine Ausweitung der Währungskrise auf Russland zu verhindern, unternahm die Zentralbank Stützungskäufe mit dem Ziel, den Rubel zu stabilisieren. Dazu gewährte der IWF im Juli 1998 einen Kredit in der Höhe von 22,6 Mrd. Dollar. An den Finanzmärkten verkaufte die Zentralbank nun Dollar im Wert von knapp 3,8 Mrd. Dollar. Dies entsprach bereits drei Viertel der ersten Tranche des IWF-Kredites (4,8 Mrd. Dollar).[22] Die IWF-Kredite trugen damit nicht zu einer Überwindung der Krise bei, sondern heizten die Finanzspekulation sogar weiter an.

Am 17. August 1998 war der russische Staat zahlungsunfähig. Die Regierung verkündete ein dreimonatiges Zahlungsmoratorium und musste den Rubel massiv abwerten. Dies führte zu großen Kursverlusten an den Finanzmärkten. Auch der instabile russische Bankensektor geriet sogleich in den Sog der wirtschaftlichen Abwärtsspirale. Nun offenbarte sich das ganze Ausmaß der Finanzspekulation mit russischen Staatsanleihen. Zum Zeitpunkt der Staatspleite waren GKOs im Wert von 70 Mrd. Dollar im Umlauf. Von 1994–1998 hatte der russische Staat jedoch nur ein Haushaltsdefizit von 15 Mrd. Dollar angehäuft. Damit waren in einem Zeitraum von vier Jahren Zinszahlungen im Wert von 55 Mrd. Dollar an private Gläubiger geflossen.[23] Dabei handelte es sich überwiegend um die Finanzholdings der Oligarchen. Der Staat hatte sich künstlich verschuldet, um die Spekulationsblase in Gang zu halten. Eine Pleitewelle war die Folge. Prominentestes Beispiel war die SBS-Agro, deren Bilanz ca. 20% Schatzwechsel auswies.

---

[21] Gabrisch, Hubert/Linne, Thomas: Rußland-Krise: Ursachen, Folgen und Wege zu ihrer Überwindung, Wirtschaft im Wandel, Nr. 12, 1998, Institut für Wirtschaftsforschung Halle, abrufbar unter: www.iwh-halle.de/e/publik/wiwa/12-98-2.pdf (letzter Zugriff: 11.1.2023), S. 8, fortan: Gabrisch/Linne: Rußland-Krise.

[22] Vgl. Gabrisch/Linne: Rußland-Krise, S. 3.

[23] Vgl. Pleines: Wirtschaftseliten und Politik im Russland der Jelzin-Ära, S. 149.

Bewertung der Ereignisse

Die Asienkrise beeinflusste die ökonomische Entwicklung zwar äußerst negativ und trug zu einer Verschärfung der Krise bei. Dennoch sind die Gründe für die Wirtschafts- und Finanzkrise mehrheitlich in der inneren Struktur der russischen Volkswirtschaft zu suchen.

In Russland existierte ein höchst krisenanfälliges, deformiertes kapitalistisches Wirtschaftssystem. Einen wesentlichen Anteil an dieser Entwicklung hatte die Ausrichtung auf eine neoliberale Wirtschaftspolitik, die eine übereilte, radikale Privatisierung des Staatseigentums und die Deregulierung der Finanzmärkte mit einschloss. Eine nachfrageorientierte Wirtschaftspolitik, die zur Stärkung der Massenkaufkraft beigetragen hätte, hatte keine Priorität. Als problematisch erwies sich der Rückgang in der Nachfrage nach Rohstoffen aus Südostasien. Das betrifft insbesondere den Verkauf von Öl und Gas, der der Russischen Föderation auf dem Weltmarkt Devisen einbrachte und sich damit positiv auf die Leistungsbilanz auswirkte. Aufgrund der Vernachlässigung des produzierenden Gewerbes erwies sich der Nachfragerückgang als umso schwerwiegender. Als sich der Handelsbilanzüberschuss in ein Defizit umkehrte, platzte die Spekulationsblase.

Damit können sogenannte externe Spill-over-Effekte durchaus als Auslöser für die Krise angesehen werden. Ihre Ursache liegt jedoch in einem deregulierten und in höchstem Maße intransparenten Finanzsektor und der einseitigen Ausrichtung auf den Rohstoffexport. An dieser Entwicklung hatte die Regierung Jelzin einen entscheidenden Anteil. Indem sie die Deregulierung des Finanzsektors entschieden vorantrieb, verzichtete sie bereitwillig darauf, eine Kontrollfunktion einzunehmen, die Entstehung von Marktmacht zu begrenzen und die Profite des Finanzsektors der Realökonomie zukommen zu lassen. Stattdessen trug sie durch die leichtfertige Zinspolitik und den Verzicht auf Kapitalverkehrskontrollen zur Schwächung des Staates bei. Mehr noch, indem sie staatliche Etats von Privatbanken verwalten ließ, blähte sie den Finanzsektor mutwillig auf. Zu einem ähnlichen Fazit kommt Brügemann: »Gemeinsame Ursachen für das Auftreten von Banken- und Währungskrisen sind häufig die Deregulierung des Finanzsektors eines Landes und die Liberalisierung des Kapitalverkehrs. Dies sind Maßnahmen, die seit Anfang der 1990er-Jahre auch in den mittel- und osteuropäischen Ländern ergriffen wurden.«[24]

---

[24] Brügemann: Währungskrisen in Mittel- und Osteuropa, S. 61.

Kapitel 10
Die Krise als Wendepunkt im Verhältnis zwischen Staat und Kapital – der Übergang zu Wladimir Putin

Als Reaktion auf die Wirtschaftskrise entließ Jelzin Premierminister Sergej Kirienko sowie den Zentralbankchef Dubinin. Die Suche nach geeigneten Nachfolgern zog sich jedoch über mehrere Wochen hin. Aufgrund seiner Alkoholsucht und mehrerer Herzinfarkte war der Präsident körperlich stark beeinträchtigt, sodass Russland trotz der Krise zeitweilig über keine handlungsfähige Regierung verfügte.

Die Reformierung der Reform

Schließlich wurde am 11. September 1998 Jewgenij Primakov zum Premierminister ernannt. Sein Stellvertreter Juri Masljukov beurteilte die Lage wie folgt: »Die Krise in Rußland ist dermaßen tief und allumfassend, dass unsere Hauptaufgabe im elementaren Überleben der Wirtschaft des Landes als solcher besteht. Die neue Regierung betrat Ruinen, die uns die Reformer hinterlassen haben.«[1] Erstmalig wurde damit von Regierungsseite die bisherige Wirtschaftspolitik offiziell kritisiert und als Ursache der Krise identifiziert. Primakov bekräftigte diese Position auf dem Weltwirtschaftsforum in Davos im Frühjahr 1999. Dort sprach er von einer »Reformierung der Reform«. Gleichzeitig betonte er die »Fortsetzung der marktwirtschaftlichen Umgestaltung der russischen Wirtschaft als Teil der Weltwirtschaft bei Festigung der regulierenden Rolle des Staates«.[2] Das ermöglichte ein Umdenken in der Elite, demzufolge erst staatliche Kontrolle und Organisation eine funktionierende Wirtschaft garantieren. Mihail Zadronov, russischer Finanzminister (1997–1999), sprach sogar von einem »für die russische Ge-

---

[1] Zitiert aus: Harms, Karl: Die »russische Krise«. Ursachen und Wirkungen, in: UTOPIE kreativ, H. 101 (März) 1999, S. 16–25, hier: S. 25, abrufbar unter: www.rosalux.de/fileadmin/rls_uploads/pdfs/Utopie_kreativ/101/101.pdf (letzter Zugriff: 11.1.2023).

[2] Zitiert aus: Maier, Lutz: Rußlands Wirtschaft auf kapitalistischem Weg, in: Z. Zeitschrift Marxistische Erneuerung, Nr. 42, Jg. 11, 2000, S. 22–38, hier: S. 27.

schichte einmaligen Konsens«.[3] Dieser Wandel ist nicht zu unterschätzen, da er eine mögliche Erklärung für die Veränderungen in Staat und Gesellschaft seit der ersten Präsidentschaft Wladimir Putins ist.

Als Reaktion bemühte sich die Regierung Primakov ansatzweise um eine Regulierung des russischen Finanzmarktes, um die staatliche Handlungsfähigkeit wiederherzustellen. Dazu gehörte eine Einschränkung und Kontrolle des Kapitalverkehrs. Ausländern wurde der Erwerb von kurzfristigen Staatsanleihen (Laufzeiten bis zu einem Jahr) untersagt. Eine zweite wichtige Aufgabe der Regierung Primakov bestand in der Reorganisation des Finanzsektors. Diesbezüglich beschloss sie ein 90 Tage währendes Schuldenmoratorium für russische Banken. Ziel dieses Schrittes war es, weitere Devisenabflüsse und eine unkontrollierte Pleitewelle zu verhindern. Darüber hinaus wurden GKOs mit einer Laufzeit bis Dezember 1999 mit längeren Laufzeiten versehen.[4] Auf diese Weise erhielt der Staat mehr Spielraum zur Stundung seiner Verbindlichkeiten. Weitere Maßnahmen konzentrierten sich auf eine schrittweise Freigabe des Wechselkurses. In einem ersten Schritt wurde der Wechselkorridor, d. h. der Kurs, in dem der Rubel zum Dollar schwanken konnte, auf 6 bis 9,5 Rubel pro US-Dollar ausgeweitet. Trotzdem musste die Zentralbank ihre Interventionen fortführen, sodass von Juli bis Mitte September 1998 die Devisenreserven um sechs Mrd. auf elf Mrd. US-Dollar zurückgingen.[5] Ab dem 1. September wurde der Rubel vollständig freigegeben, was zu einer raschen Währungsabwertung führte.

Die russische Wirtschaft erholte sich sehr schnell von der Krise. Bereits ein Jahr später stieg das BIP um 5%. Auch die Einkommenssituation der Bevölkerung verbesserte sich in diesem Zeitraum. Im Jahr 2000 lag das Pro-Kopf-Einkommen mit 1.775 US-Dollar deutlich höher als im Jahr 1998 (1.511 US-Dollar). Positiv wirkte sich der niedrige Kurs des Rubels aus. Dieser stärkte die Wettbewerbsfähigkeit russischer Industrieprodukte sowohl auf dem Weltmarkt als auch auf dem Binnenmarkt. Das spiegelt sich in den Exportzuwächsen wider, die 1999 und 2000 um 11 bzw. 9% stiegen. Insgesamt verdoppelte sich der Exportwert der russischen Rohstoffe zwischen 1998–2002, was im Wesentlichen auf den kontinuierlichen An-

---

[3] Zadronov, Mihail: Vse ponimali, čto my stanovimsja političeskimi smertnikami, abrufbar unter: http://kommersant.ru/doc/1011188# (letzter Zugriff: 11.1.2023).

[4] Vgl. Gabrisch/Linne: Rußland-Krise, S. 5.

[5] Vgl. ebd., S. 3–5.

stieg des Ölpreises zurückzuführen ist.[6] Als Folge der vermehrten Nachfrage stieg die Industrieproduktion zum ersten Mal seit dem Jahr 1992 wieder an. Dadurch gelang es, die wirtschaftliche Situation zu stabilisieren.

Kritisch bleibt anzumerken, dass die Regierung sich nur unzureichend bemühte, die Banken angemessen an der Tilgung der Staatsschulden zu beteiligen. Stattdessen entlastete sie die im Zuge der Krise zahlungsunfähigen Geldinstitute großzügig. Durch Verzögerungen beim Lizenzentzug gelang es vielen Banken, einen Großteil ihrer Aktiva an andere Institute derselben Eigentümer abzuführen.[7] Die Mehrheit der Banken wurde also durch den Staat saniert, nachdem sie sich zuvor auf Kosten desselben bereichert hatten. Damit gingen die Gläubiger, in den meisten Fällen der Staat, leer aus. Dieses Beispiel gibt dem Ökonomen Lucas Zeise recht, wenn er behauptet, die Form und der Ausgang einer Staatspleite hänge im Wesentlichen von den gesellschaftlichen Machtverhältnissen ab.[8] In jeder ökonomischen Krisensituation gibt es Gewinner und Verlierer. Deshalb ist es von höchster Bedeutung, wer für die Schulden letztendlich aufkommen muss, oder um es mit den Worten eines anderen Ökonomen, Dierk Hirschel, zu sagen: Die Schuldenfrage ist letztendlich eine Verteilungsfrage.[9] Nach der Niederschlagung der unterschiedlichen Protestbewegungen und der Wirtschaftskrise war die Bevölkerung mehrheitlich demoralisiert und die sozialen Bewegungen stark geschwächt. Auch die Oligarchen hatte die Krise schwer getroffen. Als einziger handlungsfähiger Akteur blieb der Staat.

Mit diesem aktiven Vorgehen begründete die Regierung einen »neuen Staatsinterventionismus«. Der Politikwissenschaftler Mario Candeias stellt fest, dass es im Zuge der globalen Wirtschafts- und Finanzkrise seit 2008 zunehmend zu einer Restrukturierung staatlicher Aufgaben und zumindest partiellen Aufgabe des neoliberalen Nachtwächterstaates kommt. »Dieser Staatsinterventionismus funktioniert zwar nicht mehr im Sinne neoliberaler Dynamisierung der Märkte, aber doch in guter alter Manier eines flexiblen liberalen Keynesianismus, der Marktversagen kompensiert und die

---

[6] Vgl. Robinson, Neil: So what Changed? The 1998 Financial Crisis and Russia's Economic and Political Development, in: Demokratisatsiya, No. 2, Vol. 15, 2007, S. 245–259, hier: S. 253, fortan: Robinson: So what Changed?

[7] Vgl. Pleines: Wirtschaftseliten und Politik im Russland der Jelzin-Ära, S. 149.

[8] Vgl. Zeise, Lucas: Geld – der vertrackte Kern des Kapitalismus. Versuch über die politische Ökonomie des Finanzsektors, Köln 2010, S. 171ff.

[9] Vgl. Hirschel, Dierck: Die Schuldenfrage ist eine Verteilungsfrage, abrufbar unter: https://bildung.gpa.at/2012/09/20/die-schuldenfrage-ist-eine-verteilungsfrage/ (letzter Zugriff 16.1.2023).

Umverteilung und Aneignung von Mehrwert für die Vermögenden (über die Sozialisierung von Schulden und Risiken) zunächst weiter befördert, zugleich aber in die Investitions- und Akkumulationsstrategien des Kapitals direkt eingreift, insbesondere über Kapitalbeteiligungen.«[10] Die Redefinition des neoliberalen Minimalstaats hin zu einem regulierenden nationalen Wettbewerbsstaat ist eine wesentliche Veränderung der russischen Wirtschafts- und Finanzkrise und bildet die Grundlage für das bis heute geltende Herrschaftssystem.

Die Folgen der Wirtschaftskrise für die Oligarchen

Dass die Maßnahmen der Regierung in Abstimmung mit den Oligarchen verliefen, deutete sich bereits wenige Wochen nach der Staatspleite an. Nach einem Treffen mit Jelzin veröffentlichten neun der einflussreichsten Banker und Geschäftsleute des Landes[11] eine Erklärung. Darin warben sie um Unterstützung bei »schmerzhaften, aber unumgänglichen Maßnahmen« zur »Gesundung der russischen Wirtschaft« und forderten die Schließung unrentabler Unternehmen.[12] Diese Äußerung deutet auf den verschärften Konzentrationsprozess hin, der als Folge der Wirtschaftskrise ausgelöst wurde. Die Pleite der SBS-Agro und anderer Banken wie der Inkombank des Bankbarons Vladimir Vinogradov[13] machte deutlich, wie riskant das bisherige Geschäftsmodell der meisten russischen Finanzinstitute gewesen war.

Der Krise folgte eine Vielzahl von Fusionen. Beispiele hierfür sind der Zusammenschluss der Aluminiumsparten von Sibirskij Aluminium und Sibneft zu dem weltweit größten Aluminiumproduzenten RUSAL. Auch das Ölförderunternehmen Lukojl übernahm verschiedene Raffinerien in Russland (Komi TEK), der Ukraine (ONZ) und Bulgarien (Burgas). Somit entstanden große international agierende Konzerne mit weltweiten Niederlassungen und Interessen. Dies leitete die Internationalisierung der

[10] Candeias, Mario: Die letzte Konjunktur: Organische Krise und »postneoliberale« Tendenzen, in: Initial – Berliner Debatte, 20, 2009, 2, S. 12–24, S. 3.

[11] Diese waren: Michajl Friedman (Alpha-Gruppe), Anatolij Tschubajs (EES Rossij), Vladimir Potanin, Vagit Alekperov, Vladimir Gussinskij (Media-Most), Mihajl Chodorkovskij, Vitalij Malkin, Aleksandr Smolenskij, Vladimir Bogdanov (Suturneftgas).

[12] Heyden, Ulrich: Oligarchen machen Druck. In Russland rücken Präsident, Regierung und Unternehmer näher zusammen, abrufbar unter: https://jungle.world/artikel/1998/25/oligarchen-machen-druck (letzter Zugriff: 16.1.2023).

[13] Die Inkombank meldete als Folge der Bankenkrise im Jahr 2000 Insolvenz an.

russischen Oligarchie ein. In Anlehnung an den Staatstheoretiker Nicos Poulantzas kann die russische Oligarchie damit als »innere Bourgeoisie« beschrieben werden.[14] Zwar erfolgte die Einbindung in den Prozess der internationalen Arbeitsteilung zu den Bedingungen der kapitalistischen Zentrumsstaaten. Daraus erklärt sich die Schwäche des russischen Kapitals. Allerdings verfügt diese russische »Bourgeoisie« über eine eigenständige ökonomische Grundlage und Akkumulationsbasis, sowohl im Inneren der eigenen Gesellschaftsformation als auch außerhalb in den von ihr abhängigen Formationen. Dieser Internationalisierungsprozess stellte die fortwährende Einflussnahme der Oligarchen auf die Entwicklung des Landes sicher. Diese Position verdeutlicht ein Zitat von Vladimir Potanin: »Deshalb vereinigen wir uns – mit unseren Banken und Medien. Damit wir unseren Einfluss nicht verlieren.«[15]

Das Treffen zwischen Präsident und Oligarchen setzte die informelle Politik der Ära Jelzin fort, in der kleine, nicht demokratisch legitimierte Gremien zentrale politische Entscheidungen beschlossen. Zugleich leitete die Krise eine Renaissance des Staates als Akteur ein. Fortan übernahm der Staat eine aktivere Rolle in der Organisation und Regulierung der Wirtschaft und stärkte seinen Einfluss in einigen profitablen Schlüsselsektoren. Für das Bestreben, den staatlichen Zugriff insbesondere auf die Gas- und Ölförderung auszudehnen, stehen die Konzerne Gazprom und Rosneft.[16] Diese garantieren hohe Deviseneinnahmen und eröffneten wirtschaftspolitische Spielräume, über die die russische Regierung in der Krise nicht verfügte.

Der Politologe Hervé Kempf argumentiert, dass in einer Oligarchie die herrschende Klasse über dem Rest der Gesellschaft steht und diese beherrscht, sodass sie gewissermaßen durch eine horizontale Linie von der übrigen Bevölkerung getrennt ist. Das ermöglicht den Oligarchen, eine »geordnete Ausbeutung des Staates« zu betreiben. Dabei muss sie darauf achten, die Profitsteigerung nicht so weit zu treiben, dass der Staat insolvent geht und/oder Revolten provoziert werden.[17] Das »Ausbeuten des Staates«

[14] Poulantzas, Nicos: Die Internationalisierung der kapitalistischen Verhältnisse und der Nationalstaat, in: Hirsch, Joachim/Jessop, Bob/Poulantzas, Nicos: Die Zukunft des Staates, Hamburg 2001, S. 19–70, hier: S. 52ff.

[15] Zitiert aus: Eigendorf, Jörg: Ende eines Höhenfluges, in: Zeit Punkte: Russland am Abgrund. Staat und Wirtschaft in der Krise, Hamburg 1998, S. 70–71, hier: S. 71.

[16] 2005 schließlich fusionierte der Gasproduzent mit dem staatlichen Ölunternehmen – auf Druck der Staatsführung.

[17] Vgl. Kempf, Hervé: Die Oligarchie – Herausforderung für eine neue globale Politik, in: Transfrom Europe. Zeitschrift für kritisches Denken und politischen Dialog,

geriet in Russland spätestens im Zuge der Wirtschafts- und Finanzkrise außer Kontrolle. Die reelle Gefahr eines staatlichen Zusammenbruchs bedrohte die Existenz aller Hüter des ressourcenextraktivistischen Produktionsmodells. Deshalb war die Stärkung des Staates kein Bruch mit dem vorherigen System, sondern vielmehr ein Kompromiss der unterschiedlichen Fraktionen der herrschenden Klasse.

Angesichts der Veränderungen im Zuge der Krise 1998 vertritt auch der Politikwissenschaftler Neil Robinson die These, die Auswirkungen der Krise seien vielmehr politischer als ökonomischer Natur.[18] Dennoch sicherte die staatliche Restrukturierung das Fortbestehen des autoritären Herrschaftsmodells und der unter Jelzin entstandenen herrschenden Klasse, da der Staat durch seine Kapitalbeteiligungen nun selbst an das ressourcenextraktivistische Modell gebunden war. Politisch verkörperte Wladimir Putin, der 1999 Ministerpräsident und bereits ein Jahr später Präsident wurde, die Restrukturierung des Staates. Seine Wahl bedeutete zugleich eine Verdrängung der Anhänger eines staatsinterventionistisch geprägten Wirtschaftsmodells um Primakov und eine verstärkte Konzentration auf den Ressourcenexport.

Der neue Gesellschaftsvertrag

Der Kompromiss zwischen der Regierung und den Oligarchen begründete eine neue Phase im Verhältnis zwischen Staat und Kapital. Fortan übernahm Ersterer eine aktivere Rolle in der Organisation und Regulierung der Wirtschaft, ohne freilich seine Rolle als Lobbyist für nationale Unternehmen aufzugeben oder gar von einer neoliberalen Wirtschaftspolitik abzurücken. Noch im November 2000 traten 18 führende Oligarchen in den »russländischen Verband der Industriellen und Unternehmer (RSPP)« ein. Die Wertschöpfung der in dem Verband vertretenen Unternehmen betrug die Hälfte des russischen Bruttoinlandsprodukts.[19] Der Verband institutionalisierte den Austausch zwischen der Regierung, der Bürokratie und

Nr. 10, 2012, S. 50–59, hier: S. 51ff.

18 Vgl. Robinson: So what Changed?

19 Vgl. Stykow, Petra: Wirtschaftsinteressen in der »gelenkten Demokratie« (2000–2005), in: dies.: Staat und Wirtschaft in Russland. Interessenvermittlung zwischen Korruption und Konzertierung, Wiesbaden 2006, S. 139–158, hier: S. 142, fortan: Stykow: Wirtschaftsinteressen in der »gelenkten Demokratie« (2000–2005).

der Wirtschaft und begründete eine *»(staats)korporatistische Institutionalisierungsstrategie«*.[20]

Dieser staatlich regulierte Korporatismus bildet den Rahmen für die Entwicklung und Erprobung politischer und ökonomischer Strategien in der Regierungszeit Putins. Die übliche Form sind sogenannte Räte auf lokaler, regionaler oder nationaler Ebene. So existieren in vielen russischen Städten Räte zur kommunalen oder wirtschaftlichen Entwicklung. Ein weiteres Beispiel ist der Menschenrechtsrat des Russischen Präsidenten, in dem u. a. bekannte Mitglieder der liberalen russischen Menschenrechtsbewegung vertreten sind. Die Räte bündeln und generieren Expertenwissen. Außerdem begünstigen sie den Austausch unterschiedlicher gesellschaftlicher Akteure. Innerhalb dieser staatlich vorgegebenen Foren sind kontroverse, kritische Diskussionen durchaus vorgesehen und erwünscht. Da der Zugang jedoch begrenzt ist, die Auswahl nicht nach demokratischen Verfahren erfolgt, sondern staatlich festgelegt wird und die Vorschläge der Räte keine bindende Kraft haben, hat diese Regierungspraxis keinen demokratisierenden Effekt. Vielmehr gliedert sie Teile der Zivilgesellschaft in den autoritären Korporatismus ein. Ökonomisch fördern sie die Kontrolle der Oligarchen, indem Letztere in die wirtschaftliche Entwicklungsstrategie der Regierung eingebunden werden. Das Ziel ist die Expansion auf ausländische Märkte und eine stabile Entwicklung im Innern.

Die »Rückkehr des Staates« führte auch zu einer Neuausrichtung des staatlichen Selbstverständnisses. Der katastrophale Verlauf der Transformation und die selbstermächtigte Auflösung der UdSSR hatten im gesamten post-sowjetischen Raum Unabhängigkeitsbewegungen gestärkt, so auch in Russland. Wirtschaftliche und politische Stabilität sollten deshalb nicht nur die Dominanz der herrschenden Klasse sichern, sondern auch den Erhalt des russischen Imperiums. In dieser Frage zeigte die herrschende Klasse eine bemerkenswerte Einigkeit. So verkündete der abtrünnige Oligarch Mihajl Chodorkowskij gleich nach seiner Freilassung im Dezember 2013, notfalls persönlich in den Kaukasus zu fahren und dort zu kämpfen, falls die territoriale Einheit Russlands in Gefahr sei.[21]

Mit dem Verständnis eines »starken Staates« ging erstens die Verpflichtung der Regierung und der Staatsbürokratie einher, ein Mindestmaß an

[20] Vgl. Stykow: Wirtschaftsinteressen in der »gelenkten Demokratie« (2000–2005), S. 139.

[21] Chodorkovskij, Mihajl: Interview, abrufbar unter: http://grani.ru/War/Chechnya/m.222684.html (letzter Zugriff: 11.1.2023).

Versorgungssicherheit für die Bevölkerung zu garantieren. Im Gegensatz zu den 1990er-Jahren, als Subsistenzwirtschaft und der Zusammenbruch der sozialen Institutionen den Alltag der Bevölkerung prägten, bemüht sich der Staat seit der Jahrtausendwende um wirtschaftliche Stabilität und Wohlstand. Dies soll durch hohe Wachstumsraten und breiten Konsum verwirklicht werden, ohne jedoch die Einkommensverhältnisse anzutasten. Deshalb ist die Regierung auf einen konstant hohen Öl- und Gaspreis angewiesen. Zweitens beruht das neue Staatsverständnis auf einem Denkwandel innerhalb der herrschenden Klasse, der anhand des folgenden Zitats des langjährigen ökonomischen Chefberaters Wladimir Putins, Andrej Illarionow, zum Ausdruck gebracht werden soll. Im Hinblick auf die einseitige Ausrichtung des Staates auf Devisenzuflüsse begründet er die Emanzipation Russlands von den internationalen Finanzorganisationen, die eine direkte Folge der Krise des Jahres 1998 war: »Diese Einnahmen werden außerhalb unserer Volkswirtschaft erwirtschaftet und fließen entweder in Form von IWF-Krediten, Weltbankkrediten oder bilateralen Krediten ins Land – oder sie können auch aus Portfolio-Investitionen oder anderen zusätzlichen Erträgen aus Rohstoff-, Öl- und Energieexporten stammen. Solche Einnahmen können sowohl kurz- als auch längerfristig nur Schaden anrichten. Sie korrumpieren nämlich die Behörden und untergraben auf diese Weise ihre Fähigkeit, die notwendigen Reformen durchzuführen.«[22]

In dieser Hinsicht hat die herrschende Klasse eine partielle Abkehr ihrer neoliberalen Wirtschaftspolitik zugunsten einer dem Ausland gegenüber unabhängigeren Politik und staatlicher Regulierung vollzogen. Bis zum Jahr 2003 hatte die russische Regierung ihre IWF-Schulden komplett abbezahlt.[23] Eine starke Stellung des Staates in strategischen Wirtschaftssektoren[24] steht jedoch in keinem grundsätzlichen Widerspruch zu einer neoliberalen Wirtschaftspolitik. Das verdeutlicht die zu Beginn von Putins erster Präsidentschaft verabschiedete Entwicklungsstrategie (»Gref Programm«). Diese nannte als zentrale Schwerpunkte eine Verfassungs-

[22] FAZ Online. Interview. Putins Wirtschaftsberater – ein »pessimistischer Realist«, abrufbar unter: www.faz.net/aktuell/finanzen/interview-putins-wirtschaftsberater-ein-pessimistischer-realist-120396.html (letzter Zugriff: 11.1.2023).

[23] Mankoff, Jeffrey: Russian Foreign Policy. The Return of Great Power Politics, Lanham 2009, S. 34.

[24] Als strategische Bereiche gelten sowohl profitable Zweige wie die Öl- und Gasindustrie, die militärisch bedeutsame Nuklear- und Rüstungsindustrie als auch Industrien, die durch staatlichen Schutz und Investitionen globale Konkurrenzfähigkeit erlangen sollen (z. B. Flugzeugindustrie).

reform, Sozialreformen und eine weitere Deregulierung der Ökonomie.[25] Durch dieses Wirtschaftsprogramm sicherte sich die Regierung die Unterstützung der Reformer, deren Einfluss unter Primakov stark zurückgegangen war. Der Ökonom Jewgenij Jasin beschreibt ihre Lage nach der Wirtschafts- und Finanzkrise als »düster«. »Zu erwarten war der Abbau der für das Volk bedrückenden, aber für das Land notwendigen Umgestaltung. Alle Bemühungen der letzten sieben Jahre konnten verloren sein.«[26] Allerdings zeigt auch das Zitat Illarionovs, einem engen Weggefährten Gajdars, dass die Reformer die Notwendigkeit staatlicher Interventionen anerkannten. Indem die Regierung jedoch klar an dem unter Jelzin eingeschlagenen Kurs festhielt, gelang es, unter den unterschiedlichen Fraktionen der herrschenden Klasse einen neuen Konsens herzustellen. Dazu abschließend Jasin: »Das ›Gref Programm‹ sollte Kontinuität belegen und diese Aufgabe hat sie erfüllt.«[27]

Widerstand gegen den neuen Staatskorporatismus

An dieser Stelle zeigen sich die Grenzen des neuen Konsenses. Von Anfang an machte Putin deutlich, dass zur Durchsetzung seiner Politik das Verhältnis zwischen Zentrum und Regionen neu geordnet werden müsse. Dies wurde durch die Föderalismusreform und die Etablierung einer »Machtvertikale« erreicht.[28] Das Bekenntnis zu einer verstärkten Sozialpolitik ging nicht mit einer ökonomischen Umverteilung der extrem ungleich verteilten Einkommen einher, sei es durch eine Revision der Privatisierungen oder durch eine erhöhte steuerliche Belastung für profitable Unternehmen und hohe Einkommensklassen. Vielmehr bekräftigte Putin in seinen ersten Treffen mit den Oligarchen, die Einkommensverhältnisse unangetastet zu lassen, so lange die Regierung Loyalität und Unterstützung erhielte.[29] Die

---

[25] Strategija razvitija Rossii do 2010 goda, abrufbar unter: www.rg.ru/oficial/from_min/mid/463.htm (letzter Zugriff: 14.07.2014).

[26] Jasin, Evgenij: Reformy i kontrreformy, abrufbar unter: www.forbes.ru/column/50952-reformy-i-kontrreformy (letzter Zugriff: 11.1.2023).

[27] Ebd.

[28] Eine Analyse der Föderalismusreform bietet: Sakwa, Richard: Russian Politics and Society, London/New York 2008, S. 266ff.

[29] Vgl. Stykow: Wirtschaftsinteressen in der »gelenkten Demokratie« (2000–2005), S. 140.

Finanzierung der Sozialleistungen erfolgte einerseits aus dem Anstieg der Öl- und Gaspreise auf dem Weltmarkt.

Dies steigerte nur die Konzentration auf den Ressourcenextraktivismus und stärkte die Hüter dieses Gesellschaftsmodells. Gleichzeitig erschwerte diese Entwicklung die Förderung von kapitalintensiver Hochtechnologie und damit eine wirtschaftliche Diversifizierung und Modernisierung Russlands. Andererseits trieb die Regierung eine Politik der Ausgabenkürzungen voran. Dies zeigt sich an dem Gesetz zur »Monetarisierung der Vergünstigungen«, das Rentner:innen ihre Privilegien in den Bereichen Gesundheit und öffentlicher Nahverkehr strich und stattdessen in Geld ausbezahlte. Dies führte zur ersten großen Protestwelle seit 1993. Eine zweite Folge der Vertiefung des Ressourcenextraktivismus liegt in der Verpflichtung auf Wirtschaftswachstum und Konsum. Der Anstieg der Rohstoffpreise ermöglichte Russland bis in die zweite Hälfte der 2000er-Jahren hohe Wachstumsraten. Zwar entstand in diesem Zeitraum eine kleine städtische Mittelschicht. Die Entwicklungen seit der Wirtschafts- und Finanzkrise 2008 zeigen jedoch, wie abhängig dieses System von den Entwicklungen des Weltmarktes ist. Das erklärt, warum die Zustimmung zu Putin rapide abnahm und eine landesweite Protestbewegung entstehen konnte.

Der durch Putin verkörperte Kompromiss war auch unter den Oligarchen höchst umstritten. Schließlich bedeutete die Stärkung des Staates ihre partielle Verdrängung aus höchst profitablen Wirtschaftssektoren. Putin wiederum machte von Anfang an deutlich, dass Widerstand gegen diese Veränderungen nicht geduldet werden würde. Das zeigte sein konsequentes Vorgehen gegen »abtrünnige« Oligarchen. Symbolisch dafür steht die Auseinandersetzung mit Mihail Chodorkowskij und die Zerschlagung seines Ölförderunternehmens Jukos, das mehrheitlich dem staatlichen Unternehmen Rosneft zugeschlagen wurde. Chodorkowskij war allerdings nicht alleine betroffen, so flohen die Oligarchen Gussinskij und Berezowskij nach Konflikten mit der Regierung ins Exil nach London.[30]

Zum Erhalt des russischen Imperiums verfolgte die Regierung neben der ökonomischen Stabilisierung zwei weitere Strategien: die Wiederaufnahme von Kampfhandlungen im Nordkaukasus und die autoritäre Restrukturierung des politischen Prozesses. Eine Verfassungsreform stärkte das Zen-

---

[30] Für eine Analyse des Falls Chodorkowkskij siehe: Jaitner, Felix: Hoffnungstäger Chodorkowkski? Der gefallene Oligarch und seine historische Rolle, in: Blätter für deutsche und internationale Politik, Nr. 5, 2014, S. 83–92, fortan: Jaitner: Hoffnungstäger Chodorkowkski?

trum und das Amt des Präsidenten gegenüber den Regionen und deren Regierungschefs. Durch die Gründung der Partei »Vereinigtes Russland« gelang es zudem, den politischen Prozess zu stabilisieren und ein Sammlungsbecken für die herrschende Klasse zu schaffen. Ein wichtiger Bestandteil der politischen Kontrolle ist zudem die Kooptierung politischer Autoritäten wie den Moskauer Bürgermeister Lužkov, oppositionelle Akteure (Sergej Mironov), nationale Minderheiten und bedeutsame nationalistische Politiker (Dimitrij Rogosin). Der Staat wird somit zum Taktgeber der gesellschaftlichen Entwicklung. In ihm verdichten sich die unterschiedlichen Strategien und gleichzeitig bildet er das zentrale Terrain, auf dem die Konflikte über die zukünftige Entwicklung ausgetragen werden. Die Aufnahme der Kampfhandlungen in Tschetschenien und ihre Ausweitung auf den gesamten Nordkaukasus führte zur Etablierung eines autoritären Sicherheitsstaates. Die Gleichsetzung des Widerstandes und der Unabhängigkeitsbestrebungen mit »Terrorismus« ermöglichte einen vorübergehenden Schulterschluss mit den USA. Unter diesem Deckmantel wurde der Kaukasus in ein dauerhaftes Kriegsgebiet verwandelt. Wirtschaftlich führte dies zu einer verstärkten Abhängigkeit der nordkaukasischen Republiken vom Zentrum, da im Zuge der beiden Kriege die Wirtschaft weitgehend zum Erliegen kam.

Die politische Folge war eine weitere Stärkung des Autoritarismus. Die Anti-Terror-Operationen lieferten der Regierung die Grundlage für einen weiteren Ausbau der staatlichen Gewalt- und Überwachungsapparate. Zudem legitimierte der Kampf gegen den Terrorismus die Einschränkung jeglicher oppositioneller Tätigkeit. Das Selbstmordattentat tschetschenischer Witwen in der Moskauer Metro (2010) und das Bombenattentat auf dem Moskauer Flughafen Domodedovo ein Jahr später bestärkten die Regierung in ihrem kompromisslosen autoritären Kurs. Die gegenwärtige Dominanz ehemaliger Geheimdienstmitarbeiter:innen in der Regierung und hohen Staatsämtern liegt nicht nur an den ausführlich diskutierten St. Petersburger Seilschaften Wladimir Putins, sondern an der Militarisierung der russischen Innenpolitik. Der autoritäre Sicherheitsstaat schafft einen permanenten innenpolitischen Ausnahmezustand.

11. Von der Krise in den Krieg – wohin steuert Russland?

Die ersten beiden Amtszeiten Wladimir Putins von 2000–2008 stehen für ein autoritäres Modernisierungsprojekt des russischen Machtblocks. Der verstärkte wirtschaftliche Dirigismus und die Zentralisierung von Entscheidungsprozessen in der Exekutive sind eine Reaktion auf die Dysfunktionalitäten des unregulierten neoliberalen Kapitalismus der 1990er-Jahre und verfolgten das Ziel, dessen Reproduktionsbedingungen zu verbessern.

Zu diesem Zwecke bemühte sich die Putin-Administration darum, die staatliche Autonomie zu stärken. Auf nationaler Ebene ging die Regierung systematisch gegen jene Oligarchenfraktionen vor, die sich dem staatlich dominierten Korporatismus widersetzten, und institutionalisierte das Verhältnis zwischen Staat und Kapital durch die Gründung von Unternehmerverbänden. Entgegen öffentlichkeitswirksamer Ankündigungen Putins, die Oligarchen als Klasse auszurotten, wahrten diese ihren Einfluss auf die Politik und übernahmen sogar politische Ämter. Roman Abramowitsch bekleidete von 2000 bis 2008 das Amt des Gouverneurs der Region Tschukotka, Michail Prochorow trat im Jahr 2012 als Kandidat für die Präsidentschaftswahlen an. Die vorzeitige Rückzahlung der Auslandsschulden und den Aufbau von umfangreichen Devisenreserven stärkte zudem die Autonomie des russischen Staates gegenüber den in den 1990er-Jahren einflussreichen internationalen Finanzorganisationen (IWF und Weltbank). Diese Schritte entsprachen mehrheitlich dem Interesse der russischen Bourgeoisie, da sie deren innere Konsolidierung und erste internationale Expansionsschritte ermöglichte.[1] Zu den wesentlichen Trägern des Putinismus wurden der Staat und die junge russische Bourgeoisie, weshalb auch von der Errichtung einer oligarchisch-etatistischen Ordnung gesprochen werden kann. Die Exekutive und konkret der Präsident übernehmen in diesem System die Rolle des Vermittlers zwischen konkurrierenden Fraktionen des herrschenden Blocks.

Allerdings handelt es sich bei dieser Form der Regulation um eine höchst selektive Bearbeitung der gesellschaftlichen Widersprüche, die aus der Ge-

---

[1] Jaitner, Felix: Ressourcenextraktivismus oder Re-Industrialisierung? Das russische Entwicklungsmodell im Kontext der »neuen Weltordnung«, in: PROKLA. Zeitschrift für Kritische Sozialwissenschaft, 45(181), 2015, S. 513–528, hier: S. 520–523.

schichte der Sowjetunion, ihrer Auflösung und dem Transformationsprozess herrühren. Die Ausrichtung auf den Rohstoffexport wurde sogar vertieft. Seit den 2000er-Jahren entfallen über 60% der russischen Ausfuhren auf fossile Energieträger.[2] Die starke Außenorientierung verdeutlicht der hohe Anteil der Exporterlöse am Bruttoinlandsprodukt von über 30%.[3] Die Exportquote liegt zwar deutlich unter dem extrem außenorientierter Volkswirtschaften wie z.B. Deutschland, ist allerdings deutlich höher im Vergleich zu anderen Schwellenländern wie Brasilien und Indien. Zudem fehlt es an institutionalisierten Arenen zur Lösung drängender gesellschaftlicher Probleme (soziale Ungleichheit, regionale Entwicklungsunterschiede, extraktive Orientierung der Ökonomie). Vielmehr begünstigte der Einsatz staatlicher Gewaltapparate (Armee, Polizei, Geheimdienste) gegen konkurrierende Oligarchenfraktionen oder separatistische Bewegungen im Nordkaukasus eine Militarisierung der Innenpolitik, die demokratische Institutionen und Kräfte weiter schwächte. Die fortbestehenden strukturellen Widersprüche des russischen Kapitalismus machen das Land in hohem Maße abhängig von der globalen Konjunktur. Dies verdeutlicht der Verlauf der globalen Wirtschafts- und Finanzkrise ab 2008, der einen bis zum heutigen Tage andauernden Suchprozess um Lösungswege aus der Krise ausgelöst hat.

Die Rückkehr der Vielfachkrise

Anders als die Asienkrise Ende der 1990er-Jahre, die auch die Russische Föderation erfasste, ging die im Jahr 2008 einsetzende Wirtschafts- und Finanzkrise von den kapitalistischen Zentrumsstaaten aus. Damit handelt es sich um die erste große Krise der Triade-Region (USA, Westeuropa, Japan) seit der »Ölpreiskrise« 1973/1974.[4] Ausgelöst wurde »die schwerste Krise in der Geschichte der kapitalistischen Produktionsweise zu Beginn des 21. Jahrhunderts«[5] durch vier zentrale Faktoren: (1) Die tiefgreifende Immo-

---

[2] Vgl. Jaitner, Felix (2023): Die Auseinandersetzung um das ressourcenextraktivistische Entwicklungsmodell in Russland (unveröffentl. Diss.), im Erscheinen, Hamburg. Fortan: Jaitner: Das ressourcenextraktivistische Entwicklungsmodell.

[3] Bei den Daten handelt es sich um Angaben aus der Datenbank der Weltbank (World Bank Open Data).

[4] Roth, Karl Heinz: Die globale Krise. Band 1, Hamburg, 2009, S. 44. Fortan: Roth: Die globale Krise.

[5] Altvater, Elmar: Der große Krach. Oder die Jahrhundertkrise von Wirtschaft und Finanzen von Politik und Natur, Westfälisches Dampfboot, Münster, 2010, S. 9. Fortan: Altvater: Der große Krach.

bilien- und Hypothekenkrise in den USA, die einen Einbruch des Massenkonsums zur Folge hatte und zu einem weltweiten Rückgang der Exporte führte, (2) der damit einhergehende Zusammenbruch der internationalen Kreditmärkte, (3) die daraufhin einsetzende massive Kapitalflucht aus den Schwellen- und Entwicklungsländern und (4) die entstehenden Überkapazitäten in allen Stadien des kapitalistischen Wirtschaftskreislaufs (Produktionssektoren, Transportwesen und Kapitalmärkte).[6] Im Jahr 2009 ging der Welthandel insgesamt um 11% zurück.[7] Nach Angaben der OECD beliefen sich die Wertberichtigungen von Finanzinstituten, die Übernahme toxischer Papiere und die Finanzstützen für Wirtschaftsunternehmen bis Ende März 2009 auf 2.900 Mrd. US-Dollar, was 4,7 % des globalen Bruttoinlandsproduktes entsprach.[8]

Der postsowjetische Raum wurde von der Wirtschafts- und Finanzkrise 2008 nicht nur mit zeitlicher Verspätung erfasst, auch der Verlauf der Krise in den jeweiligen Staaten nahm sehr unterschiedliche Formen an. Die Ukraine und Armenien erlebten einen wirtschaftlichen Einbruch mit Rückgängen des Bruttoinlandsproduktes (BIP) von 14,8% bzw. 14,1 % im Jahr 2009.[9] Zur Vermeidung eines Staatsbankrotts sah sich die ukrainische Regierung gezwungen, einen IWF-Kredit in der Höhe von 16,4 Mrd. US-Dollar anzunehmen. Ebenfalls starke Einbrüche des BIPs verzeichneten Russland (–7,8%) und Georgien (–3,6%). Die belarussische Volkswirtschaft stagnierte (+0,2%), während die zentralasiatischen Republiken und Aserbaidschan weiterhin ein Wachstum des BIPs verzeichneten, wenngleich die Wachstumsraten deutlich zurückgingen.

Zwei wichtige Gründe, die den regional stark divergierenden Krisenverlauf erklären, sind zum einen die spezifische Form der politischen Regulation und zum anderen das dominante Produktionsmodell in den jeweiligen Nachfolgestaaten. Aufgrund der hohen Rohstoffpreise in den 2000er-Jahren erzielten Staaten wie Aserbaidschan, Kasachstan, Russland, Turkmenistan und Usbekistan, die allesamt über hohe Öl- und Gasvorräte verfügen, hohe Handelsbilanzüberschüsse und bauten in diesem Zeitraum z. T. beträchtliche Devisenreserven auf, die ihren wirtschaftspolitischen Spielraum erweiterten. Die autoritäre politische Regulation und die engen Ver-

[6] Roth: Die globale Krise, S. 9ff.

[7] Ebd.

[8] Altvater: Der große Krach, S. 218.

[9] Bei den Angaben in diesem Kapitel handelt es sich, sollte keine andere Quelle angegeben sein, um Daten der Weltbank.

bindungen zwischen privaten Kapitalfraktionen und den Staatsapparaten erlaubten zudem eine Ausrichtung der staatlich koordinierten Anti-Krisen-Politik am Interesse des herrschenden Blocks. Die Mehrheit der osteuropäischen Staaten, die Baltischen Republiken sowie Georgien und bis zu einem gewissen Grad auch die Ukraine wurden dagegen als Schuldnerstaaten in das internationale Finanzsystem eingebunden.[10] Ein Blick auf die Eigentumsstruktur der nationalen Finanzsektoren verdeutlicht den wachsenden Einfluss internationaler Finanzkonzerne in diesen Ländern. Nach Angaben der Europäischen Bank für Wiederaufbau und Entwicklung kontrollierten ausländische Finanzkonzerne im Jahr 2008 mehr als 90 % des nationalen Bankensektors in Georgien. In Armenien und der Ukraine lagen diese Werte im selben Zeitraum um die 50 %, in Kirgisien sogar bei über 70 %. Dem gegenüber ist der Anteil ausländischer Banken in Aserbaidschan (9,1 %), Belarus (20,6 %), Russland (18,7 %) und den restlichen zentralasiatischen Republiken deutlich geringer und darüber hinaus stärker auf den russischen Finanzsektor ausgerichtet.

Der Absturz des Ölpreises und die einsetzende Kapitalflucht aus Russland als Reaktion auf die Turbulenzen an den globalen Finanzmärkten verdeutlichen zwar die Anfälligkeit des ressourcenextraktiven Entwicklungsmodells. Aufgrund der niedrigen Staatsverschuldung und der hohen Devisenreserven blieb der Staat aber – im Gegensatz zur Krise im Jahr 1998 – politisch handlungsfähig, obwohl die neoliberale Anti-Krisen-Politik die gesellschaftlichen Widersprüche verschärfte. Zwar erholte sich Russland scheinbar schnell von der Krise, allerdings blieb das Wachstum deutlich hinter der Aufschwungsphase der 2000er-Jahre oder der Entwicklung Indiens und Chinas zurück. Mit dem Einbruch des Ölpreises 2014/2015 kehrte die Wirtschaftskrise mit Wucht zurück.[11]

»Insgesamt,« konstatiert der Ökonom Ruslan Dzarasow, »war die Krise in den GUS-Staaten im Vergleich zu den kapitalistischen Zentrumsstaaten heftiger«.[12] Die im Zuge der Krise beschleunigte Deindustrialisierung der Region verringert die Komplexität der Produktionsstrukturen und fördert die Ausrichtung auf den Rohstoffexport und einfache Weiterverar-

[10] Smith, Adrian/Swain, Adam: The Global Economic Crisis, Eastern Europe, and the Former Soviet Union: Models of Development and the Contradictions of Internationalization, in: Eurasian Geography and Economics, 51:1, 2010, S. 1–34, S. 10ff.

[11] EBRD [European Bank for Reconstruction and Development]: Banking Survey.

[12] Dzarasov, Ruslan: The global crisis and its impact on the Eurasian Economic Union, in: European Politics and Society, 17, 2016, S. 23–34, hier: S. 29.

Wachstum des Bruttoinlandsprodukts (BIP) in %

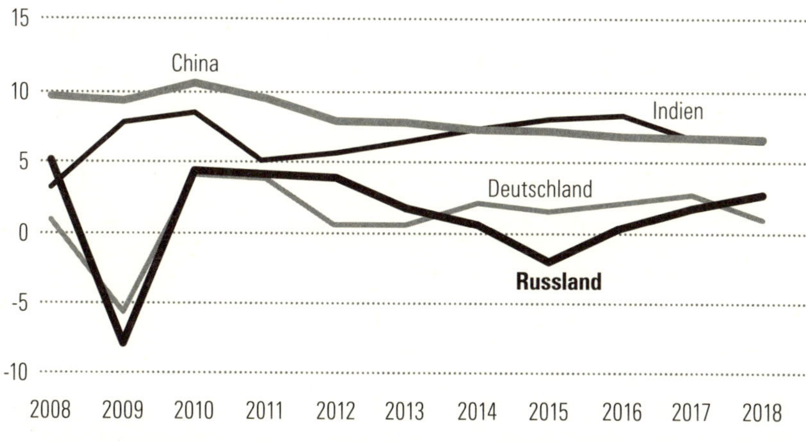

Quelle: Weltbank Open Data

beitungsschritte, was bedeutet, »dass die GUS-Staaten Produktionsketten mit geringer Wertschöpfung besetzen«.[13] Die anhaltende Peripherisierung der postsowjetischen Länder verschärft die innergesellschaftlichen Auseinandersetzungen und verleiht bestehenden Konflikten in der Region eine neue Dynamik.

Parallel zur Rückkehr der Krise 2008 erfassten breite Protestbewegungen Armenien, Georgien, Kirgistan, Russland und die Ukraine. Ihnen gemeinsam war eine umfassende Legitimations- und Repräsentationskrise, die sich aufseiten der Protestierenden in einer Ablehnung der Repräsentant:innen und Institutionen dieser autoritären Ordnungen und damit einhergehenden Forderungen nach eigener Repräsentation und direkter Demokratie manifestierte. Es wird immer deutlicher, dass in den sowjetischen Nachfolgestaaten – so auch in Russland – nicht nur die Wirtschafts- und Sozialpolitik, sondern auch die bisherigen Formen gesellschaftlicher Reproduktion (die Regulation des Verhältnisses von Arbeit und Kapital, politische Institutionen etc.) umkämpft sind.

In Russland war der unmittelbare Auslöser der Proteste zwar die erneute Kandidatur Putins für das Präsidentschaftsamt, nachdem Amtsinhaber Sergej Medwedew seinen Verzicht öffentlich erklären musste. Den Hin-

[13] Ebd.

tergrund für die breite Mobilisierung über einen Zeitraum von eineinhalb Jahren (2011–2013) bildeten aber die strukturellen Krisen des russischen Entwicklungsmodells sowie die anhaltende ökonomische und politische Stagnation im Land. Im Zuge der Krise kündigte die Regierung den in den frühen 2000er-Jahren etablierten Stabilitätspakt (Wirtschaftswachstum und erweiterte Konsummöglichkeiten im Gegenzug für politische Ruhe) auf. Die Orientierung der staatlichen Anti-Krisenpolitik an den Interessen der exportorientierten Großkonzerne verschärfte die Krise der produzierenden Branchen der russischen Industrie und die sozialen Widersprüche im Land.[14] Derweil kritisiert der linke Ökonom Wasilij Koltaschow, dass die Regierung durchaus über Handlungsspielraum für eine ausgewogene Wirtschaftspolitik verfügt hätte: »Die Staatsmacht versuchte nicht, die Struktur der Ökonomie des Landes neu auszurichten und sich dadurch nicht so abhängig vom Rohstoffexport zu machen. Sie verzichtete sogar auf den Plan, Mittel aus dem Stabilisierungsfonds des Landes in die Entwicklung der Infrastruktur zu investieren.«

Die Massenproteste der Jahre 2011 bis 2013 verdeutlichen die umfassende Legitimations- und Repräsentationskrise der oligarchisch-etatistischen Ordnung. Ein Hinweis darauf ist nicht nur die landesweite Mobilisierung und die lang anhaltende Intensität der Proteste. Auch die Weigerung der Demonstrierenden, der etablierten Opposition eine Führungsrolle in den Protesten zu überlassen, und das Beharren auf direkter, eigenständiger Repräsentation sind ein Ausdruck des tiefen Misstrauens gegenüber der oligarchisch-etatistischen Ordnung. Ähnlich wie in der Ukraine waren die Protestierenden ein heterogener Block, der von links bis rechts das gesamte politische Spektrum repräsentierte. Getragen wurde die Bewegung jedoch von der bislang eher unpolitischen Mittelschicht.[15]

Der Machtblock rückt nach rechts

Die Regierung antwortete auf die Proteste mit verstärkter Repression und einer politischen Öffnung nach rechts. Damit verpasste sie die Chance, den seit 1993 durch den Einsatz militärischer Gewalt gestoppten gesellschaftlichen Demokratisierungsprozess wieder aufleben zu lassen. Das repressive Vorgehen bedeutet somit einen Wendepunkt in der jüngeren russischen

[14] Vgl. Jaitner: Das ressourcenextraktivistische Entwicklungsmodell.

[15] Einen Überblick über die Proteste gibt: Gabowitsch, Mischa: Putin kaputt!? Russlands neue Protestkultur, Berlin, 2013.

Geschichte und verschob die gesellschaftlichen Kräfteverhältnisse zugunsten rechter, national-konservativer Kräfte.

Den Einflussgewinn der National-Konservativen verdeutlicht ein Blick auf die konkrete Regierungspolitik seit dem Jahr 2012. Der Spielraum für die politische Opposition und Nichtregierungsorganisationen wurde seitdem systematisch verringert. Ausdruck dessen ist ein Gesetz, in Russland tätige Nichtregierungsorganisationen als »ausländische Agenten« zu registrieren, insofern diese ihre Tätigkeit mithilfe ausländischer Gelder finanzieren, das Verbot von NGOs wie Memorial, die Zerschlagung der Bewegung des rechten Anti-Korruptionsaktivisten Alexej Nawalnyj oder Haftstrafen gegen Vertreter:innen der Opposition.

Die verschärfte Repression im Innern geht einher mit einer reaktionären, großrussischen Kultur- und Geschichtspolitik. Dem gesetzlichen Verbot homosexueller Propaganda oder Kampagnen gegen Migration stellt der Staat ein religiös-konservatives Wertebild gegenüber, das Familie, Patriotismus, Heterosexualität als Grundlagen der russischen Gesellschaft propagiert. Diese »biopolitische Wende«[16] steht für eine Verschärfung autoritärer Herrschaft in Russland, die sich zunehmend von humanistischen und aufklärerischen Werten sowie internationalen Menschenrechtsstandards abgrenzt.

Die Wende zu einer großrussischen Kultur- und Geschichtspolitik verbinden die national-konservativen Kräfte mit einer national-kapitalistischen Entwicklungsstrategie. Im Mittelpunkt steht die Forderung, durch eine Re-Industrialisierung Russlands die wirtschaftliche Abhängigkeit von Rohstoffen zu reduzieren.[17] Dies schließt eine protektionistische Wirtschaftspolitik der Importsubstitution, die politische Kontrolle über die Notenbank und die Etablierung von Kapitalverkehrskontrollen ein. Den partiellen Bruch mit dem Neoliberalismus kann nach Meinung national-konservativer Kräfte nur ein autoritärer Entwicklungsstaat durchsetzen, der den Einfluss der Oligarchie begrenzt. Während die Oligarchie dem Neoliberalismus und den Interessen des Westens verpflichtet sei, bedürfe es einer »nationalen Bourgeoisie«, deren Loyalität dem eigenen Land gelte und deren direktes Interesse in der Entwicklung Russlands liegt.

---

[16] Makarychev, Andrey/Medvedev, Sergei: Biopolitics and Power in Putin's Russia, in: Problems of Post-Communism, 62:1, 2015, S. 45–54.

[17] Chebankova, Elena: Contemporary Russian conservatism, in: Post-Soviet Affairs, 2015, DOI: 10.1080/1060586X.2015.1019242.

Es wird deutlich: Der Aufstieg der national-konservativen Kräfte vollzieht sich vor dem Hintergrund der tiefgreifenden Krise des Neoliberalismus. Die Kritik am Freihandel und die Forderung nach gezielter staatlicher Industriepolitik führt zu einer stärkeren Sensibilität für Fragen peripherer, d.h. abhängiger Entwicklung im kapitalistischen Weltsystem als dies im liberal-technokratischen Lager der Fall ist. Allerdings fehlen eine sozialpolitische Programmatik und eine Strategie zur Entwicklung des Binnenmarktes beinahe völlig. Der wachsende Druck auf die abhängig Beschäftigen und die großrussische, nationalistische Rhetorik verschärfen die gesellschaftliche Spaltung entlang ethnischer und/oder religiöse Kriterien.

Der brüchige Krim-Konsens

Seit dem Beginn des Krieges in der Ukraine im Jahr 2014 hat die Auseinandersetzung innerhalb des Machtblocks um die gesellschaftliche Entwicklung Russlands weiter an Bedeutung gewonnen. Nach der Ansicht von einflussreichen Vertreter:innen der national-konservativen Bewegung wie dem Ökonom und Kommissar für Integration und Makroökonomie bei der Eurasischen Wirtschaftskommission, Sergej Glaziew, besteht die Notwendigkeit einer ökonomischen Modernisierungsstrategie für Russland nicht nur aufgrund der verminderten internationalen Konkurrenzfähigkeit einheimischer Kapitalfraktionen. Vielmehr ist sie eine wichtige Voraussetzung für den Fortbestand des russischen Staates. Die sich verschärfenden geopolitischen Konflikte zwischen Russland und den USA sowie der EU treten zwar nicht als offene Konfrontation zu Tage, nehmen aber Formen eines »hybriden Kriegs«[18] um die Ausgestaltung der neuen Weltordnung an. Russland sei, so Glazew, von diesen Entwicklungen existenziell bedroht, da es die Voraussetzungen für eine eigenständige Mitgestaltung der künftigen Weltordnung nur noch eingeschränkt besitze. Der gesellschaftliche Peripherisierungsprozess und die wachsende technologische Abhängigkeit gegenüber dem Westen setzten der politischen Gestaltungsmacht des Landes enge Grenzen. Die im Zuge des Ukraine-Krieges erlassenen Sanktionen stellen nach Ansicht des national-konservativen Ökonomen eine existenzielle Bedrohung für Russland dar, falls es nicht gelinge, auf ein binnenorien-

[18] Glaz´ew, Sergej: Reč´ o neotložnyh merah po otraženiju ugroz suščestvovaniju Rossii, 2015, abrufbar unter: www.business-gazeta.ru/article/140998 (letzter Zugriff: 11.1.2023).

tiertes Entwicklungsmodell umzuschwenken. Dies mache auch eine Orientierung auf den postsowjetischen Raum notwendig.[19]

Vor diesem Hintergrund wurde die Gründung der Eurasischen Union zum »Kernstück«[20] der dritten Amtszeit Wladimir Putins. Im Rahmen des Eurasischen Integrationsprozesses wurde ursprünglich eine vertiefte Zusammenarbeit mit Belarus, Kasachstan und der Ukraine angestrebt. Dadurch sollen technologische Entwicklungen gefördert und der Re-Industrialisierungsprozess in Gang gesetzt werden. Zugleich sichert die Eurasische Union – so der Plan der National-Konservativen – die Hegemonie Russlands im postsowjetischen Raum.

Eine zentrale Rolle in der Konzeption der Eurasischen Union kommt der Ukraine zu. Der Chefredakteur der Zeitschrift »Russia in Global Affairs«, Fjodor Lukjanow, sieht in der Beteiligung Kiews sogar das »wichtigste unerwähnte Ziel der eurasischen Integration«.[21] Nur mit der Ukraine, so Lukjanow, könne die Eurasische Union eine wirkliche globale Bedeutung erlangen.[22] Bei den vier ursprünglich vorgesehenen Gründungsstaaten Belarus, Kasachstan, Russland und der Ukraine handelt es sich um die industriell und finanziell am stärksten entwickeltesten Länder der Region. Hinter der ursprünglichen Gründungsidee der Eurasischen Union steht folglich keine Wiederbelebung der UdSSR, sondern das Bündnis der ökonomisch stärksten Staaten der Region. Die drei Länder standen noch 2019 für 90% des russischen Außenhandels mit den GUS-Staaten. Auch für den gesamten Außenhandel ist ihr Anteil mit 13% bedeutsam. Belarus, Russland und die Ukraine weisen die höchste Diversifikation in der Industrie aller GUS-Staaten auf.

Seit den Maidan-Protesten 2014 und dem Beginn des Krieges in der Ukraine scheint die gesellschaftliche Auseinandersetzung um den künftigen Kurs des Landes entschieden: Sowohl die Poroschenko- als auch die Selenskyj-Administration haben die Westintegration durch ein Freihandelsabkommen mit der EU und eine sicherheitspolitische Kooperation mit der

---

[19] Ebd.

[20] Sakwa, Richard: How the Eurasian elites envisage the role of the EEU in global perspective, in: European Politics and Society, 17, 2016, S. 4–22.

[21] Lukyanov, Fyodor: Eurasia: The burden of responsibility, in: Dutkiewicz, Piotr/Sakwa, Richard (Eds.): Eurasian Integration – The View from Within, Routledge, London, 2015, S. 290–303, hier: S. 294.

[22] Ebd.

NATO weiter forciert. Diese Entwicklung wird mit dem Erhalt des EU-Kandidatenstatus für die Ukraine und Moldawien fortgesetzt.

Die Annexion der Krim wiederum verdeutlicht eine strategische Veränderung in der russischen Außenpolitik: Seit dem Sturz der Regierung Janukowitsch dominiert eine geopolitische Rationalität die russische Außenpolitik, die zur Wahrung der eigenen ökonomischen und sicherheitspolitischen Interessen in letzter Instanz einen Bruch mit dem Westen in Kauf nimmt. Die militärstrategische Bedeutung der Krim als Flottenstützpunkt und Zugang zum Mittelmeer überwog die Bedenken vor einer neuen Konfrontation mit dem Westen – trotz des westlichen Sanktionsregimes und der beginnenden militärischen Unterstützung der Ukraine durch die NATO.

Die zunehmende Ausrichtung der russischen Außenpolitik auf militärische Interventionen beschleunigt eine bedrohliche Eskalationsspirale. In Konflikten wie in Syrien und der Ukraine unterstützen Russland und die NATO-Staaten unterschiedliche Konfliktparteien, was die Gefahr einer direkten militärischen Konfrontation der beiden Blöcke erhöht. Innenpolitisch profitieren vor allem Vertreter:innen der Gewaltapparate und national-konservative Kräfte von dieser Entwicklung, denn sie bedient das Narrativ der äußeren Bedrohung Russlands durch die NATO. Durch die Osterweiterung des Militärbündnisses, so der Vorwurf, habe die USA Russland in der Schwächephase während der 1990er-Jahre systematisch eingekreist. Folgen des Einflussgewinns dieser konfrontativen Kräfte im russischen Machtblock sind die sich kontinuierlich verschärfende Repression sowie die Versuche der Putin-Administration, sich auf internationalem Terrain als national-konservative Alternative zum liberalen Westen zu positionieren.[23] Der großrussische Nationalismus dient zunehmend als Legitimation für die aggressive Außenpolitik. Als selbsterklärte Schutzmacht aller ethnischen Russ:innen behält sich die russische Regierung das Recht vor, deren Interesse auch im Ausland zu verteidigen. Da in vielen postsowjetischen Staaten ein relevanter Anteil der Bevölkerung ethnische Russ:innen sind, verschärft dies die Spannungen in der Region erheblich.

---

[23] Bis zum Krieg unterhielten die russische Regierung und die Staatspartei Einiges Russland enge Kontakte zur europäischen, besonders der deutschsprachigen Rechten. Die österreichische FPÖ unterzeichnete ein Kooperationsabkommen mit der Staatspartei Einiges Russland. Und auch Mitglieder der deutschen AfD verfügen über gute Kontakte in Staat und Regierung, siehe etwa: Neues Deutschland: Eurasische Partner, 2019, abrufbar unter: www.nd-aktuell.de/artikel/1117078.afd-und-russland-eurasische-partner.html (letzter Zugriff: 11.1.2023).

Innenpolitisch stärkte der Krim-Konsens die Putin-Administration. Die niedrigen Umfragewerte des Präsidenten schienen nach dem pompös inszenierten Beitritt der Krim in die Russische Föderation vergessen. Im Angesicht der seit 2008 ungelösten Krisenkonstellation nehmen jedoch die strukturellen Widersprüche des peripheren extraktiven Entwicklungsmodells in Russland zu: Die wirtschaftliche Rezession verschärft die sozialen Gegensätze im Land, doch eine offene Artikulation dieser krisenhaften Entwicklung wird aufgrund der autoritären politischen Ordnung weitgehend unterdrückt.

Trotz der wirtschaftlichen Stagnation hielt die Regierung an der Orientierung auf den Rohstoffexport fest. Tatsächlich erreichte die Öl- und Gasproduktion im Jahr 2019 neue Höchstwerte.[24] Zwar ging die Putin-Administration als Reaktion auf die westlichen Sanktionen offiziell zu einer Politik der Importsubstitution über, die das Ziel verfolgt, die Einfuhr westlicher Hochtechnologiegüter durch die Förderung einheimischer Hersteller zu reduzieren. Die ausbleibenden Maßnahmen zur Entwicklung des Binnenmarktes vertiefen jedoch die Dualität der russischen Industrie: Der militärisch-industrielle Komplex und der agro-industrielle Komplex sowie daran angeschlossene Produzenten (Düngemittelhersteller, Maschinenbauer etc.) profitieren von den industriepolitischen Maßnahmen und internationalisieren zunehmend ihr Geschäft. Allerdings bleiben strukturelle Probleme bei der Mehrheit der produzierenden Sektoren (technologischer Rückstand, geringe Produktqualität) bestehen.[25]

Der postsowjetische Krisenraum

Der Einflussgewinn national-konservativer Kräfte und die damit einhergehende autoritäre Verhärtung im Innern verschärfen die Auseinandersetzungen im Machtblock um den künftigen Kurs des Landes, da die sich überschneidenden Krisen nicht effektiv bearbeitet werden. Die Interventionspolitik steht in einem direkten Zusammenhang zu den vielfältigen innergesellschaftlichen Krisen des Landes, denn konfrontative Fraktionen des russischen Machtblocks drängen im Angesicht der sich verschärfenden Konkurrenz mit dem Westen auf eine Militarisierung der russischen Außenpolitik zur Absicherung der ökonomischen und Sicherheitsinteres-

[24] BP Statistical Review of World Energy (2020), abrufbar unter: www.bp.com/content/dam/bp/business-sites/en/global/corporate/pdfs/energy-economics/statistical-review/bp-stats-review-2020-full-report.pdf (letzter Zugriff: 11.1.2023).

[25] Vgl. Jaitner: Das ressourcenextraktivistische Entwicklungsmodell.

sen des Landes. Das gilt besonders im Hinblick auf den postsowjetischen Raum und die Ukraine. So war das ursprüngliche Ziel des Krieges die Installation einer pro-russischen Regierung und eine erzwungene Bündnisneutralität der Ukraine.

Die krisenhafte Entwicklung der Region im Laufe der vergangenen 30 Jahre hat die wirtschaftlichen und (geo-)politischen Bruchlinien zwischen den postsowjetischen Staaten deutlich sichtbar gemacht. Die EU und neuerdings auch China haben Russland in der Region als wichtigsten Handelspartner abgelöst. Speziell die EU verbindet ihre ökonomische Vormachtstellung zunehmend mit dem Aufbau politischer Strukturen, die Russland explizit nicht miteinschließen, etwa die Östliche Partnerschaft im Rahmen der Europäischen Nachbarschaftspolitik.

Vor dem Hintergrund der belasteten bilateralen Beziehungen zu Russland haben viele kleinere postsowjetische Staaten diese Entwicklung zu ihren eigenen Gunsten zu nutzen versucht, um im Rahmen einer balancierten Politik zwischen Russland und dem Westen ihre eigene Position zu stärken. Im Angesicht der vielfältigen Krisen und Konflikte in der Region ist diese Strategie jedoch hochriskant, zumal die Großmächte diese Konflikte ihrerseits zu instrumentalisieren versuchen. Bereits bestehende Konflikte gewinnen dadurch eine neue Dynamik und eskalieren – dieses Mal jedoch unter dem Vorzeichen einer politischen Konfrontation zwischen Russland und dem Westen. Mit dem Übergang zur Interventionspolitik beschleunigt die Putin-Administration die Fragmentierung der Region in einen pro-westlich orientierten und einen pro-russisch orientierten Block. Dies lässt in naher Zukunft eine Eskalation weiterer Konflikte in der Region wahrscheinlich werden.

Fazit und Ausblick

Die vorliegende Arbeit hat das Ziel, zwei Problemstellungen miteinander zu verbinden. Zum einen die Suche nach Lösungsstrategien zur Überwindung der sowjetischen Vielfachkrise, die mit dem Übergang von der sozialistischen Planwirtschaft zur kapitalistischen Marktwirtschaft beantwortet wurde. Zum anderen die Herausbildung von Herrschaftsverhältnissen in Russland auf der Grundlage eines neuen Produktions- und Gesellschaftsmodells, dem Ressourcenextraktivismus. Dazu wurden gesellschaftliche Schlüsselereignisse ausgewählt, die als Wendepunkte in der jüngeren russischen Geschichte erscheinen, weil sie alle bedeutende Konfliktlinien der Transformationsphase symbolisieren, verdichten und die Entwicklung Russlands bis heute prägen. Die Auflösung der Sowjetunion und die Einführung des Kapitalismus verschärften die bestehende Vielfachkrise in der UdSSR und destabilisieren den postsowjetischen Raum bis heute. Sie sind eine wichtige Ursache für die vielfältigen inneren Krisen (Protestwellen, Bürgerkriege) und bewaffnete zwischenstaatliche Konflikte. Die Analyse Russlands mithilfe der »multiplen Krisenphänomene«[1] liefert nicht nur wichtige Hintergrundfaktoren für die widersprüchliche und konfliktreiche Entwicklung des Landes bis hin zum Krieg in der Ukraine, sondern soll auch Möglichkeiten für alternative Entwicklungswege eröffnen.

Die Auflösung der Sowjetunion

Das Ende der Sowjetunion wird oft als Folge der imperialen Überdehnung und der an der Peripherie einsetzenden Protestbewegungen erklärt. Das Vorgehen des pro-kapitalistischen Bündnisses bestehend aus Teilen der russischen Nomenklatura, den (neo-)liberalen Wirtschaftsreformern und der Dissidentenbewegung verrät jedoch, dass ein wesentlicher Impuls zur Auflösung des Staatenbundes aus dem Zentrum kam.[2] Im Angesicht der sich verschärfenden sowjetischen Vielfachkrise drängte dieses Bündnis auf einen raschen Übergang von der sozialistischen Planwirtschaft zur kapitalistischen Marktwirtschaft mittels radikaler Wirtschaftsreformen

---

[1] Vgl. Jaitner/Olteanu/Spöri: Crises in the Post-Soviet Space, 2017.

[2] Dazu auch: Jaitner, Felix: Der verdrängte Jahrestag – Die Auflösung der Sowjetunion und die Entstehung des postsowjetischen Krisenraums, in: Kurswechsel, Heft 3, 2021, S. 15–23.

(Entstaatlichung). Die notwendige Modernisierung der russischen Wirtschaft drohte nach Ansicht des Jelzin-Lagers durch den Erhalt der Sowjetunion gebremst zu werden, denn die Finanzierung der kaukasischen und zentralasiatischen Peripherie erschien als zu kostspielig. Aufgrund des sowjetischen Selbstverständnisses als sozialistischer Staat herrschten innerhalb des russischen pro-kapitalistischen Machtblocks erhebliche Zweifel, ob sich Reformen in der gesamten Union umsetzen ließen. Auch die Dissidentenbewegung sah in der Auflösung des Staates die Möglichkeit, die imperiale und autoritäre Struktur zu überwinden, was ein Bündnis dieser unterschiedlichen gesellschaftlichen Kräfte ermöglichte – und Jelzin einen demokratischen Anstrich ermöglichte.

Gerade in Krisenprozessen, wie dem der Jahre 1990/1991, muss eine gewisse Zufallsdynamik berücksichtigt werden. Dennoch spricht vieles dafür, dass das im Zuge der Perestroika entstandene pro-kapitalistische Bündnis gezielt die Auflösung der Sowjetunion vorantrieb. Selbst in einer reformierten Sowjetunion hätte der Anspruch eine politische und ökonomische Alternative zum kapitalistischen Westen zu repräsentieren, weiterhin eine wichtige Rolle für das Selbstverständnis des Staates gespielt. Die Zerschlagung der UdSSR ermöglichte der Jelzin-Administration eine Umsetzung ihrer Politik, wie es unter anderen Umständen kaum möglich gewesen wäre.

Die Transformationskrise

Das erklärte Ziel der Jelzin-Administration war es, die Russische Föderation nachhaltig zu modernisieren. Das sollte durch den politischen Übergang zur liberalen Demokratie sowie die Transformation von einer planwirtschaftlich organisierten Volkswirtschaft zum marktwirtschaftlichen Kapitalismus erreicht werden (siehe Kapitel 3 und 4). Wie in fast allen Ländern Osteuropas orientierte sich die russische Regierung dabei an neoklassischen Rezepten. Dadurch gelang es zwar innerhalb kürzester Zeit, die Planwirtschaft durch den Kapitalismus zu ersetzen. Die Auswirkungen auf Ökonomie und Politik waren jedoch katastrophal.

Im Zeitraum 1990–1999 ging das Bruttoinlandsprodukt um 54 % zurück. Dem amerikanischen Ökonomen Joseph Stiglitz zufolge waren die volkswirtschaftlichen Verluste Russlands gemessen am BIP sogar noch größer als während des Zweiten Weltkrieges.[3] Im Vergleich zum Jahr 1989 waren die Einkommen ungleicher verteilt, die Armut im Land größer, die Sterb-

[3] Vgl. Stiglitz, Joseph: Der Schatten der Globalisierung, Berlin 2002, S. 170.

lichkeitsrate und die Kriminalitätsrate höher (siehe Kapitel 4, Die sozialen Folgen der Schocktherapie). Stiglitz sieht in der einseitigen Fixierung auf neoklassische Prinzipien einen wichtigen Grund für die katastrophale wirtschaftliche Entwicklung Russlands.[4] Deshalb fällt sein Urteil der Schocktherapie vernichtend aus: »Das Stabilisierungs-, Liberalisierungs- und Privatisierungsprogramm war natürlich kein Wachstumsprogramm. Es sollte die Voraussetzungen für Wachstum schaffen. Stattdessen schuf es die Voraussetzungen für den Niedergang.«[5]

Die undemokratische Auflösung der Sowjetunion und die destruktive Rolle Russlands in diesem Prozess destabilisierten alle Nachfolgestaaten. Die Desintegration des einheitlichen sowjetischen Produktionsraums wurde von der Regierung der RSFSR unter Boris Jelzin und später von der Russischen Föderation aktiv vorangetrieben oder wie Götz und Halbach es formulieren, »Russland war der Schrittmacher der Wirtschaftsreformen in der GUS durch Jelzins Reformprogramm im Oktober 1991 und der prinzipiellen Preisfreigabe zum Jahresanfang 1992.«[6] Aufgrund der engen ökonomischen Verflechtungen stürzte die Schocktherapie der Jelzin-Administration die Region in eine anhaltende Krise, die erst in den frühen 2000er-Jahren gestoppt wurde.

Der ökonomische Niedergang der Region erschwerte die politische Konsolidierung aller sowjetischen Nachfolgestaaten und delegitimierte oftmals demokratische Institutionen und Prozesse. Durch die Nationalisierungspolitik in vielen Ländern verschärften sich bereits bestehende gesellschaftlichen Konfliktlinien oder wurden neu geschaffen. Als Antwort auf die in allen ehemaligen Unionsrepubliken vorangetriebenen Nationalstaatsbildungsprozesse, begannen ethnische Minderheiten ihrerseits, Unabhängigkeitsforderungen zu stellen. Dieses Phänomen zeigt sich im russischen Nordkaukasus, in der Ostukraine, in Georgien (Südossetien, Abchasien), Moldawien (Transnistrien) oder in Zentralasien. Die Antwort der Regierungen in allen Konflikten ist fast ausschließlich repressiv. Eine Neugründung ohne staatstragende Nation, sondern auf der Grundlage ethnischer Vielfalt und Toleranz wird damit auf absehbare Zeit immer unwahrscheinlicher.

---

[4] Vgl. Stiglitz, Joseph E.: Whither Reform? Ten Years of the Transition, World Bank, Annual Bank Conference on Development Economies abrufbar unter: http://siteresources.worldbank.org/INTABCDEWASHINGTON1999/Resources/stiglitz.pdf (letztmaliger Zugriff 7.11.2013).

[5] Stiglitz, Joseph: Der Schatten der Globalisierung, Berlin 2002, S. 170.

[6] Götz/Halbach: Politisches Lexikon GUS, S. 291.

In Russland unterdrückte die Jelzin-Administration eine kritische gesellschaftliche Auseinandersetzung um den wirtschaftspolitischen Kurs notfalls mit militärischer Gewalt, wie der Konflikt zwischen Regierung und Parlament im Jahr 1993 eindrücklich zeigt. Stattdessen sicherte sie die Herausbildung eines neuen russischen Produktionsmodells, das in der Anlehnung an die lateinamerikanische Debatte als partieller Ressourcenextraktivismus bezeichnet wird, ab. Durch die hoch umstrittene Privatisierungspolitik und die Deregulierung des Finanzsektors förderte die Jelzin-Administration die Entstehung einer korrupten Bourgeoisie, die getrieben von ihrer kurzfristigen Profitorientierung aktiv dazu beitrug, staatliche Institutionen und demokratische Prozesse zu unterminieren. Das machte die Jelzin-Administration unfähig, eine konsensorientierte Politik zu führen, die um einen Ausgleich zwischen verschiedenen gesellschaftlichen Interessengruppen bemüht ist. Damit festigte sie autoritäre Herrschaftsstrukturen, die bis in die Gegenwart den russischen Staat prägen (Kapitel 6).

Das vergessene Erbe der Jelzin-Ära

Die Einführung kapitalistischer Wirtschaftsreformen hat der russischen Wirtschaft weder einen Modernisierungsschub gegeben noch ihre strukturellen Probleme überwunden. Zu dieser Erkenntnis kommt sogar Gajdar: »Langfristig muss man sich darüber bewusst sein, dass das in Russland entstandene ökonomische und politische System nicht stabil ist [...] Die russische Ökonomie ist, wie auch die sowjetische, äußerst empfindlich gegenüber Schwankungen des Öl- und Gaspreises und der Ölförderung ...«[7]

Die Wirtschaftspolitik der Jelzin-Administration vertiefte und verstetigte die tiefgreifende Krise Russlands, wodurch der Peripherisierungsprozess des Landes in der globalen Ökonomie beschleunigt wurde. Der Vergleich mit anderen »emerging economies« wie Indien und China zeigt, dass diese Länder weitaus weniger anfällig für Krisen waren, da sie ihre Kapitalmärkte strengen Kontrollen unterwarfen und die Devisenströme kontrollierten. Gleiches gilt für Malaysia und Südkorea. Diese führten im Zuge der Asienkrise Kapitalverkehrskontrollen ein und erholten sich deutlich schneller als solche Länder, die auf solche Maßnahmen verzichteten. Die

---

[7] Zmeinaja gorka. Egor Gajdar: Otkuda pošli reformatory, abrufbar unter: http://polit.ru/article/2006/09/06/gaidar/ (letzter Zugriff: 11.1.2023).

nachhaltige ökonomische Entwicklung eines Schwellenlandes setzt daher eine politische Regulierung der Finanzmärkte voraus.[8]

Am russischen Beispiel zeigt sich, dass die Gestaltung der Wirtschaftspolitik und die Fähigkeit der politischen Elite zur Konsensfähigkeit unmittelbaren Einfluss auf die Entwicklung eines stabilen demokratischen Systems eines Landes haben. Die Schritte der Regierung zur Deregulierung der Finanzmärkte und der damit einhergehende Niedergang der russischen Industrie war hoch umstritten und rief innerhalb der herrschenden Klasse scharfe Kritik hervor. Indem sich die Jelzin-Administration zur Garantin für die Unumkehrbarkeit des Transformationsprozesses erklärte, und diesen Übergang notfalls durch den Einsatz staatlicher Gewalt absicherte, fand der aus der Perestroika einsetzende Demokratisierungsprozess ein abruptes Ende.

Es lässt sich festhalten, dass die Einführung des Kapitalismus, gerade in der Form der Schocktherapie, in Russland eine extrem ungleich verlaufende Demokratisierung der unterschiedlichen gesellschaftlichen Ebenen hervorgebracht hat. Während im Verhältnis zur Sowjetunion in der Kultur durchaus mehr Freiheiten existierten und sich eine breite Meinungsvielfalt etablieren konnte, gilt dies nur bedingt für die Bereiche Wirtschaft, Politik und Staat. Zwar etablierte sich im Gegensatz zur Sowjetunion ein Parteienpluralismus, doch Wahlen wurden die gesamten 1990er-Jahre nur auf föderaler Ebene regelmäßig abgehalten. Dagegen wurden Gouverneurswahlen regelmäßig ausgesetzt und gewählte Volksvertreter auf lokaler Ebene zeitweise durch dem Präsidenten treu ergebene Gefolgsleute ersetzt, eine weitere Parallele zur langjährigen Regierungspraxis unter Putin. Aus diesem Grund sieht der Politikwissenschaftler Graeme Gill in systematischen Wahlmanipulationen sogar eine wichtige Säule zur Stabilität der Jelzin-Administration.[9]

Wichtige Instanzen demokratischer Gewaltenteilung wie das Verfassungsgericht und das Parlament wurden im Verlauf der Transformation stark geschwächt. Der Sturm auf das Parlament im Jahre 1993 und die anschließende Verfassungsänderungen degradierten sie zu einer weitgehend wirkungslosen Instanz im politischen Entscheidungsfindungsprozess, da Jelzin durch Präsidentenerlasse – und damit unabhängig vom parlamenta-

[8] Vgl. Wahl, Peter: Finanzmärkte als Entwicklungshemmnis, in: APuZ, Nr. 7, 2008, S. 33–38, fortan: Wahl: Finanzmärkte als Entwicklungshemmnis.

[9] Vgl. Gill, Graeme: A new turn to authoritarian Rule in Russia?, in: Democratization, Nr. 1, Jg. 13, 2006, S. 58–77, hier: S. 67–68.

rischen Willen – regieren konnte. In Anlehnung an die These des Politikwissenschaftlers Joel Hellman lässt sich argumentieren, dass die Durchsetzung und Konsolidierung eines demokratischen Systems nicht durch die Verlierer der Transformation gefährdet ist, sondern durch die Gewinner und Profiteure. Diese treiben den Wandel nur so weit voran, wie es ihren eigenen Interessen entspricht.[10] Der Verzicht auf einen kontrollierten Übergang zu einer kapitalistischen Marktwirtschaft förderte sowohl die Herausbildung des ressourcenextraktivistischen Produktionsmodells als auch des korrupten gesellschaftlichen Systems, das von der herrschenden Klasse verwaltet und bis in die Gegenwart verteidigt wird.

Weder in der Politik noch in der Russland-Forschung stießen diese Entwicklungen ernsthaft auf Kritik. Die Einführung des Kapitalismus mittels Schocktherapie wurde in der Wissenschaft lange Zeit nicht als möglicher Grund für die krisenhafte Entwicklung der russischen Volkswirtschaft in Erwägung gezogen. Vielmehr forderte sie ein noch konsequenteres Umsetzen der Reformen.[11] Auch in der internationalen Politik stieß die Politik der Jelzin-Administration kaum auf ernsthafte Kritik, sondern wurde von den westeuropäischen Staaten und den USA unterstützt.

Die autoritäre Stabilisierung unter Putin

Russlands autoritäre Entwicklung ist kein zufälliger Prozess oder einzig ein Produkt der Präsidentschaft Wladimir Putins, sondern das Resultat gesellschaftlicher Auseinandersetzungen um den Transformationsprozess in den 1990er-Jahren. Dennoch gibt es wesentliche Unterschiede zu den Präsidentschaften Putin/Medvedew. Mit dem Übergang zu Putin beginnt eine Phase der Konsolidierung des herrschenden Blocks. Da ein Versuch, das neue Produktionsmodell zu überwinden, genau so wenig in Erwägung gezogen wurde, wie eine Einkommensumverteilung zugunsten der gesellschaftlich benachteiligten Schichten, konnte die Stabilisierung nur über eine Stärkung autoritärer Strukturen verlaufen. Die Rückkehr des Staates als zentraler gesellschaftlicher Akteur, der wirtschaftliche Prozesse reguliert und selber durch Firmenbeteiligungen an dem ressourcenextraktivistischen Modell gebunden ist, begründet eine oligarchisch-etatistische Ord-

---

[10] Vgl. Hellman, Joel H.: Winners Take All. The Politics of Partial Reform in Postcommunist Tradition, in: World, Vol. 50, 1998, S. 203–234.

[11] Vgl. hierzu: Götz: Die russische Wirtschaft braucht keinen Kurswechsel, sondern die Fortentwicklung begonnener Reformen; Aslund, Anders: Building Capitalism. The Transformation of the Former Soviet Bloc, Cambridge 2002.

nung. Diese steht für eine verstärkte Kontrolle des politischen Systems und der Zivilgesellschaft und hat in der Staatsbürokratie und der Oligarchie ihre zentralen Träger. Die enge Verbindung von Politik und Wirtschaft ist weder ein zufälliges Resultat des Transformationsprozesses noch sind beide Lager klar voneinander zu trennen. Tatsächlich bilden sie eine gemeinsame herrschende Klasse. Die Organisation dieses Herrschaftsverhältnisses bedarf eines politischen Apparats.

Der deutlichste Unterschied zu der Ära-Jelzin ist die Etablierung eines autoritären Sicherheitsstaates, der den Ausnahmezustand dauerhaft festschreibt. Dies wurde durch eine Militarisierung der Innenpolitik im Zuge der Aufnahme der Kampfhandlungen im Nordkaukasus erreicht. Der Ausnahmezustand dient der Regierung als Vehikel, oppositionelle Tätigkeit nach Belieben einzuschränken und zu kontrollieren. Dies erklärt auch die Dominanz von Mitgliedern der Sicherheitsapparate in Staats- und Regierungsämtern.

Bis heute werden mithilfe staatlicher Strukturen oppositionelle politische Organisationen und Bewegungen bekämpft und in ihrem Handeln eingeschränkt. Nach dem Verständnis von Nicos Poulantzas ist der Staat weder ein neutraler Akteur noch ein einfaches Instrument einer herrschenden Klasse, sondern eine »soziale Beziehung«.[12] Damit verfügt er über keine eigene von der Gesellschaft unabhängige Macht, sondern spiegelt die gesellschaftlichen Kräfteverhältnisse wieder. Allerdings sind Macht und Einfluss in der Gesellschaft ungleich verteilt, sodass einzelne Gruppen sehr unterschiedlich auf den Staat und seine Repräsentant:innen Einfluss nehmen können. Die Kräfteverhältnisse im Staat werden deshalb asymmetrisch widergespiegelt. Bezogen auf den russischen Staat bedeutet das, dass dieser nicht das Allgemeinwohl verkörpert, ein Anspruch, der für eine Demokratie höchst bedeutsam ist. Er ist vielmehr der Hüter des neuen Produktionsmodells, indem er die Besitzverhältnisse der Oligarchen legalisierte, ihre unternehmerische Expansion ins Ausland begünstigte und die Klassenverhältnisse im Innern absicherte.

Dabei veränderte sich die herrschende Klasse im Laufe der Transformationsphase. Neue Akteure, wie z. B. die Oligarchen, wurden integriert, während Teile aus der alten sowjetischen Elite oder Vertreter:innen der libera-

---

[12] Hirsch, Joachim/Jessop, Bob: Die Zukunft des Staates - Vorwort, in: Hirsch, Joachim, Jessop, Bob/Poulantzas, Nicos (2001): Die Zukunft des Staates. Denationalisierung, Internationalisierung, Renationalisierung, Hamburg, S. 6–18.

len Dissidentenbewegung nicht mehr dazugerechnet werden können. Es handelt sich somit um eine neue russische herrschende Klasse. Diese personelle Durchlässigkeit ist auch unter Putin zu beobachten.

Die Krise des Putinismus

Dennoch gelang es der Putin-Administration nicht, die strukturellen Widersprüche des russischen Kapitalismus effektiv zu bearbeiten. Im Gegenteil, die Abhängigkeit vom Öl- und Gasexport wurde sogar noch vertieft. Auf die gesellschaftlichen Massenproteste der Jahre 2011 bis 2013 reagierte die Regierung mit einer repressiven Verschärfung und einer Öffnung nach rechts. Der Eintritt national-konservativer Kräfte löste einen Suchprozess im russischen Machtblock aus, in dem Bestandteile des Stabilitätskonsenses neu verhandelt werden (einseitige Ausrichtung auf den Rohstoffexport).

Im »Krim-Konsens« zeichnen sich die Konturen modifizierter Herrschaftsverhältnisse ab. Am deutlichsten ist die Neuausrichtung der Außenpolitik zur Sicherung der imperialen Interessen Russlands, die mit einer schärferen nationalistischen, imperialen Rhetorik einhergeht. Vorläufig stärkt der »Krim-Konsens« die Position des Präsidenten. Die Durchsetzung eines gesellschaftlichen Entwicklungsmodells in Russland, das sich als Alternative zum Westen positioniert und dessen politische und ideologische Hegemonie langfristig herausfordert, kann jedoch nur in Kombination mit einem alternativen ökonomischen Projekt, das über den Extraktivismus hinausweist, gelingen. Obwohl das Re-Industrialisierungsprojekt neue gesellschaftliche Bündnisse ermöglichen könnte (links- und rechtsnationale Kräfte), lässt sich in wirtschaftspolitischer Hinsicht noch kein eindeutiger Bruch mit der (neo-)liberalen Politik erkennen. Zwar ist seit der Krise und den Sanktionen eine Stärkung der binnenorientierten Kräfte unverkennbar. Allerdings werden Schlüsselpositionen im Finanz- und Wirtschaftsministerium oder in der Zentralbank weiterhin von Vertreter:innen besetzt, die sich in der Tradition der liberalen Reformer der ersten Jelzin-Regierung und ihrer Protagonisten Jegor Gajdar und Anatolij Tschubajs sehen. Die konkrete Ausgestaltung der Wirtschaftspolitik ist also nach wie vor umkämpft.

Weitaus bedeutender für die künftige Ausgestaltung der russischen Wirtschaftspolitik wird die Entwicklung der außenpolitischen Beziehungen Russlands mit der EU und den USA – konkret die Fortdauer oder Aufhebung der Sanktionen sein. Diese haben erheblichen Einfluss darauf, ob die Re-Industrialisierungsstrategie langfristig umgesetzt wird oder nicht.

In Russland ist die zunehmende Bedeutung national-konservativer Ideen eine Folge des neoliberalen Transformationsprozesses und der Krise des Neoliberalismus seit der Wirtschaftskrise 2008. Allerdings verspricht auch das national-konservative Modernisierungsprojekt keine Lösung der gesellschaftlichen Widersprüche Russlands (soziale Ungleichheit, regionale Entwicklungsunterschiede, separatistische Bestrebungen). Zwar herrscht eine größere Sensibilität gegenüber der sozialen Frage, doch einer Demokratisierung gesellschaftlicher Verhältnisse steht die national-konservative Fraktion bestenfalls skeptisch gegenüber.

Was bleibt von der Perestroika? Ein Ausblick in die Zukunft

Der russische Überfall auf die Ukraine und die autoritäre Herrschaft der Putin-Administration wirft die Frage nach dem Vermächtnis der Perestroika auf. Diese stellte den Versuch dar, einen staatlich gesteuerten Demokratisierungs- und ökonomischen Modernisierungsprozess anzustrengen. Viele Probleme und Fragen, die im Zuge dessen aufgeworfen wurden, sind bis heute hoch aktuell. Dazu gehören z. B. Ideen eines demokratischen Sozialismus, Vorstellungen betrieblicher Selbstverwaltung und direkter Demokratie als Alternative zum sowjetischen Staatssozialismus sowie der westlichen kapitalistischen Marktwirtschaft.[13]

Im Rückblick erwies sich die Perestroika jedoch als unvollkommen, die gesellschaftliche Krise der Sowjetunion zu lösen. Es bleibt eine ungelöste Frage, ob die Sowjetunion auf der Grundlage eines neuen Unionsvertrages eine Zukunft gehabt hätte.[14] Dennoch hätte eine reformierte demokratisch-sozialistische Sowjetunion eine politische und wirtschaftliche Alternative sowohl zum westlichen System der liberalen Demokratie als auch zu autoritären kapitalistischen Entwicklungsdiktaturen wie China dargestellt. Im Angesicht der Wirtschafts- und Finanzkrise und der sich verschärfenden geopolitischen Krisen ist die Bedeutung eines Staates, der ein alternatives Gesellschaftsmodell anstrebt, nicht zu unterschätzen.

Im Hinblick auf die russische Gesellschaft bleiben eine Vielzahl ungelöster Fragen, die im Zuge der Perestroika aufgeworfen wurden und deren

[13] Näheres dazu bei Asenbaum, Hans: Demokratie im Umbruch – Alternative Gesellschaftsentwürfe der russischen Perestroikabewegung, Wien, 2013.

[14] Eine interessante Debatte bzgl. dieser Frage warf Cohen, Stephen F.: Was the Soviet System Reformable?, in: Slavic Review, Vol. 63, No. 3, S. 459–488 auf.

Aktualität vor dem Hintergrund des Krieges in der Ukraine und der sich verschärfenden Repression im Innern immer deutlicher zutage tritt. Erstens der gescheiterte russische Multikulturalismus. Bis heute ist die Russische Föderation als ein Imperium strukturiert. Es wird zentralistisch von Moskau aus regiert, was die einzelnen Regionen in ein enges verfassungsrechtliches Korsett zwingt. An der Spitze der einzelnen Gebiete stehen oftmals regionale Potentaten, welche die autoritäre Regierungspraxis reproduzieren. Eine Auseinandersetzung mit der imperialen Struktur Russlands bleibt bis heute eine gesellschaftliche Randdebatte. Das zeigt sich besonders im Nordkaukasus, wo der Staat beinahe ausschließlich mit Repression bis hin zu brutaler Gewalt auf die Kritik am Zentralismus und Sezessionsbestrebungen reagiert. Eine Erneuerung Russlands auf Grundlage eines integrativen Multikulturalismus, der die Gleichberechtigung aller Ethnien und Kulturen anerkennt, scheint auf absehbare Zeit nicht möglich.

Die in vielen anderen Staaten der Region vorangetriebenen Nationalstaatsbildungsprozesse verschärfen ihrerseits gesellschaftliche Konflikte, denn sie verkennen die Heterogenität der Gesellschaften und verschärfen somit die Spaltungslinien entlang ethnischer Kriterien. Der gesamte postsowjetische Raum wird mit hoher Wahrscheinlichkeit auch in den kommenden Jahrzehnten von (gewaltsamen) Konflikten um Beteiligungsrechte ethnischer Minderheiten und soziale Rechte geprägt sein.

Eine intensive Auseinandersetzung mit dem repressiven Charakter des sowjetischen Staates, insbesondere dem Stalinismus, wäre eine zweite wichtige Hinterlassenschaft der Perestroika. Die russischen Regierungen haben es jedoch immer verstanden, eine solche Debatte weitgehend zu marginalisieren oder sogar zu unterdrücken.[15] Bedenkt man mit welch kriminellen Methoden das vormals staatliche Eigentum privatisiert wurde und die Biografien der führenden Leute in Staat und Wirtschaft, ist diese Entwicklung nicht verwunderlich. Die herrschende Klasse Russlands hat sich einer kritischen Auseinandersetzung mit der Sowjetunion immer verweigert, weil sie an einer tiefgreifenden Demokratisierung der Gesellschaft kein Interesse hatte. Dies führte letztendlich zum Bruch mit der liberalen Dissidentenbewegung. Stattdessen propagiert sie einen großrussischen Nationalismus und verteidigt den autoritären Staat. Das zeigen sowohl die Kriminalisie-

---

[15] Ein Beispiel dafür ist die Auflösung der Nichtregierungsorganisation Memorial im Dezember 2021..

rung oppositioneller Bewegungen als auch die nationalistische Welle seit Beginn der Krise in der Ukraine.

Ein drittes ungelöstes Problem ist die gescheiterte Modernisierung der russischen Wirtschaft. Eine Demokratisierung Russlands erfordert zwangsläufig eine Revision des umstrittenen Privatisierungsprozesses. Dies würde jedoch die Machtgrundlage der Herrschenden infrage stellen. Weder die Staatsbürokratie oder die Regierung noch die Oligarchie sind dazu bereit, das ressourcenextraktivistische Produktionsmodell aufzugeben. Sie alle sind auf verschiedene Art daran gebunden und damit Träger dieses Systems. Auf der Grundlage des Exports von Rohstoffen ist eine wirtschaftliche Modernisierung vor allem nach sozial-ökologischen Kriterien jedoch nur schwer umzusetzen. Der Verkauf von Rüstungsgütern und Nukleartechnik ist ebenfalls heikel, da er Russland immer wieder in den Sog internationaler Krisen reißen kann. Der Krieg in Syrien ist ein warnendes Beispiel. Gleiches gilt für den Konflikt um das iranische Atomprogramm. Das Kernkraftwerk Buscher wurde maßgeblich durch russische Technik gebaut.

Die Hoffnung, dass sich die herrschende Klasse Russlands zivilisieren und sich eine klassische liberale repräsentative Demokratie im Land etablieren könnte, ist ebenfalls unbegründet. Dem widerspricht einerseits die aktuelle globale Entwicklung im Zuge der Wirtschafts- und Finanzkrise. Die Durchsetzung von Austeritätsprogrammen in Europa zerstört die Idee des Sozialstaats mit bedrohlichen Folgen für die demokratische Entwicklung. Andererseits besteht innerhalb der russischen Elite, anders als z. B. in Deutschland oder Österreich, keine Erfahrung eines Sozial- und Wohlfahrtsstaats. Im Gegensatz zur sowjetischen Bürokratie, die eine gewisse Verpflichtung gegenüber staatlicher Sozialpolitik hatte, besteht in der russischen Elite kein Konsens hinsichtlich der Notwendigkeit sozialer Absicherung. Die räuberische Aneignung des staatlichen Eigentums muss sie in dieser Einstellung bestärkt haben.

Das Scheitern der Perestroika ist deshalb so dramatisch, weil die Chance verpasst wurde, diese die russische Gesellschaft bis heute prägenden Konflikte zu bearbeiten. Die autoritäre Reaktion des Machtblocks unterdrückt nicht nur die notwendige innergesellschaftliche Auseinandersetzung, sie verstetigt diese Konflikte und destabilisiert durch imperiale Machtpolitik den gesamten postsowjetischen Raum. Dies macht auch in Zukunft weitere Konflikte in der Region wahrscheinlich.

Zeittafel

11. März 1985	Gorbatschow wird zum Generalsekretär der KPdSU gewählt: Beginn der Perestroika
17. März 1991	Referendum über den Fortbestand der UdSSR
12. Juni 1991	Wahl Jelzins zum Präsidenten der RSFSR
18.–21. August 1991	August-Putsch durch das staatliche Komitee für den Ausnahmezustand GKTschP
8. Dezember 1991	Belowescher Vereinbarung der Präsidenten der Ukrainischen, Belorussischen und Russischen Teilrepubliken (Krawtschuk, Schuschkewitsch und Jelzin)
26. Dezember 1991	Völkerrechtliche Auflösung der Sowjetunion
Januar 1992	Beginn der Schocktherapie
21. September 1993	Auflösung des Parlaments durch Jelzin: Beginn der offenen Auseinandersetzung zwischen Präsident und Parlament
3. Oktober 1993	Sturm des Fernsehturms Ostankino durch Anhänger der Opposition
4. Oktober 1993	Beschuss des Parlaments durch Regierungstruppen: Sieg der Regierung und Verabschiedung einer neuen Verfassung
11. Dezember 1994	Beginn des Einmarsches russischer Regierungstruppen in Tschetschenien
31. August 1995	Präsidialerlass Jelzins, der die zweite Privatisierungswelle (Aktien-Kredit-Swaps) einleitet
Juni/Juli 1996	Wiederwahl Jelzins zum russischen Präsidenten
August 1996	Waffenstillstandsabkommen zwischen der Zentralregierung und der tschetschenischen Regierung
17. August 1998	Verkündung eines dreimonatigen Zahlungsmoratoriums durch die Regierung: Beginn der Wirtschafts- und Finanzkrise
9. August 1999	Ernennung Wladimir Putins zum Premierminister
31. Dezember 1999	Putin übernimmt kommissarisch das Amt des Präsidenten
26. März 2000	Offizielle Wahl Putins zum Präsidenten der Russischen Föderation

Literatur

Adomeit, Hannes (2001): Sicherheitskonzepte und Militärpolitik, in: Höhmann, Hans-Hermann/Schröder, Hans-Henning (Hrsg.): Russland unter neuer Führung. Politik, Wirtschaft und Gesellschaft am Beginn des 21. Jahrhunderts, Münster

Alexijewitsch, Svetlana (1992): Zinkjungen. Afghanistan und die Folgen, Frankfurt/Main

Altrichter, Helmut (2009): Russland 1989. Der Untergang des sowjetischen Imperiums, München

Altvater, Elmar (2010): Der große Krach. Oder die Jahrhundertkrise von Wirtschaft und Finanzen von Politik und Natur, Münster, 2010

Arbatov, Grigori (2001): Origins and Concensus of »Shock-Therapy«, in: Pomer, Marshall/Klein, Lawrence R: The New Russia. Transition Gone Awry, Stanford

Arrow, Kenneth/Phelps, Edmund S. (1993): Proposed Reforms of the Economic System of Information and Decision in the USSR: Commentary and Advice, in: Baldassarri, Mario (Hrsg.): Privatization Process in Eastern Europe. Theoretical Foundations and Empirical Results, New York

Asenbaum, Hans (2013): Demokratie im Umbruch – Alternative Gesellschaftsentwürfe der russischen Perestroikabewegung, Wien

Aslund, Anders (2002): Building Capitalism. The Transformation of the Former Soviet Bloc, Cambridge

Berstam, Michael S./Sitnikov, Andrei (2001): Ersatz Banks, in: Pomer, Marshall/Klein, Lawrence R: The New Russia. Transition Gone Awry, Stanford

Berend, Ivan T. (1996): Central and Eastern Europe 1944-1993. Detour from the Periphery to the Periphery, Cambridge

Beyme, Klaus von (2001): Gesellschaftlicher Wandel: Verlierer und Gewinner, in: Höhmann, Hans-Hermann/Schröder, Hans-Henning (Hrsg.): Russland unter neuer Führung. Politik, Wirtschaft und Gesellschaft am Beginn des 21. Jahrhunderts, Münster

Brus, Wlodzmierz/Laski, Kazimierz (1990): Von Marx zum Markt. Der Sozialismus auf der Suche nach einem neuen Wirtschaftssystem, Marburg

Brügemann, Axel (Hrsg.) (2000): Währungskrisen in Mittel- und Osteuropa, Baden-Baden

Bulavka, Ljudmilla (2009): Non-Konformizm. Sociokul´turnyj portret rabočego protesta v sovremennoj Rossii, Moskva

Buzgalin, Aleksandr/Kolganov, Andrej (1996): Rußland – die neue Gefahr aus dem Osten?, Berlin

Cliff, Tony (1975): Staatskapitalismus in Russland. Eine marxistische Analyse, Frankfurt/Main

Cremer, Marit (2007): Fremdbestimmtes Leben, Bielefeld

Dawisha, Karen/Parrot, Bruce (1994): Russia and the new States of Eurasia. The

Politics of Upheavel, Cambridge
Demirović, Alex u.a. (Hrsg.) (2011): VielfachKrise. Im finanzmarktdominierten Kapitalismus, Hamburg
Desai, Padma (Hrsg.) (1997): Going Global. Transition from Plan to Market in the World Economy, Cambridge
De Waal, Thomas (2003): Zwei Jahrhunderte Konflikt. Eine Einführung, in: Hassel, Florian (Hrsg.): Der Krieg im Schatten. Russland und Tschetschenien, Frankfurt a. M.
Edelman, Marc (1988): Handeln statt Ware. Die sowjetisch-lateinamerikanischen Wirtschaftsbeziehungen, in: ders./Fritsche, Klaus: Weder Schaf noch Wolf. Sowjetunion-Lateinamerika 1917-1987, Bonn
Edwards, Vincent/Polonsky, Gennady/Polonsky, August (2000): The Russian Province after Communism. Enterprise Continuity and Change, Hampshire
Ehlers, Kai (1997): Herausforderung Russland: Vom Zwangskollektiv zur selbstbestimmten Gemeinschaft? Eine Bilanz der Privatisierung, Stuttgart
Eigendorf, Jörg (1998): Die Aufgaben der Zukunft, in: Zeit Punkte: Russland am Abgrund. Staat und Wirtschaft in der Krise, Hamburg
Eigendorf, Jörg (1998): Ende eines Höhenfluges, in: Zeit Punkte: Russland am Abgrund. Staat und Wirtschaft in der Krise, Hamburg
Ekman, Joakim/Duvold, Kjetil (2018): Ethnic divides in the Baltic states: Political orientations after the Russian-Ukrainian crisis, in: Jaitner/Oltenau/Spöri: Crises in the Post-Soviet Space
Epštejn, David B. (2013): Ekonomika Rossii v rezultate eë »liberal´nogo reformirovanija«, in: Kolganov, Andrej I.: Politekonomija provala: Priroda i posledstvija rynočnych »reform« v Rossii, Moskva
Folnović-Jaitner, Sabina/Gukasjan, Tatevik (2013): Každyj molčit o svoem. Istorii odnoj vojny, Komitet graždanskoe sodejstvie, Moskva
Forschungs- und Dokumentationszentrum Chile-Lateinamerika/Rosa-Luxemburg-Stiftung (Hrsg.) (2012): Der neue Extraktivismus. Eine Debatte über die Grenzen des Rohstoffmodells in Lateinamerika, Berlin
Gabowitsch, Mischa (2013): Putin kaputt!? Russlands neue Protestkultur, Suhrkamp, Berlin
Gajdar, Egor/Kogalovskij, Konstantin (1990): Tendenzen der Wirtschaftskrise in der UdSSR, in: Segbers, Klaus (Hrsg.): Perestrojka: Zwischenbilanz, Frankfurt a. M./Moskau
Gajdar, Jegor (1995): Entscheidungen in Russland. Die Privatisierung der Macht und der Kampf um eine zivile Gesellschaft, München/Wien
Glinkina, Svetlana P./Grigoriev, Andrei/Yakubidze, Vakhtang (2001): Crime and Corruption, in: Pomer, Marshall/Klein, Lawrence R: The New Russia. Transition Gone Awry, Stanford
Gorbatschow, Michail (1988): Die Zukunft der Sowjetunion. Der Gorbatschow-Bericht auf der Parteikonferenz der KPdSU, Köln
Gorbatschow, Michail (1992): Der Zerfall der Sowjetunion, München

Götz, Roland/Halbach, Uwe (1996): Politisches Lexikon GUS, München

Grävingholt, Jörn (2005): Pseudodemokratie Russland. Der Fall Baschkortostan, Deutsches Institut für Entwicklungspolitik, Bonn

Gudkov, Lew/Zaslavsky, Victor (2011): Russland. Kein Weg aus dem postkommunistischen Übergang?, Berlin

Halbach, Uwe (2008): Krisenregion Nordkaukasus – Ursachen, Akteure, Perspektiven, in: v. Gumppenberg, Marie-Carin/Steinbach, Udo (Hrsg.): Der Kaukasus. Geschichte-Kultur-Politik, München

Hobsbawm, Eric (1997): Das Zeitalter der Extreme. Weltgeschichte des 20. Jahrhunderts, München

Hofmann, David E. (2002): The Oligarchs: Wealth and Power in the New Russia, New York

Hosking, Geoffrey (2003): Russia and the Russians. A History, Cambridge

Huntington, Samuel (1991): The Third Wave: Democratization in the Late Twentieth Century, Norman

Jaitner, Felix/Olteanu, Tina/Spöri, Tobias (Hrsg.) (2018): Crises in the Post-Soviet space. From the Dissolution of the Soviet Union to the Conflict in Ukraine. London

Jaitner, Felix (2023): Die Auseinandersetzung um das ressourcenextraktivistische Entwicklungsmodell in Russland (unveröffentl. Diss.), im Erscheinen, Hamburg.

Jawlinskij, Grigorij, A. (1996): Das neue Russland. Demokratische Reformen als letzte Chance, München

Jawlinskij, Grigorij, A. (1994): Reformen von unten – Die neue Zukunft Russlands: Strategien und Optionen für Europa, Gütersloh

Jelzin, Boris (1990): Aufzeichnungen eines Unbequemen, München

Jelzin, Boris (1991): Reden gegen den Putsch, Bergisch-Gladbach

Jelzin, Boris (1994): Zapiski prezidenta, izdatel´stvo Ogonëk, Moskva

Jerofejew, Andrej (2010): Seelen im Sonderangebot, in: Schirrmacher, Frank/Strobl, Thomas (Hrsg.): Die Zukunft des Kapitalismus, Berlin

Kagarlickij, Boris (2009): Periferijnaja Imperija: Cikly russkoj istorii, Moskva

Kagarlitzki, Boris (1991): Der gespaltene Monolith. Die russische Gesellschaft an der Schwelle zu den neunziger Jahren, Berlin

Kagarlitsky, Boris (2009): Disaster Management in Eastern Europe, in: Segert, Dieter (Hrsg.): Postsozialismus. Hinterlassenschaften des Staatssozialismus und neue Kapitalismen in Europa, Wien

Labor, Ernst: (1997) Programme der wichtigsten politischen Kräfte im gegenwärtigen Russland, in: Rosa-Luxemburg-Verein und Jenaer Forum für Bildung und Wissenschaft (Hrsg.): Russland im Umbruch. Modernisierungsversuche in der neueren und neuesten Geschichte

Lang, David M. (1972): A Century of Russian Impact on Georgia, in: Vucinich, Wayne S. (Hrsg.): Russia and Asia. Essays on the Influence of Russia on the Asian Peoples, Stanford

Leonhard, Wolfgang (1996): Spiel mit dem Feuer. Russlands schmerzhafter Weg zur Demokratie, Bergisch-Gladbach

Leopold, Helmut (1993): Alternative Privatisierungs- und Sanierungsmethoden in Mittel- und Osteuropa, in: Thieme, Hans-Jörg: Privatisierungsstrategien im Systemvergleich, Berlin

Levada, Juri (1993): Die Sowjetmenschen 1989–1991. Soziogramm eines Zerfalls, München

Liszkowski, Uwe (1994): Nationalitäten und Nationalitätenpolitik in Russland, in: Nitsche, Peter (Hrsg.): Die Nachfolgestaaten der Sowjetunion. Beiträge zur Geschichte, Wirtschaft und Politik, Frankfurt a. M.

Malachov, Vladimir (2008): Nacionalizm i nacional´naja politika rossijskoj vlasti: 1991–2006, in: Laruelle, Marlen: Russkij Nacionalizm. Sozial´nyj i kul´turnyj kontekst, Moskva

Mankiw, N. Gregory/Taylor, Mark P. (2010): Economics, Cengage Learning EMEA, Hampshire

Mankoff, Jeffrey (2009): Russian Foreign Policy. The Return of Great Power Politics, Lanham

Micklin, Philipp P./Williams, William D. (1996): The Aral Sea Basin, Berlin/Heidelberg

Mommsen, Margareta (2001): Russlands politisches System des »Superpräsidentialismus«, in: Höhmann, Hans-Hermann/Schröder, Hans-Henning (Hrsg.): Russland unter neuer Führung. Politik, Wirtschaft und Gesellschaft am Beginn des 21. Jahrhunderts, Münster

Mommsen, Margareta (2003): Wer herrscht in Russland? Der Kreml und die Schatten der Macht, München

Mommsen, Margareta/Nußberger, Angelika (2007): Das System Putin. Gelenkte Demokratie und politische Justiz in Russland, Bundeszentrale für politische Bildung, Bonn

Muchačëv, Vadim (2013): Privatizacija Rossii ili igra bez pravil. K diskussii o prošlom v preddveri k buduščego, Moskva

Nordmann, Jürgen (2005): Der lange Marsch zum Neoliberalismus. Vom Roten Wien zum freien Markt – Popper und Hayek im Diskurs, Hamburg

Offe, Claus (1984): »Arbeitsgesellschaft«. Strukturprobleme und Zukunftsperspektiven, Frankfurt a. M./New York

Petersen, Mirko (2011): Russland, quo vadis? Pragmatismus und Russophobie in Europa, eurasische und asiatische Orientierung in Russland, IMI-Studie, 5/2011, Tübingen

Petersen, Mirko (2013): Überlastung statt Reset. Zunehmende Spannungen zwischen Russland und den USA, Ausdruck 2/2013

Pittaway, Mark (2007): From Communist to Post-Communist Politics, in: White, Stephen/Batt, Jody/Lewis, Paul G.: Developments in Central and Eastern European Politics, Durham

Pleines, Heiko (2008): Reformblockaden in der Wirtschaftspolitik. Die Rolle von Wirtschaftsakteuren in Polen, Russland und der Ukraine, Wiesbaden

Pleines, Heiko (2003): Wirtschaftseliten und Politik im Russland der Jelzin-Ära

(1994–1999), Münster/Hamburg/London

Pomer, Marshall (2001): Transition and Government, in: Pomer, Marshall/Klein, Lawrence R.: The New Russia. Transition Gone Awry, Stanford

Poulantzas, Nicos (2001): Die Internationalisierung der kapitalistischen Verhältnisse und der Nationalstaat, in: Hirsch, Joachim/Jessop, Bob/Poulantzas, Nicos: Die Zukunft des Staates, Hamburg

Roth, Karl Heinz (2009): Die globale Krise, Hamburg.

Roth, Jürgen (1998): Die roten Bosse. Rußlands Tycoone übernehmen die Macht in Europa, München

Sager, Dirk (1996): Betrogenes Russland. Jelzins gescheiterte Demokratie, München

Sakwa, Richard (2008): Russian Politics and Society, London/New York

Scherrer, Jutta (1996): Zeitströmungen der russischen Intelligenz, in: Hedeler, Wladislaw/Keßler, Mario/Schäfer, Gert (Hrsg.): Ausblicke auf das vergangene Jahrhundert, Hamburg

Schmidt-Häuer, Christian (1998): Geschäfte im Zwielicht, in: Zeit Punkte: Russland am Abgrund. Staat und Wirtschaft in der Krise, Hamburg

Schmidt-Häuer, Christian (1998): Ruin statt Rettung – die Schocktherapie, in: Zeit Punkte: Russland am Abgrund. Staat und Wirtschaft in der Krise, Hamburg

Schröder, Hans-Henning (2001): Mächte im Hintergrund. Die Rolle von »Familie« und »Oligarchen« im politischen Kräftespiel, in: Höhmann, Hans-Hermann/ Schröder, Hans-Henning (Hrsg.): Russland unter neuer Führung. Politik, Wirtschaft und Gesellschaft am Beginn des 21. Jahrhunderts, Münster

Sobčak, Anatolij (1990): Die Herausbildung eines neuen politischen Systems: Macht, Partei und Recht, in: Segbers, Klaus (Hrsg.): Perestrojka: Zwischenbilanz, Frankfurt a. M./Moskau

Spahn, Susanne (2000): Die Außenpolitik Russlands gegenüber der Ukraine und Weißrussland von 1991–1998, Herne

Starovojtova, Galina (1990): E pluribus unum (= Aus vielen ein Ganzes – die Devise auf dem Staatswappen der USA), in: Segbers, Klaus (Hrsg.): Perestroika. Zwischenbilanz, Frankfurt a. M./Moskau

Steffen, Olaf (1997): Die Einführung des Kapitalismus in Russland. Ursachen, Programme und Krise der Transformationspolitik, Berlin (u. a.)

Stiglitz, Joseph (2002): Der Schatten der Globalisierung, Berlin

Stykow, Petra (2006): Wirtschaftsinteressen in der »gelenkten Demokratie« (2000-2005), in: dies.: Staat und Wirtschaft in Russland. Interessenvermittlung zwischen Korruption und Konzertierung, Wiesbaden

Stykow, Petra (2007): Marktreformen und ererbtes Beziehungskapital: Unternehmer in Russland, in: Segert, Dieter (Hrsg.): Postsozialismus. Hinterlassenschaften des Staatssozialismus und neue Kapitalismen in Europa, Wien

Svampa, Maristella (2012): Bergbau und Neoextraktivismus in Lateinamerika, in: Forschungs- und Dokumentationszentrum Chile-Lateinamerika/Rosa-Luxemburg-Stiftung (Hrsg.): Der neue Extraktivismus. Eine Debatte über die Grenzen des Rohstoffmodells in Lateinamerika, Berlin

Tscherkassow, Alexander (2003): Romanze mit dem Kreml. Vom Scheitern der Menschenrechtspolitik im Kaukasus, in: Hassel, Florian (Hrsg.): Der Krieg im Schatten. Russland und Tschetschenien, Frankfurt a.M.

UNHCR (1997): Zur Lage der Flüchtlinge in der Welt. UNHCR Report 1997-1998. Erzwungene Migration: Eine humanitäre Herausforderung, Bonn

Verchovskij, Aleksandr/Koževnikova, Galina (Hrsg.) (2009): Radikal'nyj russkij nacionalizm: Struktury, idei, lica, ROO Centr »Sova«, Moskva

Von Beyme, Klaus (2001): Gesellschaftlicher Wandel: Verlierer und Gewinner, in: Höhmann, Hans-Hermann/Schröder, Hans-Henning (Hrsg.): Russland unter neuer Führung. Politik, Wirtschaft und Gesellschaft am Beginn des 21. Jahrhunderts, Münster

Wagenknecht, Sahra (2008): Wahnsinn mit Methode. Finanzcrash und Weltwirtschaft, Berlin

Wallerstein, Immanuel (1979): Aufstieg und künftiger Niedergang des kapitalistischen Weltsystems. Zur Grundlegung vergleichender Analyse, in: Senghaas, Dieter (Hrsg.): Kapitalistische Weltökonomie. Kontroversen über ihren Ursprung und ihre Entwicklungsdynamik, Frankfurt a.M.

Wallerstein, Immanuel (2004): Die große Expansion. Das moderne Weltsystem III. Die Konsolidierung der Weltwirtschaft im langen 18. Jahrhundert, Wien

Yurchak, Alexei (2005): Everything was forever, until it was no more. The last Soviet generation, Princeton/Oxford

Zeise, Lucas (2010): Geld – der vertrackte Kern des Kapitalismus. Versuch über die politische Ökonomie des Finanzsektors, Köln

Žirinovskij, Vladimir (1993): Poslednyj brosok na jug, Moskva

Zeitschriften und Artikel

Ahlberg, René (1994): Soziale Aspekte der Transformationsprozesse. Sozialstruktur und Marktwirtschaft in Russland, in: Osteuropa: Nr. 5, Jg. 44

Alexandrova, Olga (1996): Auf der Suche nach außenpolitischen Alternativen. Die »Dritte Welt« in den russischen Vorstellungen, in: BIOst, Nr. 31

Aziz, Rakhimov (2006): The Comparison of Russian and Chinese Economic Reforms in Transition to the Market Economy, International Christian University, JDS Working Paper Series No. 3, November 15

Bockman, Johanna/Eyal, Gil (2002): Eastern Europe as a Laboratory for Economic knowledge: The Transnational Roots of Neoliberalism, in: American Journal of Sociology, No. 2, Vol. 108

Boyer, Christoph (2009): Entstehung und Erbe des staatssozialistischen Wohlfahrtsstaats in Ostmitteleuropa, in: Zeitgeschichte, Nr. 6, Jg. 36

Brubaker, Roger: Nationalizing states revisited: projects and processes of nationalization in post-Soviet states. In: Ethnic and Racial Studies 34(11), 2011, S. 1785–1814. DOI: https://doi.org/10.1080/01419870.2011.579137

Butterwegge, Christoph (2002): Traditioneller Rechtsextremismus im Osten – modernisierter Rechtsextremismus im Westen, in: Osteuropa, Nr. 7, Jg. 52

Candeias, Mario (2009): Die letzte Konjunktur: Organische Krise und »postneoliberale« Tendenzen, in: Initial – Berliner Debatte, Nr. 2, Jg. 20

Carothers, Thomas (2002): The End of the Transition Paradigm, in: Journal of Democracy, No. 1, Vol. 13, January

Chebankova, Elena (2015): Contemporary Russian conservatism, in: Post-Soviet Affairs, DOI: 10.1080/1060586X.2015.1019242.

Cohen, Stephen F. (2004): Was the Soviet System Reformable?, in: Slavic Review, Vol. 63, No. 3

Conert, Hansgeorg (2000): Voraussetzungen und Ursachen der Finanzkrise Rußlands 1998, in: Z. Zeitschrift Marxistische Erneuerung, Nr. 42, Jg. 11

Dzarasov, Ruslan (2016): The global crisis and its impact on the Eurasian Economic Union, in: European Politics and Society, 17

Furman, Dimitri (2008): Imitation Democracies. The Post-Soviet Penumbra, in: New Left Review 54, November-December

Gill, Graeme (2006): A new turn to authoritarian Rule in Russia?, in: Democratization, No. 1, Vol. 13

Götz, Roland/Halbach, Uwe (1992): Die Nachfolgestaaten der UdSSR – kurz vorgestellt, in: Osteuropa, Nr. 6, Jg. 42

Götz, Roland (1997): Die russische Wirtschaft braucht keinen Kurswechsel, sondern die Fortentwicklung begonnener Reformen, in: Osteuropa, Nr. 8, Jg. 47

Götz, Roland (1999): Von der Abwertung des Rubels zum Macht-, Programm- und Politikwechsel in Russland, in: Osteuropa, Nr. 1, Jg. 49

Götz, Roland (2000): Die Privatisierung der russischen Industrie in Theorie und Praxis, in: Osteuropa, Nr. 10, Jg. 50

Grinberg, Ruslan/Kosikova, Lidija (1997): Russland und die GUS. Auf der Suche nach einem neuen Modell wirtschaftlicher Zusammenarbeit, in: BIOst, Nr. 50

Gumpel, Werner (1997): Ein Land am Abgrund. Zur wirtschaftlichen Lage in Russland, in: Osteuropa, Nr. 8, Jg. 47

Hale, Henry E. (1999): The Strange Death of the Soviet Union. Nationalism, Democratization and Leadership, Harvard University

Hellman, Joel H. (1998): Winners Take All. The Politics of Partial Reform in Postcommunist Tradition, in: World, Vol. 50

Heredia, Mariana/Kirtchik, Olessia (2010): The Russian and Argentinian Experiences of radical Reform: Between Economy and Politics, in: Laboratorium, No. 3, Vol. 2

Jaitner, Felix (2014): Hoffnungsträger Chodorkowkski? Der gefallene Oligarch und seine historische Rolle, in: Blätter für deutsche und internationale Politik, Nr. 5

Jaitner, Felix: Ukraine als Exempel. Der Zerfall der postsowjetischen Gesellschaft, in: Blätter für Deutsche und Internationale Politik, Jahrgang 60, Heft 10, 2015, S. 77–84.

Jaitner, Felix (2015): Ressourcenextraktivismus oder Re-Industrialisierung? Das russische Entwicklungsmodell im Kontext der »neuen Weltordnung«, in: PRO-

KLA. Zeitschrift für Kritische Sozialwissenschaft, 45 (181)

Jaitner, Felix (2021): Der verdrängte Jahrestag – Die Auflösung der Sowjetunion und die Entstehung des postsowjetischen Krisenraums, in: Kurswechsel, Heft 3

Juchler, Jakob (1999): Probleme der Demokratisierung in den osteuropäischen Transformationsländern, in: Osteuropa, Nr. 9, Jg. 47

Kempf, Hervé (2012): Die Oligarchie – Herausforderung für eine neue globale Politik, in: Transfrom Europe. Zeitschrift für kritisches Denken und politischen Dialog, Nr. 10

Kolesnikow, Wadim/Sidorow, Sergej (1994): Reformen in Russland. Auf dem Weg zum korrumpierten Markt?, in Osteuropa, Nr. 1, Jg. 44

Kornai, János (2006): The great transformation of Central Eastern Europe. Success and disappointment, in: Economics of Transition, No. 2, Vol. 14

Korowkin, Wladimir (1994): Die Wirtschaftsbeziehungen Russlands zu den Staaten der ehemaligen UdSSR. Eine russische Sicht, in: Osteuropa, Nr. 2, Jg. 44

Kudrin, Aleksej (2009): Rossija i mirovoj finansovyj krizis, in: Voprosy Ekonomiki, No. 1

Langhammer, Rolf J./Lücke, Matthias (1995): Die Handelsbeziehungen der Nachfolgestaaten der Sowjetunion. Von der regionalen Desintegration zur weltwirtschaftlichen Integration?, Kieler Diskussionsbeiträge, Institut für Weltwirtschaft Kiel, Nr. 244, Januar

Laski, Kazimierz (Hrsg.) (2001): External Constraints on Sustainable Growth in Transition Countries, Wiener Institut für nationale Wirtschaftsvergleiche, Nr. 281, Oktober

Maier, Lutz (2000): Rußlands Wirtschaft auf kapitalistischem Weg, in: Z. Zeitschrift Marxistische Erneuerung, Nr. 42, Jg. 11

Makarychev, Andrey/Medvedev, Sergei (2015): Biopolitics and Power in Putin's Russia, in: Problems of Post-Communism, 62:1

Mangott, Gerhard (1995): Russlands Feldzug gegen Tschetschenien. Rückkehr zur autoritären Ordnung?, Österreichisches Institut für Internationale Politik, Laxenburg

Pleines, Heiko (1998): Korruption und Kriminalität im russischen Bankensektor, in: BIOst, Nr. 28

Popov, Vladimir (2007): Russia Redux?, in: New Left Review 44, March-April

Putin, Wladimir (2010): Eine Wirtschaftsgemeinschaft von Lissabon bis Wladiwostok, in: Süddeutsche Zeitung, 25.11.

Rahr, Alexander (2006): Die neue OPEC. Wie Rußland zur globalen Energie-Supermacht werden will, in: Internationale Politik, Nr. 2

Robinson, Neil (2007): So what Changed? The 1998 Financial Crisis and Russia's Economic and Political Development, in: Demokratisatsiya, No. 2, Vol. 15

Rösler, Jörg (2010): Nationalism and Economic Disparities. Lessons from the Dissolution of Yugoslavia and Czechoslovakia and the Secession of the Baltic States, in: Journal of Contemporary Central and Eastern Europe, Vol. 18, No. 3

Russland-Analysen (2014): Nr. 276

Sakwa, Richard (2016): How the Eurasian elites envisage the role of the EEU in global perspective, in: European Politics and Society, 17

Schröder, Hans-Henning (1996): Instanzen sicherheitspolitischer Entscheidungsfindung in der Jelzin-Administration, in: BIOst, Nr. 18

Schröder, Hans-Henning (1997): Die russischen Militärausgaben 1995-1997. Eine Auswertung der Haushaltsdaten, in: BIOst, Nr. 23

Schröder, Hans-Henning (1998): Jelzin und die »Oligarchen«. Über die Rolle von Kapitalgruppen in der russischen Politik (1993–Juli 1998), in: BIOst, Nr. 40

Schröder, Hans-Henning (2008): Stratifikation und soziale Ungleichheit in Russland, in: Russland-Analysen, Nr. 73

Schröder, Klaus (1998): Stabiles Bankensystem in Russland, in: Osteuropa, Nr. 8–9, Jg. 48

Segert, Dieter (2010): Osteuropa nach 1989 – ein Labor für die soziale Belastbarkeit unserer Demokratie?, in: WISO – Wirtschafts- und Sozialpolitische Zeitschrift des ISW, Nr. 3, Jg. 33

Shevtsova, Lilia (2006): Bürokratischer Autoritarismus – Fallen und Herausforderungen, in: APuZ, Nr. 11

Siehl, Elke (1998): Post-Voucher-Privatisierung in Russland, in: Osteuropa, Nr. 8–9, Jg. 48

Smith, Adrian/Swain, Adam (2010): The Global Economic Crisis, Eastern Europe, and the Former Soviet Union: Models of Development and the Contradictions of Internationalization, in: Eurasian Geography and Economics, 51:1

Steiner, Helmut (2000): Die Herausbildung neuer Sozialstrukturen im gegenwärtigen Russland, in: Sitzungsbericht der Leibniz-Sozietät, Nr. 6, Jg. 41

Tarasov, Aleksandr (2008): Vtoroe izdanie kapitalizma v Rossii, in: Levaja politika. Analitičeskij žurnal, No. 7-8

Tichonova, Natalija (2011): Armut in Russland, in: Russland-Analysen, Nr. 222

Varga, Mihai (2012): »Working-Class Heresies«: Ideology in Protests of Ukrainian Workers During the World Economic Crisis 2009–2012, in: Debatte: Journal of Contemporary Central and Eastern Europe, 20:2-3

Wahl, Peter (2008): Finanzmärkte als Entwicklungshemmnis, in: APuZ, Nr. 7

Weir, Fred (1993): Russia's Descent into Latin America, in: Economics and Political Weekly, No. 51, Vol. 28

Weißenburger, Ulrich (1996): Sicherheitsmängel und Störfallrisiken als Problem der russischen Wirtschafts- und Umweltpolitik. Teil II: Umweltgefährdung durch Nuklearanlagen und radioaktive Abfälle, in: BIOst, Nr. 15

Westen, Klaus (1994): Zauberformel Privatisierung. Privatisierung als zentrales Anliegen, in: Osteuropa, Nr. 1, Jg. 44

Internetlinks und Weltbank Open Data

Die Links auf Quellen aus dem Internet und Weltbank Open Data sind in den Anmerkungen notiert und werden hier nicht noch einmal gesondert aufgeführt.